Hugo Lanz

Die neubabylonischen *ḫarrânu*-Geschäftsunternehmen

Münchener Universitätsschriften · Juristische Fakultät

Abhandlungen zur rechtswissenschaftlichen Grundlagenforschung

herausgegeben im Auftrag der Juristischen Fakultät

von

Sten Gagnér
Arthur Kaufmann
Dieter Nörr

Band 18

1976

J. Schweitzer Verlag · Berlin

Hugo Lanz

Die neubabylonischen *ḫarrânu*-Geschäftsunternehmen

1976

J. Schweitzer Verlag · Berlin

Gedruckt mit Unterstützung aus den Mitteln der Münchener Universitätsschriften

CIP-Kurztitelaufnahme der Deutschen Bibliothek

Lanz, Hugo
Die neubabylonischen ḫarrânu-Geschäftsunternehmen. – 1. Aufl. –
Berlin: Schweitzer 1976.
(Münchener Universitätsschriften: Jurist. Fak.) (Abhandlungen zur rechtswissenschaftlichen Grundlagenforschung; Bd. 18)
ISBN 3-8059-0380-4

Satz: N. Jessen, Hamburg – Druck: Color-Druck, Berlin – Bindearbeiten: Dieter Mikolai, Berlin.

VORWORT

Eine spezielle Gesamtdarstellung des neubabylonischen Gesellschaftsrechts ist im Gegensatz zum altbabylonischen Recht[1] bisher noch nicht erschienen. Zwar wurden die neubabylonischen Gesellschaftsverträge teilweise schon einer genaueren Betrachtung unterzogen; so behandeln Kohler und Peiser in BR II–IV eine Reihe von *ḫarrânu*-Urkunden aus den Strassmaierschen Texten; San Nicolò und Ungnad bringen in NRV zwölf Urkunden aus den Berliner Museen[2]. Vor allem diese in NRV behandelten Urkunden wertet Szlechter in Le contrat de société en Babylonie, en Grèce et à Rome (1947) für das neubabylonische Gesellschaftsrecht aus[3]. Auf umfangreicheres Urkundenmaterial gestützt bringt Petschow in seinem Neubabylonischen Pfandrecht (1956) Erörterungen über das *ḫarrânu*-Geschäft[4]. Trotzdem fehlt noch eine systematische Gesamtdarstellung, die alles vorhandene Material zusammenfaßt und auswertet.

In den weitaus meisten neubabylonischen Urkunden mit gesellschaftsrechtlichem Inhalt wird der „Geschäftszweck" mit dem Stichwort *ḫarrânu*[5] bezeichnet. Daher wird diese Urkundengattung in den Mittelpunkt der vorliegenden Untersuchung gestellt. Zunächst werden die *ḫarrânu*-Begründungsurkunden in ihren beiden spezifischen Formen behandelt; anschließend sollen die Rechtsnatur der *ḫarrânu*-Begründungsurkunden und ihre wirtschaftliche Bedeutung untersucht und zuletzt die *ḫarrânu*-Unternehmungen einiger bedeutender neubabylonischer Familien dargestellt werden.

Andere Gesellschaftsurkunden und die Gesellschaftspachturkunden werden in einem Anhang kurz gestreift. Eine genauere Behandlung ist bei ersteren wegen der geringen Zahl der vorhandenen Urkunden derzeit wenig ergebnisreich. Eine eingehende Würdigung der vorliegenden Gesellschaftspachturkunden aber könnte nur im Zusammenhang einer Untersuchung des gesamten neubaby-

---

1 Vgl. vor allem Eilers, Gesellschaftsformen im altbabylonischen Recht (1931); ferner Lautner, Altbabylonische Gesellschaftsverhältnisse (in: Festschrift Koschaker III 24 ff., 1939); Leemans, Merchant (1950); Leemans, BiOr 12 (1955) 118.
Eilers beabsichtigte, auch das neubabylonische Gesellschaftsrecht zu behandeln, doch scheint er diese Absicht aufgegeben zu haben; vgl. Eilers S. VI.

2 NRV S. 554 ff.

3 Ferner z. B. Nbn 199.

4 Vgl. z. B. Petschow, Pfandrecht 30 f. und A 66 ff.; ferner RIDA 3/1 (1954) 156 ff.

5 KASKAL (mit Dualzeichen): 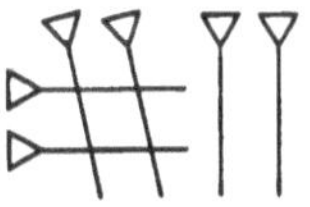 Vgl. dazu u. A 947.

lonischen Bodenpachtrechts erfolgen; dies würde aber den Rahmen der vorliegenden Arbeit sprengen.
Um den Nichtorientalisten die zeitliche Orientierung zu erleichtern, wurden dem Anhang Tabellen über die babylonischen Monatsnamen, die Regierungszeiten der Könige und Angaben über die Datierungsweise beigegeben.
Die vorliegende Arbeit wurde im Sommer 1972 von der Juristischen Fakultät der Ludwig-Maximilians-Universität in München als Dissertation angenommen.
Ich möchte diese Gelegenheit benutzen, um mich bei Herrn Professor Dr. Petschow für die zahlreichen Hinweise und Anregungen, die er mir zur vorliegenden Arbeit gegeben hat, herzlichst zu bedanken.
Den Herren Professoren Dres. Sten Gagnér, Arthur Kaufmann und Dieter Nörr gilt mein Dank für die Aufnahme der Arbeit in die Reihe „Abhandlungen zur rechtswissenschaftlichen Grundlagenforschung"; ebenso der Universität München für die Gewährung eines namhaften Druckkostenzuschusses.

München, im Oktober 1974 Hugo Lanz

INHALTSVERZEICHNIS

ABKÜRZUNGS- UND LITERATURVERZEICHNIS

A	Anmerkung(en).
AfO	Archiv für Orientforschung, (Berlin-) Graz.
AHw	Wolfram von Soden, Akkadisches Handwörterbuch, Wiesbaden 1959 ff.
AJSL	The American Journal of Semitic Languages, Chicago.
Amherst	Neubabylonische Rechtsurkunden aus der Sammlung Amherst nach Keilschriftkopien von Pinches; Urkunden bearbeitet und übersetzt von A. Ungnad. Kopien und das Manuskript liegen jetzt im Leopold-Wenger-Institut der Universität München; Teilveröffentlichung E. F. Weidner AfO 19, 77 ff.
Amira	Karl v. Amira, Nordgermanisches Obligationenrecht, Leipzig 1882, 1895, 2 Bände.
AnOr	Analecta Orientalia.
AO	Der Alte Orient, Leipzig.
AOAT	Alter Orient und Altes Testament, Kevelaer.
App	B. T. A. Evetts, Inscriptions of the reigns of Evil-Merodach, Neriglissar and Laborosoarchod S. 90 ff. „Appendix“ (= Babylonische Texte H. VI B), Leipzig 1892.
Ar. f. Bürgl. R.	Archiv für Bürgerliches Recht, Berlin.
ArOr	Archiv Orientální, Prag.
Augapfel	Julius Augapfel, Babylonische Rechtsurkunden aus der Regierungszeit Artaxerxes I. und Darius II., Wien 1917.
BA	Beiträge zur Assyriologie und Semitischen Sprachwissenschaft, Leipzig.
BE VIII, IX, X	The Babylonian Expedition, series A: Cuneiform Texts. VIII Part 1: Albert T. Clay, Legal and Commercial Transactions, Philadelphia 1908. IX: H. V. Hilprecht und Albert T. Clay, Business Documents of Murashu Sons of Nippur (464–424 v. Chr.), Philadelphia 1898. X: Albert T. Clay, Business Documents of Murashu Sons of Nippur (424–404 v. Chr.), Philadelphia 1904.
BiOr	Bibliotheca Orientalis, Leiden.
Bogaert	Raymond Bogaert, Les Origines Antiques de la Banque de Dépôt, Leiden 1966.

v. Bolla	Sibylle von Bolla, Untersuchungen zur Tiermiete und Viehpacht im Altertum, München 1940 (2. Auflage 1969).
BR I–IV	J. Kohler – F. E. Peiser, Aus dem Babylonischen Rechtsleben I–IV, Leipzig 1890–1898.
BR 6	Mariano San Nicolò – Herbert Petschow, Babylonische Rechtsurkunden aus dem 6. Jahrhundert v. Chr., München 1960.
BR 8/7	Mariano San Nicolò, Babylonische Rechtsurkunden des ausgehenden 8. und des 7. Jahrhunderts v. Chr., München 1951.
BRM I	Babylonian records in the library of J. P. Morgan, New York. Part I: Albert T. Clay, Babylonian business transactions of the first millenium B. C., New Haven 1912.
BrM	British Museum.
BV	F. E. Peiser, Babylonische Verträge des Berliner Museums, Berlin 1890.
CAD (mit Buchstaben des Bandes)	The Assyrian Dictionary, Chicago.
Camb	J. N. Strassmaier, Inschriften von Cambyses, König von Babylon (= Babylonische Texte H. VIII/IX), Leipzig 1890.
Cardascia, Murašû	Guillaume Cardascia, Les Archives des Murašû, Paris 1951.
CH	Kodex Hammurapi.
Cocquerillat	Denise Cocquerillat, Palmeraies et cultures de l'Éanna d'Uruk, Westberlin 1968.
CRRA	Compte rendu, Rencontre Assyriologique Internationale.
CT	Cuneiform Texts from Babylonian Tablets in the British Museum, London.
Cyr	J. N. Strassmaier, Inschriften von Cyrus, König von Babylon (= Babylonische Texte H. VII), Leipzig 1890.
Dar	J. N. Strassmaier, Inschriften von Darius, König von Babylon (= Babylonische Texte H. X-XII), Leipzig 1892–1897.
Delitzsch AHw	Friedrich Delitzsch, Assyrisches Handwörterbuch, Leipzig 1896.
Driver-Miles	G. R. Driver – John C. Miles, The Babylonian Laws I und II, Oxford 1952 (1960), 1955.
Ebeling, Nb. Briefe	Erich Ebeling, Neubabylonische Briefe, München 1949.

Ebeling, Glossar	Erich Ebeling, Glossar zu den neubabylonischen Briefen, München 1953.
Economic History	Journal of Economic and Business History, Cambridge Mass.
Eilers	Wilhelm Eilers, Gesellschaftsformen im altbabylonischen Recht, Leipzig 1931.
Endemann	Wilhelm Endemann, Studien in der romanisch-kanonischen Wirtschafts- und Rechtslehre, Band I, 1874 .
Ev-M	B. T. A. Evetts, Inscriptions of the reigns of Evil-Merodach, Neriglissar and Laborosoarchod (= Babylonische Texte H. VI B), Leipzig 1892; Urkunden aus der Zeit Amêl-Marduks.
Festschrift Koschaker	Festschrift Paul Koschaker, 3 Bände, Weimar 1939.
Friedrichs	Karl Friedrichs, Universales Obligationenrecht, Berlin 1896.
FuB	Forschungen und Berichte (Staatl. Museen zu Berlin), Berlin.
GAG	Wolfram von Soden, Grundriß der Akkadischen Grammatik, Rom 1952.
GCCI I, II	Goucher College Cuneiform Inscriptions, Vol I: R. Ph. Dougherty, (Archives from Erech Time of Nebuchadrezzar and Nabonidus), Vol II: derselbe (Archives from Erech Neo-Babylonian and Persian periods) New Haven 1923, 1933.
Goldschmidt UG	L. Goldschmidt, Universalgeschichte des Handelsrechts, (1. Lieferung), Stuttgart 1891.
HAU	J. Kohler und A. Ungnad, Hundert ausgewählte Rechtsurkunden aus der Spätzeit des Babylonischen Schrifttums von Xerxes bis Mithridates (485–93 v. Chr.), Leipzig 1911.
Heichelheim	Fritz M. Heichelheim, An Ancient Economic History, 3 Bände (I: 1965 – 2. Aufl.; II 1964; III 1970), Leiden.
HKL	R. Borger, Handbuch der Keilschriftliteratur, Berlin 1967.
Hueck, Gesellschaftsrecht	Alfred Hueck, Gesellschaftsrecht, 6. Aufl., München 1956.
Hyatts	James Phillip Hyatts, The Treatment of Final Vowels in Early Neo-Babylonian, New Haven 1941.
JA	Journal Asiatic.
Jakob-Rost	Liane Jakob-Rost, Urkunden aus FuB Band 10, Archäologische Beiträge, Berlin 1968.

JAOS	Journal of the American Oriental Society, New Haven.
JCS	Journal of Cuneiform Studies, New Haven.
JJP	Rocznik Papirologii Prawniczej (The Journal of Juristic Papyrology), Warschau.
JNES	Journal of Near Eastern Studies, Chicago.
KB IV	Keilinschriftliche Bibliothek IV: Felix Peiser, Texte juristischen und geschäftlichen Inhalts, Berlin 1896.
Kohler, Enzyklopädie	J. Kohler, Enzyklopädie der Rechtswissenschaft, München 1913.
Koschaker, Bürgschaft	Paul Koschaker, Babylonisch-assyrisches Bürgschaftsrecht, Leipzig 1911.
Kr	Oluf Krückmann, Neubabylonische Rechts- und Verwaltungstexte, Leipzig 1933 (= TuM II/III).
Kraus, Edikt	F. R. Kraus, Ein Edikt des Königs Ammi-ṣaduqa von Babylon, Leiden 1958 (= SD V).
Labat	René Labat, Manuel d'Epigraphie Akkadienne, Paris 1963.
Landsberger, The Date Palm	B. Landsberger, The Date Palm, Graz 1967.
Leemans, Foreign Trade	W. F. Leemans, Foreign Trade in the Old Babylonian Period, Leiden 1960.
Leemans, Merchant	W. F. Leemans, The Old-Babylonian Merchant, his Business and his social Position, Leiden 1950.
Lehmann, Gesellschaftsrecht	Heinrich Lehmann, Gesellschaftsrecht, 2. Aufl., Berlin 1959.
Liv	J. N. Strassmaier, Die Babylonischen Inschriften im Museum zu Liverpool, Leiden 1885 (= Actes du 6e Congrès Int. des Orientalistes 1883 S. 569 ff.).
Meißner, Babylonien	Bruno Meißner, Babylonien und Assyrien, 2 Bände, Heidelberg 1920/25.
Meißner, Könige	Bruno Meißner, Könige Babyloniens und Assyriens, Leipzig 1926.
Meißner, Warenpreise	Bruno Meißner, Warenpreise in Babylonien = Abhandlungen der Preußischen Akademie der Wissenschaften Phil.-Hist. Klasse (1936/1), Berlin 1936.
Moldenke	Alfred B. Moldenke, Cuneiform Texts in the Metropolitan Museum of Art, New York 1893. (Alle zitierten Urkunden stammen aus Teil I).
Moore	Ellen Whitley Moore, Neo-Babylonian Business and Administrative Documents, Ann Arbor 1935.

MSL (mit Bandzahl)	B. Landsberger, Materialien zum Sumerischen Lexikon, Rom 1937 ff.
Muss-Arnolt	W. Muss-Arnolt, A Concise Dictionary of the Assyrian Language, Berlin 1905.
Nbk	J. N. Strassmaier, Inschriften von Nabuchodonosor, König von Babylon (= Babylonische Texte H. V/VI), Leipzig 1889.
Nbn	J. N. Strassmaier, Inschriften von Nabonidus, König von Babylon (= Babylonische Texte H. I–IV), Leipzig 1887–1889.
Nbp	J. N. Strassmaier, Inschriften von Nabopolassar; veröffentlicht in ZA 4, 129 ff.
Ner	B. T. A. Evetts, Inscriptions of the reigns of Evil-Merodach, Neriglissar and Laborosoarchod (= Babylonische Texte H. VI B), Leipzig 1892; Urkunden aus der Zeit Neriglissars.
NRV	M. San Nicolò – A. Ungnad, Neubabylonische Rechts- und Verwaltungsurkunden (Band I), Leipzig 1929–1937. Die in VS III, IV, V und VI veröffentlichten Urkunden werden in der Regel nur nach der Nummer in NRV angegeben.
o.	oben.
Oberhuber	Karl Oberhuber, Sumerische und Akkadische Keilschriftdenkmäler des Archäologischen Museums zu Florenz, Tafelband, Innsbruck 1958. Die Urkunden werden nach den fortlaufenden Nummern bezeichnet.
Oberhuber, Textband	Karl Oberhuber, Sumerische und Akkadische Keilschriftdenkmäler des Archäologischen Museums zu Florenz, Textband, Innsbruck 1960.
OLZ	Orientalistische Literaturzeitung, Leipzig.
Oppenheim, Mietrecht	Leo Oppenheim, Untersuchungen zum Babylonischen Mietrecht, Wien 1936.
Or	Orientalia, Rom.
Parker-Dubberstein	Richard A. Parker – Waldo H. Dubberstein, Babylonian Chronology 626 B. C. – A. D. 75 (= Brown University Studies XIX), Providence, Rhode Island, 1956.
Paulick, Stille Gesellschaft	Paulick, Handbuch der Stillen Gesellschaft, Köln 1959.
Peiser, Jurisp.	E. F. Peiser, Jurisprudentiae Babylonicae quae supersunt, Cöthen 1890.

Petschow, Kaufformulare	Herbert Petschow, Die neubabylonischen Kaufformulare, Leipzig 1939.
Petschow, Pfandrecht	Herbert Petschow, Neubabylonisches Pfandrecht, Berlin 1956.
Pinches, Cuneiform Inscriptions	Th. G. Pinches, Cuneiform Inscriptions of Western Asia, London 1880.
Pohl	A. Pohl, Neubabylonische Rechtsurkunden aus den Berliner Staatlichen Museen, 2 Bände (= AnOr 8 und 9), Rom 1933 und 1934.
Propyläen WG	Propyläen Weltgeschichte, 10 Bände, Berlin 1961 ff.
RCT	Ivan Lee Holt, Tablets from the R. Campbell Thompson Collection in Haskell Oriental Museum, in: AJSL 27,3.
Rehme	Paul Rehme, Geschichte des Handelsrechts (in: Victor Ehrenberg, Handbuch des gesamten Handelsrechts, 1. Band), Leipzig 1913.
Rehme, Reeder	Paul Rehme, Die geschichtliche Entwicklung der Haftung des Reeders, Stuttgart 1891.
Renaud, Stille Gesellschaft	Achilles Renaud, Das Recht der Stillen Gesellschaft, Heidelberg 1885.
RIDA	Revue Internationale des Droits de l'Antiquité, Brüssel.
RLA	Erich Ebeling – Bruno Meißner u. a., Reallexikon der Assyriologie, Berlin und Leipzig 1932 ff.
S.	Seite(n); bei den Anmerkungen wird auf die Seiten des Textes nur mit o. bzw. u. Bezug genommen.
San Nicolò, Beiträge	M. San Nicolò, Beiträge zur Rechtsgeschichte im Bereiche der keilschriftlichen Rechtsquellen, Oslo 1931. Erschienen in Instituttet for sammenlignende Kulturforskning, Serie A XIII.
Schmidt, Handelsgesellschaften	Friedrich Gustav Adolf Schmidt, Handelsgesellschaften in den deutschen Stadtrechtsquellen des Mittelalters, Breslau 1883.
Schmökel	Hartmut Schmökel, Ur, Assur und Babylon, 4. Aufl., Stuttgart 1958.
SD	Studia et Documenta ad iura Orientis Antiqui pertinentia, Leiden.
Silberschmidt	Willy Silberschmidt, Die Commenda in ihrer frühesten Entwicklung bis zum XIII. Jahrhundert, Würzburg 1884.
Smith MAT	S. A. Smith, Miscellaneous Assyrian Texts of the British Museum, Leipzig 1887.

Streck, Assurbanipal	Maximilian Streck, Assurbanipal und die letzten Assyrischen Könige, 3 Bände, Leipzig 1916.
Struwe	W. W. Struwe, Der Alte Orient (in: Geschichte der Alten Welt, Chrestomathie, Band I), Berlin 1959.
SZ	Zeitschrift der Savigny Stiftung für Rechtsgeschichte, Romanistische Abteilung, Weimar.
Szlechter	Emile Szlechter, Le Contrat de Société en Babylonie, en Grèce et à Rome, Paris 1947.
Tallqvist	Knut L. Tallqvist, Neubabylonisches Namenbuch (Acta societatis scientiarum fennicae XXXII, 2), Helsingfors 1905.
Tallqvist, Sprache	Knut L. Tallqvist, Die Sprache der Contracte Nabunaids, Helsingfors 1890.
TCL 12, 13	Textes Cunéiformes (du Musée du Louvre), Band 12 und 13: G. Contenau, Contrats Néo-babyloniens I und II, Paris 1927, 1929.
TuM	Texte und Materialien der Frau Professor Hilprecht Collection of Babylonian Antiquities im Eigentum der Universität Jena, Leipzig 1932–1935.
u.	unten.
UET IV	Ur Excavations Texts, Band IV, H. H. Figulla, Business Documents of the New-Babylonian Period, London 1949.
Unger, Babylon	Eckhard Unger, Babylon, Die Heilige Stadt nach der Beschreibung der Babylonier, Berlin und Leipzig 1931.
Ungnad, Glossar	A. Ungnad. NRV Beiheft zu Band I: Glossar, Leipzig 1937.
Ungnad-Matouš	Arthur Ungnad, Grammatik des Akkadischen; 5. Aufl. Völlig neu bearbeitet von Lubor Matouš, München 1969.
VS	Vorderasiatische Schriftdenkmäler der Königlichen Museen zu Berlin, Leipzig 1907 ff.
Wackernagel	Jacob Wackernagel, Die Viehverstellung, Eine Sonderbildung der spätmittelalterlichen Gesellschaft, Weimar 1923.
WdO	Die Welt des Orients, Wissenschaftliche Beiträge zur Kunde des Morgenlandes, Göttingen.
Weingort	Saul Weingort, Das Haus Egibi, Berlin 1939.
Weißbach	F. H. Weißbach, Die Keilinschriften der Achämeniden, Leipzig 1911.

Weisberg, Guild	David B. Weisberg, Guild Structure and Political Allegiance in Early Achaemenid Mesopotamia, New Haven 1967.
Wirth, Agrargeographie des Irak	Eugen Wirth, Agrargeographie des Irak, Hamburg 1962.
YBT (mit Bandzahl)	Yale Oriental Series, Babylonian Texts, New Haven.
YOS	Yale Oriental Series; siehe YBT.
ZA	Zeitschrift für Assyriologie, Berlin.
ZDMG	Zeitschrift der Deutschen Morgenländischen Gesellschaft, Leipzig.
ZfK	Zeitschrift für Keilschriftforschung, Leipzig 1884–1885.
ZHR	Zeitschrift für das gesamte Handelsrecht, Stuttgart.

EINLEITUNG

Das über die *ḫarrânu*-Gesellschaften zur Verfügung stehende Quellenmaterial besteht ausschließlich aus Vertrags-, Wirtschafts- und Gerichtsurkunden[6]. Eine einschlägige Gesetzesüberlieferung fehlt im Gegensatz zur altbabylonischen Zeit[7]. Dies überrascht nicht, da ja aus neubabylonischer Zeit überhaupt nur ein kleineres „Gesetzes"fragment bekannt ist, das nur aus wenigen Bestimmungen besteht[8]. Zeitlich datieren die Urkunden von der Regierung Assurpanipals bis zum Beginn der Regierungszeit des Xerxes[9]. Aus der letzten Phase der babylonischen Geschichte, der spätpersischen und der seleukidischen Ära, fehlen *ḫarrânu*-Urkunden völlig. Im einzelnen teilen sich die mir vorliegenden Urkunden, die ein *ḫarrânu*-Geschäft beinhalten oder erwähnen, zeitlich folgendermaßen auf:

Regierungszeit:	*ḫarrânu*-Urkunden: Typ A[10]	Typ B[11]	Sonstige Urkunden, in denen der Terminus *ḫarrânu* vorkommt:
vorchaldäisch	1		1
Nbp	3	1	
Nbk	9	3	29
Ev-M	1		4
Ner			7
Nbn	8	3	21
Cyr			
Camb	1	1	3
Dar	5	5	4
Xerxes		1	

6 Ein Brief mit Bezug auf ein *ḫarrânu*-Geschäftsunternehmen liegt wohl in Ebeling, Nb. Briefe 188 (CT XXII 188) vor; vgl. dazu Petschow, BiOr 11 (1954) 203.

7 Vgl. z. B. CH § 98.

8 Es handelt sich höchstwahrscheinlich um ein Exzerpt, dessen Zweckbestimmung unklar ist; vgl. Petschow, SZ 76 (1959) 39 f.; 43; zuletzt RLA III (1966) 276 ff.

9 Älteste Urkunden: Jakob-Rost 12 vom 8.9(?). 18 Šamaš-šum-ukîn (658 v. Chr.); Jakob-Rost 13 vom 18. 9. 22 Assurbanipal (647 v. Chr.); sodann UET IV 56 vom 30. 2. 2 Nbp (624 v. Chr.); AfO 16, 43 Nr. 9 vom 5. 9. 12 Nbp; Nbp 12 (in ZA IV 141 f.) vom 23. 6. 15 Nbp.
Jüngste Urkunde: App 5 vom 2. 4. 5 Xerxes (481 v. Chr.).

10 Typ A bedeutet ein *ḫarrânu*-Unternehmen mit einseitiger Kapitalbeteiligung; vgl. dazu u. 7 ff.

11 Typ B bedeutet ein *ḫarrânu*-Unternehmen mit zweiseitiger Kapitalbeteiligung; vgl. u. 49 ff.

Örtlich stammen die Urkunden aus:

Ort:	Anzahl:
Babylon	61[17]
Šaḫrînu (Vorort von Babylon)	9[18]
Bît-šar-Bâbili (Vorort von Babylon)	2[19]
Kabbartu[12] (URUNIGIN*ti*)	1[20]
Sippar	4[21]
Barsippa	6[22]
Uruk[13]	3[23]
Dilbat	1[24]
Ortschaft des Nâdin[14]	5[25]
Bît Nabû-le'i[14]	2[26]
Bît Eppeš-ilî[15] [14]	1[27]
Bît Sîn-nâṣir[14]	1[28]
âlu šá ^{h}*šu-ša-ni-e*[16] „Ort der Šušanê"	1[29]
^{âl}*ka-pa-ri-im-ma*	1[30]
Stadt des Kî-Bêl	1[31]

---

12 So nach Falkenstein bei BR 6 S. 36[5] und AHw 417 l. Tallqvist 293 liest Kiššatu, Brinkman, A Political History (1968) 151[909] Saḫritu; nach Weingort 8 handelt es sich um eine kleine Vorstadt von Babylon, Weingort gibt jedoch keine Begründung für seine Vermutung. Weingort 8 liest nach Strassmaier Nbk S. 19 und Streck Assurbanipal I S. CDXII und III 802 Paḫirti und meint daher zu Unrecht, Tallqvist erwähne den Namen überhaupt nicht.
RLA I 369 (Stichwort Babylon) erwähnt keine der Alternativen.

13 Bzw. aus der Umgebung von Uruk: Nbn 112 und TCL 12, 26.

14 Diese Orte kommen zumeist in Urkunden des bekannten Geschäftsmannes Ṭâbija vor. Es handelt sich wohl um kleinere Orte aus der Gegend von Barsippa und Babylon. Soweit die Orte im RLA enthalten sind, ist keine geographische Lage angegeben.

15 Zur Schreibung vgl. AHw 230 r.

16 Genaue Lage ist mir nicht bekannt.

17 Belege: (Bei den folgenden Anmerkungen bedeutet A, daß es sich um Begründungsurkunden mit einseitiger Kapitalbeteiligung, B, daß es sich um eine solche mit zweiseitiger Kapitalbeteiligung, und S, daß es sich um andere Urkunden mit dem Stichwort *ḫarrânu* „Geschäftsunternehmen (usw.)" handelt.) Die in Klammern gesetzten Zahlen geben das Errichtungsjahr (v. Chr.) nach julianischem Kalender an.
A: Nbk 51 (599); 64 (597); 216 (575); 261 (571); Nbn 572 (544); 652 (544); 653 (544); Dar 134 (518); 395/6 (508); NRV 646 (579); Amherst 225 (611); BRM I 45 (597); GCCI I 257 (588); GCCI II 84 (560); Moldenke 13 (552); 15 (550); TCL 12, 40 (582); 13, 184 (517); UET IV 56 (624).
B: Nbk 58/429 (598); 88 (595); 300 (569); Nbn 199 (548); 601 (544); Dar 97 (518), 280 (512); App 5 (481); NRV 644? (599; dazu u. 52 f.).
S: Nbk 258 (572); 269 (571); 271 (571); 272 (570); 309 (568); 356 (565); Ev-M 11 (561); 20 (560); Ner 8 (559); 21 (559); 26 (559); 35 (558); 38 (558); Nbn 19

Bei 14 Urkunden ist der Ausstellungsort nicht zu ermitteln[32].
Bei der geringen Anzahl der Begründungsurkunden und der sehr ungleichmäßigen örtlichen[33] und zeitlichen Verteilung der Urkunden[34] wird das vorliegende Material in manchen Fällen noch keine vollständige Aufklärung offener Fragen bieten können.
Das kennzeichnende Stichwort dieser Texte ist das Wort *ḫarrânu*[35]; mehrere Personen „haben“ nach der Formulierung der Urkunden gewisse „Kapitalbeträge *ana ḫarrâni* eingelegt“ oder der Gläubiger hat einen Forderungsbetrag zu

---

(555); 63 (554); 107 (553); 123 (552); 282 (548); 583 (545); 666 (543); 787 (542); Dar 176 (517); 379 (508); 440 (505); 447 (505); NRV 297 (572); 648 (569); BE 8, 20 (568); Liv 13 (aus der Zeit des Nbn); Moldenke 14 (550); TCL 12, 43 (aus der Zeit des Nbk); 13, 160 (527); Jakob-Rost 12 (658).

18 S: Nbk 231 (575/4); 290 (569); Ev-M 12 (561); 18 (560); Ner 15 (559); 67 (556); Nbn 4 (556); 34 (555); BRM I 50 (578).

19 A: Nbn 1013 (539).
S: Nbn 966 (540).

20 S: Nbk 32 (602).

21 A: NRV 653 (497); AfO 16, 43 Nr. 9 (614).
B: Nbp 12 (611).
S: Camb 412 (521).

22 A: Jakob-Rost 13 (647).
B: NRV 654 (491).
S: Camb 376 (523); Liv 15 (541); NRV 413 (543); Kr 86 (548).

23 B: Pohl I 77 (524);
S: Nbn 112 (553), vgl. A 13; TCL 12, 26 (602), vgl. A 13; auch die Prozeßurkunde TCL 12, 119, in der von einer *ḫarrânu*-Viehpacht berichtet wird, stammt aus Uruk. Beachtenswert ist auch, daß UET IV 56 – eine Urkunde aus Babylon – in Südmesopotamien gefunden wurde.

24 S: Dar 269 (512).

25 S: NRV 170 (575?); 171 (567); 172 (566?); 234 (568); 650 (565).

26 S: NRV 292 (583/2); 294 (582?).

27 A: NRV 645 (582).

28 S: NRV 651 (563).

29 S: NRV 97 (545).

30 S: Dar 526 (501). Vgl. u. 53 f.

31 A: Dar 359 (508).

32 A: Nbn 466 (545); NRV 652 (Nbk); RCT 3;
B: NRV 655 (Dar); GCCI I 407 (541).
S: Nbk 116 (586), vgl. Strassmaier Nbk S. 18 Nr. 6; Nbk 409 (Nbk); NRV 647; 649; 753 (562); 894; Kr 86 (548); 235; Oberhuber 145.

33 Vor allem aus Südbabylonien liegen nur wenige Urkunden vor.

34 Dazu kommt noch, daß ein großer Teil der Urkunden aus wenigen Familienarchiven stammt.

35 Altbabylonisch schon als Geschäftsreise und vielleicht – aber selten – als Geschäftsunternehmen gebräuchlich. S. auch u. A 947. Vgl. CAD Ḫ 110 f.; zu der dortigen Übersetzung von YOS 8, 125, 19 siehe aber ablehnend Kraus Edikt 218 mit A 1;

Lasten des Schuldners „*ana ḫarrâni*". Dieses Stichwort gibt den ursprünglichen Zweck dieser Geschäfte wieder; *ḫarrânu* bedeutet „Weg, Reise, Karawane"[36], sodann in den neubabylonischen Urkunden im übertragenen Sinn „Geschäftsunternehmen, Geschäftseinlage und Geschäftsvermögen"[37].
Bedeutung und Lesung von KASKAL = *ḫarrânu* und damit der hier einschlägigen Urkunden ist in der modernen Literatur zunächst nur tastend erfaßt worden. Im Jahre 1884 transkribiert Strassmaier in ZfK 1, 87 KASKAL mit „*rašuti* (?)" und legt Nbk 58 als Depositum aus; 1889 in ZA 4, 118 transkribiert er in Nbp 12 (= ZA 4, 141 f.) KASKAL mit „*aḫati* (?)". 1886 liest Pinches in ZA 1, 205 in Nbn 199 für KASKAL schon richtig „*ḫarrana*" und übersetzt „business in partnership", fügt aber dann doch hinzu, „it is likely that *ḫarrana* is not the true reading". Tallqvist[38] nennt 1890 als Lesung „*ḫarrânu*". Kohler-Peiser geben zwar bereits 1891 in ihren Bearbeitungen etlicher *ḫarrânu*-Urkunden als Bedeutung des Zeichens KASKAL „Gesellschaftscapital" an, vermerken aber, daß die Lesung des „Ideogramms für ‚Weg'" fraglich sei[39]. 1893 liest Meissner in ZA 8, 83 für KAS^{II}[40] „girru" als „sehr wahrscheinlich". Delitzsch verzeichnet 1896 in seinem Handwörterbuch[41] „*ḫar(r)anu*"[42]; Muss-Arnolt[43] bringt 1905 unter Verweisung auf Meissner a. a. O. ebenfalls „girru" als Lesung. Anknüpfend an Fossey JA 11/9 (1917) 486 meint Pognon JA 11/17 (1921) 39 schließlich, KASKAL sei immer *ḫarrânu* zu lesen. Seitdem wurde diese Lesung m. W. nicht mehr bestritten[44] und endlich auch durch Vokabulare bestätigt.

AHw 326 f. verzeichnet altbabylonisch die Bedeutung „Geschäftsunternehmen" und ähnlich nicht.
In den gleichartigen altbabylonischen Urkunden erscheint das Wort *ḫarrânu* nicht als terminus technicus für dieses Rechtsgeschäft. Das Gesellschaftsverhältnis wird dort *tappûtum*, der geschäftsführende Gesellschafter *tappûm* und der kapitalgebende Gesellschafter *ummeânum* genannt.

36 Babylonien ist ein uraltes Zentrum des Handels. Vor allem wurden die im Tiefland nicht ausreichend vorhandenen Rohstoffe wie Holz, Stein und Metall gegen die eigene reiche Erzeugung an landwirtschaftlichen Produkten und Textilien mit anderen Ländern ausgetauscht. Vgl. dazu Leemans, Merchant und Leemans, Foreign Trade. Zu den angegebenen Wortbedeutungen s. die Wörterbücher s. v.; vgl. u. A 37 sowie A 80 ff.

37 Ungnad, Glossar 63 f. und NRV S. 554 „Geschäftsunternehmen, meist Gesellschaftsunternehmen, Gesellschaftskapital, Gesellschaftereinlage"; AHw 327 r Z. 11 „Geschäftskapital"; CAD Ḫ 106; 111 „business venture, business capital".

38 Tallqvist, Sprache 75.

39 BR II 57 A 1; vgl. BR III (1894) 47 A 1.

40 So früher vielfach statt KASKAL transkribiert.

41 S. 291.

42 Für die Bedeutung „Geschäftsunternehmen" gibt er jedoch keine Lesung an.

43 S. 339.

44 Vgl. auch CAD Ḫ 106 ff.; AHw 326 f.; dazu o. A 37.

Ein bedeutender Teil der hier verarbeiteten Urkunden liegt in Umschrift oder Übersetzung vor[45]. Die älteren Bearbeitungen sind jedoch an manchen Stellen durch neue Forschungsergebnisse überholt.

[45] Die vorhandenen Umschriften, Übersetzungen, Bearbeitungen und Duplikate sind weitgehend in Borger HKL I aufgeführt.

I. DIE BEGRÜNDUNGSURKUNDEN

Die neubabylonischen Vertragsurkunden, so z. B. die Mobiliar- und Immobiliarkaufurkunden, die Miet- und Pachtverträge und vor allem die Verpflichtungsscheine, sind im allgemeinen jeweils nach einheitlich feststehenden Formularen stilisiert. Bei den *ḫarrânu*-Begründungsurkunden kann man zwei Arten solcher Vertragstypen unterscheiden. Eine dieser Formulartypen wurde benutzt, wenn beide Parteien Kapital *ana ḫarrâni* „zu einem Geschäftsunternehmen" gaben, das andere Formular diente für Verträge, bei denen nur eine Partei Kapital einlegte. Hier wird zuerst das schon in altbabylonischer Zeit[46] nachweisbare Geschäftsunternehmen mit einseitiger Kapitalbeteiligung eines Geldgebers („Kapitalisten") behandelt.

A. Begründungsurkunde mit einseitiger Kapitalbeteiligung[47] (Typ A)

1) Das Vertragsformular

Formularmäßig stellt die Begründungsurkunde für ein *ḫarrânu*-Geschäft mit einseitiger Kapitalbeteiligung zumeist eine Abart des Verpflichtungsscheines dar[48]; nur gelegentlich folgt die Urkunde auch dem Schema des *ina-pâni*-Kreditvertrages[49]. Der Verpflichtungsschein[50] nimmt im neubabylonischen Kreditwesen eine beherrschende Stellung ein. Das in vielen Hunderten von Belegen erhaltene regelmäßig stereotyp wiederkehrende Formular lautet:

I. (Schuldklausel)

x kaspu ša G	x Silber des G(läubigers)
ina muḫḫi S	zu Lasten des S(chuldners)

---

46 Das Formular dieses „*tappûtum*"-Vertrages lautet: *x mana kaspam kasap tappûtim itti G(läubiger) S(chuldner) ilqe* (= š u - b a - a n - ti) *ûm ummeânum irrišušu kaspam išaqqal*
„x Minen Silber – Gemeinschaftskapital – hat vom G(läubiger) der S(chuldner) genommen (entliehen). Sobald der Gläubiger es von ihm verlangt, wird er das Silber darwägen (zurückgeben)."
Vgl. dazu TCL 10, 75; Eilers 58.

47 Im folgenden zur Vereinfachung als Typ A bezeichnet.

48 Ähnlich altbabylonisch, wo die *tappûtum*-Urkunden zumeist eine Abart des š u b a n t i-Vertrages darstellen; zur š u b a n t i-Urkunde vgl. Eilers 6 und Petschow, Pfandrecht 10 A 22. Zum altbabylonischen Schuldurkundenformular: Pritsch, Bonn. Bibl. Btr. I 172 f.

49 Vgl. z. B. GCCI I 257; Nbn 466; zu diesem Vertragstyp s. u. bei A 75, vgl. Petschow, Pfandrecht 50 f.

50 Vgl. dazu Petschow, Pfandrecht 10 ff.

II. (Zinsklausel)
III. (Rückzahlungsklausel)
IV. (Sonstige Klauseln; so z. B. Pfandbestellung, wechselseitige Bürgschaft bei Schuldnermehrheit, Fremdbürgschaft.)
V. Zeugen, Schreiber, Ort und Datum.

Von diesen Klauseln ist jeweils allein die Klausel I formularnotwendig, während II bis IV den Einzelfällen des jeweiligen Vertragsverhältnisses entsprechend fakultativ sind[51]. Die *ina-pâni*-Krediturkunden sind im wesentlichen wie das vorstehend skizzierte Formular des Verpflichtungsscheines stilisiert, sie weichen nur in der Klausel I ab; statt *ina muḫḫi*, S(chuldner) weisen sie die Phrase *ina pâni* S(chuldner) „im Besitze/zur Verfügung des S(chuldners)" auf. Damit wird angedeutet, daß das Schuldobjekt dem Schuldner übergeben worden ist, d. h. daß es sich formal um einen Realvertrag[52] handelt[53]. Beide Arten dieser Schuldurkunden sind zumeist ohne Angabe eines Rechtsgrundes für das Schuldverhältnis – „abstrakt" – formuliert. Sie können jedoch auch den Rechtsgrund nennen, also „tituliert" sein. So erscheinen z. B. Kaufpreisforderungen, Forderungen aus Werkvertrag und Mietzinsforderungen[54]. Die häufigste Causa war wohl das Darlehen. Es wird jedoch meist nicht als besonderer Rechtsgrund aufgeführt, schon wegen des Fehlens eines allgemeinen Terminus technicus für Darlehen[55]. Ein nicht seltener Anwendungsfall jener „titulierten" Verpflichtungsscheine ist das Formular des einseitigen *ḫarrânu*-Geschäftes[56]; es enthält stets die obengenannte Schuldklausel mit der zweckbestimmenden Causa *ana ḫarrâni* „zu einem Geschäftsunternehmen". Eine Zinsklausel tritt hier nur gelegentlich[57] auf. An ihrer Stelle erscheint regelmäßig eine Gewinnklausel[58]. Die Fälligkeitsklausel des Verpflichtungsscheines fehlt in den überlieferten Texten stets[59]. Die übrigen Klauseln sind jeweils den Umständen des Einzelfalls angepaßt, so z. B. je nachdem ob der Kapitalnehmer eine besondere Haftung übernehmen oder ob bei Schuldnermehrheit eine Solidarhaftung herbeigeführt werden sollte. Ein Unterschied zu sonstigen titulier-

---

51 Vgl. dazu Petschow, Pfandrecht 20 f.

52 Während ein Konsensualvertrag ohne unmittelbaren Zusammenhang mit der Übergabe des Vertragsobjektes abgeschlossen werden kann, wird ein Realvertrag erst mit der Übergabe des Vertragsobjektes rechtswirksam. Der Unterschied zwischen beiden Formen hat im modernen Recht nur noch geringe Bedeutung.

53 Vgl. dazu Petschow, Pfandrecht 51.

54 Vgl. Petschow, Pfandrecht A 31.

55 Vgl. Petschow, Pfandrecht A 31.

56 Vgl. Petschow, Pfandrecht 30 ff.

57 Z. B. NRV 653.

58 Ausnahme: Jakob-Rost 13.

59 Unklar Oberhuber 145, vgl. u. 14 f.

ten Verpflichtungsscheinen besteht aber darin, daß dort die Causa – der Schuldgrund – unmittelbar hinter dem Schuldbetrag genannt wird, während die Phrase *ana ḫarrâni* „zu einem Geschäftsunternehmen" stets hinter *ina muḫḫi S* „zu Lasten des S(chuldners)" erscheint. Dieser Unterschied könnte daher rühren, daß die Angabe unmittelbar hinter der Schuldsumme die Entstehung der Schuld festhält, während der Vermerk *ana ḫarrâni* „zu einem Geschäftsunternehmen" den künftigen Verwendungszweck des Kapitals angeben will. Während bei den meisten neubabylonischen Vertragstypen nur gelegentlich Abweichungen und zusätzliche Klauseln auftreten, sind die *ḫarrânu*-Urkunden zwar in ihren wichtigsten Klauseln ebenfalls nach einem festen Schema aufgebaut, welches im wesentlichen über 200 Jahre unverändert bleibt. Trotzdem ist hier eine gewisse Häufigkeit und Vielfältigkeit an zusätzlichen Vertragsbestimmungen neben den vertragsnotwendigen Klauseln zu beobachten. Dadurch war es möglich, die verschiedenartigen tatsächlichen Voraussetzungen einer Gesellschaft auch in der Vertragsurkunde zu berücksichtigen und festzulegen.

Das Vertragsformular für das *ḫarrânu*-Geschäft mit einseitiger Kapitalbeteiligung besteht demnach – mit Varianten im einzelnen – aus folgenden Bestandteilen[60]:

I. Begründungsklausel[61]:	
x kaspu ša G	x Silber des G(läubigers),
ina muḫḫi S	zu Lasten des S(chuldners),
ana ḫarrâni	zu einem Geschäftsunternehmen.
II. Gewinnverteilungsklausel[62]:	
(*mimma mala*	(An allem was
ina muḫḫi	er damit

60 Vgl. dazu die im Anhang in Umschrift und Übersetzung wiedergegebene Urkunde Nbk 64. Zu den Varianten s. das folgende.

61 Diese Klausel erscheint in allen Urkunden vom Typ A.
Kapital in Silber: Nbk 64; 216; 261; Nbn 466; 652; 653; (1013;) Dar 134; NRV 645; 646; 652; 653; AfO 16, 43 Nr. 9; Amherst 225; BRM I 45; GCCI I 257; II 84; Moldenke 13; 15; TCL 12, 40; 13, 184; UET IV 56; Jakob-Rost 13 (*šá ḫarrâni*!); wohl auch RCT 3; Ausnahme Nbk 51, dazu u. 14.
Silber und Fässer: Nbn 572;
Naturalien: Datteln: Dar 359;
Datteln, Gerste und Fässer: Dar 395/396;
Wein: Nbn 1013, vgl. dazu u. 94 f.

62 Nbk 51; 64; 216; 261; Nbn 466; 652; 1013; Dar 134; 359; RCT 3; NRV 645; 646; 652; AfO 16, 43 Nr. 9; Amherst 225; BRM I 45; GCCI I 257; TCL 12, 40; 13, 184; Moldenke 13; 15; UET IV 56; in GCCI II 84 liegt eine kombinierte Fälligkeits-, Kapitalrückzahlungs- und Gewinnklausel vor; in Nbn 572 und 653 wird die Gewinn-

ippušu)	erarbeitet,)
aḫi (zitti) ina utur	einen gleichen Teil[63] vom Gewinn
S itti G ikkal	wird S mit G genießen (wörtlich: essen).

III. Sonstige fakultative Klauseln[64]:
Selbstbürgschaften der Schuldner[65]; wechselseitige Bürgschaft bei Schuldnermehrheit[66]; Fremdbürgschaft[67]; Verlust-[68]; Rückzahlungs-[69]; Spesenklauseln[70]; Klauseln über die Herkunft des *ḫarrânu*-Kapitals[71]; Klauseln über Dienst(verhältniss)e[72]; *elat*-Klauseln[73]; Nebenerwerbsverbote[74].
IV. Zeugen, Schreiber, Ort und Datum.

2) Die Begründungsklausel

Diese Klausel fehlt bei keiner Urkunde; offenbar diente sie zur Kennzeichnung des *ḫarrânu*-Vertrages mit einseitiger Kapitalbeteiligung. Sie ist am starrsten und am wenigsten variabel. Die Begründungsklausel lautet fast stets gleich der Schuldklausel des Verpflichtungsscheines mit dem Zusatz *ana ḫarrâni* „zum Geschäftsunternehmen“; so z. B. in Nbk 216: *6 mana kaspu ša M ina muḫḫi K ana ḫarrâni* „6 Minen Silber des M zu Lasten des K zu einem Geschäftsunternehmen“. Ebenso wie bei der normalen Krediturkunde werden gelegentlich auch hier die Worte *ina muḫḫi* „zu Lasten“ durch die Phrase *ina pâni* „zur Ver-

klausel zur Verteilung des Gewinns unter die beiden Geldgeber, in Dar 395/396 zur Verteilung unter die Geldnehmer verwendet. In NRV 653 und Dar 395/396 erhalten die Geldgeber jeweils einen festen Betrag; dazu u. 26. In Jakob-Rost 13 fehlt jegliche Gewinnklausel (assyrische Zeit).

63 CAD A I 209 r o „*aḫu*“: *aḫi zitti* = a half share; *aḫu* = half, half share; ebenso Z 141 l 10′; andererseits A I 252 l m *aḫi* = equal share. AHw 22 l *aḫu* 6: Teil, Anteil, auch Hälfte; *aḫi ina utur* „Hälfte vom Gewinn“; Ungnad Glossar 9 *aḫu* = gleicher Anteil (am Gewinn).

64 Ohne sonstige Klauseln sind: AfO 16, 43 Nr. 9; Amherst 225; GCCI I 257; NRV 646. Jakob-Rost 13 enthält neben der Begründungsklausel nur eine *taḫsistu*-Klausel.

65 Nbn 466; 652; 1013; Dar 134; 359; NRV 653; vgl. auch NRV 645.

66 Nbk 64; NRV 652; TCL 13, 184; vgl. auch die mir unverständliche Bürgschaftsklausel in Nbk 51.

67 Moldenke 15.

68 Nbk 64; BRM I 45; UET IV 56.

69 Dar 395/396; GCCI II 84; NRV 645.

70 TCL 12, 40; Moldenke 13; TCL 13, 184.

71 Nbk 261; Nbn 1013; Dar 359; Moldenke 13; RCT 3; TCL 12, 40.

72 Nbk 261; Nbn 653; 1013; Dar 134; Moldenke 13.

73 Nbk 261; Nbn 572; Dar 134; Moldenke 13; NRV 645; TCL 13, 184. Zum Begriff der *elat*-Klausel vgl. u. 41 f.

74 Dar 134; TCL 13, 184.

fügung" ersetzt[75]. Nach Petschow[76] und San Nicolò[77] haben beide Formulierungen sachlich wohl die gleiche Bedeutung. Dies dürfte ebenso für die *ḫarrânu*-Urkunden gelten; zumindest lassen die vorliegenden Urkunden kaum Rückschlüsse auf eventuelle Unterschiede zwischen beiden Wendungen zu.
Aus dem Wortlaut der Begründungsklausel kann nur entnommen werden, daß ein oder mehrere Schuldner einem oder mehreren[78] Gläubigern ein bestimmtes Kapital schulden; und zwar *ana ḫarrâni*[79]. Übersetzt wird dieser Ausdruck in der Literatur bei diesem Urkundentyp (Typ A) mit:

zu einem Geschäftsunternehmen[80];
zum Geschäftskapital[81];
zum Kommendageschäft[82];
zur Kommenda[83];
für ein Geschäftsunternehmen[84];
pour une association commerciale[85];
pour un voyage (d'affaires)[86];
for trading purposes[87];
for a partnership-business[88];
for a business venture[89].

Diese Übersetzungen dürften die Bedeutungsbreite des Wortes *ḫarrânu* bei den Urkunden vom Typ A im wesentlichen richtig wiedergeben. Möglicherweise ist die Übersetzung von Fossey „pour un voyage (d'affaires)" insofern zu wörtlich

---

75 Vgl. z. B. GCCI I 257; NRV 645; Nbn 466; Jakob-Rost 13 (assyr. Zeit); vgl. Lit. o. A 49 und Text nach A 51.
76 Pfandrecht 50 f.
77 BR 8/7, 112.
78 S. u. 12.
79 Ausnahme *ša ḫarrâni* in unserer bisher ältesten, vorchaldäischen Begründungsurkunde Jakob-Rost 13; ansonsten aber entspricht die dortige Begründungsklausel dem Typ A (Zeile 4 gehört nicht zur Begründungsklausel; vgl. u. 47).
80 NRV S. 554 ff.; BR 6, 119; BR 8/7, 106; Oberhuber (Textband) 99. Vgl. o. A 37.
81 AHw 327 r. „Zum Gesellschaftskapital": BR II 56 ff.
82 BR III 47.
83 Koschaker, Bürgschaft 148.
84 Pinches-Weidner in AfO 16, 43.
85 Pognon JA 11/17, 31.
86 Fossey JA 11/9, 486.
87 Moore 49 und 84.
88 Pinches in der Übersetzung von Amherst 225 (die Urkunde ist im Anhang veröffentlicht; vgl. Pinches-Ungnad-Weidner AfO 19, 77 Nr. 1).
89 CAD Ḫ 111 l.

und zu eng, als die in unseren Urkunden vorkommenden Geschäftsunternehmen wohl auch standortgebundene Gewerbezweige[90] beinhalten. Auch die Übersetzungen „for trading purposes" und „Kommenda(geschäft)"[91] erscheinen zu einseitig bzw. eng; erstere, weil sie Handwerksbetriebe[92] nicht mitumfassen würde, letztere weil auch nichtkommendaähnliche Gesellschaftsformen – das *ḫarrânu*-Geschäft mit zweiseitiger Kapitalbeteiligung und beiderseitiger Geschäftsführung – mit *ḫarrânu* bezeichnet werden. Daher ist die Übersetzung „Geschäftsunternehmen" zu bevorzugen, da sie wegen ihrer Allgemeinheit bei allen einschlägigen Gesellschaftsverhältnissen anzuwenden ist[93].

Es ist klar, daß der wörtliche Text der Begründungsklausel keine ausreichende Konkretisierung der Gesellschaftsbeziehungen bietet. Das Rechtsverhältnis der Parteien konnte zwar in Nebenklauseln noch besonders ausgestaltet werden; dies war aber nicht immer der Fall[94], und auch wo Nebenklauseln vorhanden sind, enthalten sie keine restlose Regelung des Gesellschaftsverhältnisses. Es müssen also anknüpfend an die Begründungsklausel gesetzliche oder gewohnheitsmäßige Regeln gegolten haben, die die Rechtsbeziehungen der Parteien in allen Fällen regelten, für die keine speziellen Vereinbarungen getroffen worden waren. Über den Umfang, den Inhalt und die Form solcher Regeln gibt es kaum Anhaltspunkte.

Während in den Verträgen mit zweiseitiger Kapitalbeteiligung in den überlieferten Fällen regelmäßig[95] nur zwei Gesellschafter auftreten, erscheinen in der vorliegenden Urkundengruppe sowohl auf der Gläubigerseite als auch auf der Schuldnerseite des öfteren mehrere Vertragspartner[96]; so

2 Gläubiger[97]:	Nbk 51[98]; Nbn 572; 652; 653; 1013. Vgl. Kr 86.
2 Schuldner:	Nbk 64; Nbn 466; 572[99]; Dar 395–396; TCL 13, 184; NRV 652; Amherst 225. Vgl. auch NRV 651.

90 Vgl. u. 139 ff.

91 Vgl. o. A 82 und A 83.

92 Vgl. u. 142.

93 Bei der Viehpacht *ana ḫarrâni* kann *ḫarrânu* wohl nicht mit Geschäftsunternehmen übersetzt werden; vgl. u. 89 f.

94 So enthalten z. B. keine Nebenklauseln NRV 646 und GCCI I 257; vgl. o. A 64.

95 Anders m. W. nur die in Nbk 116 aufgelöste Gesellschaft; s. u. 104 f.; 126 und 148 f.

96 Nach Eilers 8 ff. trat dagegen beim altbabylonischen *tappûtum*-Geschäft stets nur ein Gläubiger auf.

97 Für die beiden Gläubiger wird – ausgenommen Nbk 51 – jeweils nur ein Kapitalbetrag in der Urkunde genannt. Zu beachten ist allerdings, daß Nbn 572; 652; 653; 1013 sämtlich mit dem Hause Egibi zusammenhängen und in den drei erstgenannten Urkunden dieselben Gläubigerpartner auftreten. Es könnte sich also um eine Besonderheit des Hauses Egibi handeln.

98 Vgl. dazu u. 14.

99 Formelle Schuldner sind je ein Sklave des einen und des Vaters des anderen Kapitalgebers. In Nbn 653 dagegen tritt formularmäßig nur ein Sklave als Schuldner auf.

3 Schuldner: AfO 16, 43 Nr. 9.
4 Schuldner: Dar 440; 447[100].

Eine Abweichung im Text der Begründungsklausel liegt in Nbk 261 vor. Dort heißt es am Ende der Klausel in Z. 4 *a-na ḫarrâni id-din*[101] „zu einem Geschäftsunternehmen hat er gegeben". Aus dem vorliegenden Material läßt sich nicht entnehmen, ob diesem Zusatz irgendeine Bedeutung – etwa auf bereits erbrachte Leistung – zukommt[102]. Wahrscheinlich aber hat diese singuläre Abweichung keine rechtliche Bedeutung.

Auch bei der sehr zerstörten Tafel RCT 3, bei der sowohl der Anfang als auch das Ende abgebrochen ist, handelt es sich um eine *ḫarrânu*-Urkunde vom Typ A. RCT 3 dürfte auf Grund der vorkommenden Personen in die frühe Perserzeit etwa unter Kambyses zu datieren sein. Bei dem Geldgeber handelt es sich, wie die Gewinnklausel zeigt, um einen gewissen Rêmût-Bêl, wohl Sohn des Nabû-ta-ri-iṣ, Nachkomme des Ea-ilûta-bani; ein Mann gleichen Namens erscheint in Camb 343, 14[103] als Zeuge zugleich mit (Z. 11) Lâbâši(-Marduk), Sohn des Kabtija aus der Familie Egibi[104], der auch in RCT 3, 10 als Zeuge vorkommt. Bei dem in Z. 9 angeführten Nabû-mudammiq handelt es sich offenbar um den Bruder des Geldgebers. Kapitalnehmer ist Bêl-iddin, ebenfalls ein Nachkomme des Ea-ilûta-bani, also ein mehr oder weniger naher Verwandter des Geldgebers[105]. Danach wäre die Begründungsklausel in RCT 3 folgendermaßen zu ergänzen:

Z. 1: *[x mana kaspu ša ^{I}rêmût-^{d}bêl aplišu ša ^{Id}nabû-ta-ri-iṣ]*
Z. 1a: *[apil ^{Id}ea-ilûta-bani ina muḫḫi ^{I}]^{d}bêl-[iddin]*
Z. 2: *[aplišu ša ^{Id}nabû-nâdin-ipri(?) apil] ^{Id}ea-ilûta-bani*
Z. 3: *a-na ḫarrâni*

Möglich wäre jedoch, daß die beiden in der Urkunde vorkommenden Sklaven gleichberechtigt waren und somit auch hier zwei Personen auf der Schuldnerseite standen (soweit man hier überhaupt von Schuldner bzw. Kapitalnehmer sprechen kann; vgl. dazu u. 26 f.; 44 und 76 f.).

100 Teil- und Vollquittung zu einem Verpflichtungsschein; die 4 Darlehensgeber sind ihrerseits Kommendatare eines Dritten.

101 S. auch A 113. Ähnlich vielleicht Oberhuber 145; vgl. u. 14

102 Das Formular des Verpflichtungsscheines geht schon in seinem Wortlaut davon aus, daß ein Schuldverhältnis existiert; anders allerdings bei den *ina-pâni*-Urkunden, die in Form eines Realvertrages (A 52) stilisiert sind (vgl. aber dazu Petschow, Pfandrecht 51).

103 Tallqvist 178 verzeichnet nur diese Stelle für diese Person.

104 Dieser erscheint nach Tallqvist 93 und 95 in mehreren Urkunden von Cyr 321 (531 v. Chr.) bis Camb 343 (523 v. Chr.).

105 Dieser Name erscheint auch in Dar 206, 16 als derjenige eines Zeugen, vgl. Tallqvist 34; danach wäre der Vatername Nabû-nâdin-ipri.

Keine Begründungsklausel der oben genannten Art enthält – scheinbar? – Nbk 51. Z. 1–5 lauten:

7 1/2 mana 3 2/3 šiqil kaspu[106] (2) *šá K 4 mana kaspu* (3) *šá M* (4) *šal-šú ina ú-tur-šú-nu N* (5) *it-ti-šú-nu ik-kal*

„7 1/2 Minen 3 2/3 Sekel Silber[106] des K, 4 Minen Silber des M. 1/3 von ihrem Gewinn wird N mit ihnen genießen."

N als zu 1/3 Gewinnbeteiligter[107] dürfte wohl der Empfänger der in Z. 1–3 genannten Kapitalien von insgesamt 11 1/2 Minen 3 2/3 Sekel Silber sein.

Im Vertragstext fehlt nach vorliegender Kopie die bei *ḫarrânu*-Urkunden mit einseitiger Kapitalbeteiligung zu erwartende Phrase *ina muḫḫi N ana ḫarrâni* „zu Lasten des N zu einem Geschäftsunternehmen". Da es sich bei der vorliegenden Tafel nach dem Schreibervermerk am Ende der Z. 5 *ḫe-pi* „zerbrochen"[108] um eine jüngere Abschrift einer beschädigten Vorlage, vermutlich der ursprünglichen Vertragstafel, handelt, wäre es möglich, daß der Abschreiber die etwa eine oder zwei Zeilen beanspruchende Klausel *ina muḫḫi N (wohl mit Filiation) ana ḫarrâni* versehentlich ausgelassen hat. Nbk 51 würde dann die Abschrift einer Begründungsurkunde für ein *ḫarrânu*-Geschäft mit einseitiger Kapitalbeteiligung und zwei ungleichmäßig beteiligten Kapitalgebern darstellen, bei dem der in der Gewinnklausel genannte N (Nabû-gâmil) der Kapitalnehmer gewesen wäre[109].

Ob Oberhuber 145 eine Begründungsurkunde darstellt, ist angesichts des fragmentarischen Zustandes nicht feststellbar, möglicherweise ist zu lesen:

(Z. 2') *a-na ḫarrâni*[110] *id!*[111] *-din-*[*n*]*u (?)* [112] [113] (3') *ina lib-bi šá 1 mana kaspi u*[*ṭṭ*]*ata (?)* (4') *a-ki-i maḫīri šá x*[114] (5') *x ina bâbili*^ki (6') *i-na-áš-ši*[115].

---

106 Text beschädigt; Kopie bietet etwa É, wohl aber *kaspu* zu ergänzen.

107 Zu den Gewinnbeteiligungsquoten s. u. 23 ff.

108 Nämlich die betreffende Stelle auf der Originaltafel.

109 Ob ein moderner Kopierfehler etwa durch Auslassung einer oder zweier Zeilen zwischen Z. 3 und 4 der Strassmaierschen Kopie vorliegt, wäre an der Tafel BrM 77 – 11 – 15, 14 nachzuprüfen.

110 Kopie 3 senkrechte Keile.

111 Kopie und Umschrift MA NA.

112 Möglicherweise fehlt am Zeilenende nichts mehr.

113 Die Lesung von Z. 2' wird wahrscheinlich gemacht durch Nbk 261 Z. 1–4 (dazu s. o. bei A 101):
10 šiqil kaspu šá I ina muḫḫi Š a-na ḫarrâni id-din
„10 Sekel Silber des I zu Lasten des Š. Zu einem Geschäftsunternehmen hat er (es) gegeben."

114 Vielleicht zu ergänzen *â*[*li*].

115 Anders die Umschrift bei Oberhuber, Textband 145; vgl. auch Brinkman JNES 25 (1966) 205 zu Nr. 145.

Die beiden nächstfolgenden Zeilen vor den Zeugen und die Zeichen auf den Tafelrändern sind mir nicht verständlich.
Zahlreiche Besonderheiten enthält auch die atypische landwirtschaftliche *ḫarrânu*-Urkunde NRV 645. Nach dieser Urkunde stellte der Kapitalgeber dem Kapitalnehmer eine Mine Silber zur Verfügung, das zur Bestellung eines Feldes verwendet werden sollte. Es fehlt in der Begründungsklausel die Bezeichnung *ana ḫarrâni* „zum Geschäftsunternehmen". Im Anschluß an die atypische Begründungsklausel wird zunächst die Rückgewähr der Gesellschaftseinlage festgelegt:
a-ki-i maḫîri šá ^{arah}*ajjari uṭṭata T ul-tu ḫarrâni šá M* {*uṭṭata*} *i-na-áš-ši*
„Nach dem Marktwert des Monats Ajar wird Gerste T aus dem Geschäftsvermögen des M {die Gerste} davontragen."
Der Gebrauch des Terminus *ḫarrânu* läßt schließen, daß die Beteiligten in dem Vertrag NRV 645 ein *ḫarrânu*-Geschäftsunternehmen sahen. Bemerkenswert ist die Diktion: der Kapitalgeber darf entsprechend seinem Kapital Gerste zum Marktkurs zur Zeit des (Ernte-)Monats Ajar (d.h. seine Einlage) „davontragen" (*i-na-áš-ši* Z. 9 und Z. 15); d.h. wohl, daß er befugt ist, selbst das geschuldete Kapital in Form von Gerste nach dem Marktkurs dem *ḫarrânu*-Vermögen zu entnehmen. Nach dieser Klausel über die Rückerstattung der Kapitaleinlage wird die Verteilung des Gewinns geregelt:

1/3 ina ut-ri M it-ti T ik-kal
„1/3 vom Gewinn wird M mit T genießen (wörtlich: essen)."

Nach der Gewinnklausel folgt eine Selbstbürgschaft des Schuldners M für Bewachung, Bewässerung und für das Einbringen des Getreides (vgl. u. A 204):
(12) *pu-ut ma-ṣar-tu*$_4$ *šá-qu-*[*t*]*u* (13) *u e-se-er šá uṭṭati M na-ši*
„(12) Für Bewachung, Bewässerung (13) und Einbringen der Gerste ist (der geschäftsführende Gesellschafter) M Bürge."[116]

Der Kapitalnehmer hat also als Grundstücksbewirtschafter für eine ordnungsgemäße Bewirtschaftung zu sorgen, um den höchstmöglichen Ertrag und damit Gewinn zu gewährleisten. Schließlich folgt im Urkundentext eine *elat*-Klausel, durch die eine Dattel-Forderung vorbehalten bleibt, und eine Bestimmung, daß der Kapitalgeber das Getreide, das er aus dem Unternehmen bekommen soll, mit seinem eigenen (Getreide-)Maß messen wird[117].

---

116 Vgl. CAD E 333 r m.
117 Dazu u. A 290. Zur *elat*-Klausel und ihrer Bedeutung im Verpflichtungsschein vgl. u. 41 f.

Aus den oben zitierten Vereinbarungen über die Kapitalrückzahlung und die Gewinnverteilung schließen San Nicolò und Ungnad[118], es handle sich hier um eine Fruchtspekulation[119], die in die Form eines Gesellschaftsverhältnisses gekleidet sei. Sie meinen, daß diese gesellschaftsrechtliche Ausgestaltung hier für eine spekulative Kreditgewährung gewählt wurde. Die Spekulation liege darin, daß der Kursgewinn zwischen dem Kapitalisten (2/3) und dem Unternehmer (1/3) aufgeteilt würde. Dies dürfte insoweit unrichtig sein, als ja nach unserer Urkunde der Kapitalist T den gesamten Kursgewinn erhält, soweit man überhaupt von einem solchen sprechen kann. Der Kapitalgeber T hat Mitte des Monats Šabat entweder eine Mine Silber in bar oder aber eine bestimmte Menge Getreide in Natur gegeben, die – wohl nach dem damaligen Marktwert – von den beiden Gesellschaftern mit dem Wert von 1 Mine Silber berechnet wurde; im Ajar – also etwa 3 Monate später im Erntemonat – erhält er Korn im Wert von einer Mine Silber zurück. Da der Preis des Korns inzwischen wegen der neuen Ernte gefallen sein dürfte, erhält er nun zwar mehr Gerste zurück, als er gegeben hat. Es ist aber trotzdem fraglich, ob deshalb in diesem Zusammenhang von einem Spekulationsgewinn gesprochen werden kann, denn T erhält ja nur seinen Wert von einer Mine Silber wieder zurück; er hat sich durch dieses Geschäft nur vor einem Kursverlust bewahrt, der eingetreten wäre, wenn er sein Korn bis zur neuen Ernte nicht verwertet hätte. Zur Spekulation würde ein solches Geschäft erst, falls häufiger besonders günstige Ernten mit besonders ungünstigen Ernten abwechseln würden. Dann würde T Gefahr laufen, bei einer besonders schlechten Ernte weniger Gerste zurückzuerhalten, als er hergegeben hatte. Im Normalfall aber bestimmte diese Rückzahlungsklausel nur eine wertgerechte Rückerstattung des verliehenen Kapitals. Der aufzuteilende Überschuß (*utru*) ergibt sich dadurch, daß die Ernte im Normalfall weit höher liegt als der an den Kapitalisten zurückzuzahlende Betrag. Von diesem Überschuß nun soll hier der Kapitalist 2/3, der Unternehmer 1/3 erhalten. Unklar bleiben die Eigentumsverhältnisse am zu bebauenden Grundstück. Gehört es T, so ist in seinem 2/3-Anteil auch die Grundrente mitenthalten, gehört es einem Dritten[120], so wird dessen Pachtzins schon vorher vom Ertrag abzuziehen sein. Der Unternehmer M wird offenbar mit seinem 1/3-Anteil vor allem für seine Tätigkeit entlohnt; er übernimmt wohl, wie die Bürgschaftsklausel andeutet, die Feldarbeit. Danach handelt es sich also bei dieser Urkunde möglicherweise um eine Abart der Gesellschaftspacht, die in Form einer *ḫarrânu*-Gesellschaft mit einseitiger Kapitalbeteiligung gekleidet wurde[121]. Gehört der Grund einem Be-

118 NRV S. 557 f.
119 Dazu San Nicolò, Beiträge 217 A 2.
120 Möglicherweise dem in VS IV 17 erwähnten Lîrik-šarrûssu.
121 Zur agrarischen Form des altbabylonischen *tappûtum*-Geschäftes vgl. Eilers 38 ff.

triebsfremden, so liegt nicht Gesellschaftspacht vor, sondern Pacht eines Grundstückes durch eine *ḫarrânu*-Gesellschaft vom Typ A. Letztere Möglichkeit ist sogar wahrscheinlicher, da es in diesem Fall klar ist, daß die Parteien das Formular für Gesellschaftspacht nicht verwenden konnten.

Auch in Nbn 1013 fehlen in der Begründungsklausel (Z. 1–5) die Worte *ana ḫarrâni* „zum Geschäftsunternehmen". Die Gewinnklausel (Z. 7–9) reiht die Urkunde jedoch unter die Kommenda- oder kommendaähnlichen Verträge ein[122]. Zwischen der Begründungsklausel und der Gewinnklausel findet sich Z. 6 eine weitere Klausel, nach der (die zwei Minen vier Sekel) Silber Geschäftseinlage „Kaufpreis (*šîmû*)" für 70 Krüge Wein sind. Das Geschäftskapital dürfte hier also in Wirklichkeit Wein gewesen sein, dessen Wert in Silber ausgedrückt in die Begründungsklausel aufgenommen wurde[123]. In Z. 10 f. wird vereinbart, daß ein Sklave, der einem der beiden „Geldgeber" gehört, in den Dienst des geschäftsführenden Gesellschafters geht. Ein weiteres Indiz für das Vorliegen eines *ḫarrânu*(-ähnlichen) Vertrages ist die in Z. 12 f. erscheinende Selbstbürgschaft des „Geldnehmers", die bei einem gewöhnlichen Verpflichtungsschein unverständlich wäre. Ebenso wie in Nbn 1013 ist auch in Nbn 466 der Vermerk *ana ḫarrâni* „zum Geschäftsunternehmen" nicht enthalten. Die Gewinnklausel (Z. 5–9) entspricht jedoch, soweit sie nicht zerstört ist, der bei einem *ḫarrânu*-Geschäftsunternehmen mit einseitiger Kapitalbeteiligung[124]. In Z. 10 folgt dann eine Selbstbürgschaft der beiden Schuldner, die ebenfalls deutlich werden läßt, daß es sich hier nicht um einen normalen Verpflichtungsschein handeln kann. Auffällig ist das Fehlen der Angabe des Schreibers und des Ausstellungsortes und die von den anderen *ḫarrânu*-Urkunden abweichende Einführung der beiden Zeugen[125]. Warum in diesen beiden Urkunden die Worte *ana ḫarrâni* „zum Geschäftsunternehmen" nicht erscheinen, ist nicht klar; vielleicht wollten die Parteien in diesen Fällen kein eigentliches *ḫarrânu*-Geschäft, sondern mehr ein partiarisches Darlehen abschließen, oder aber der Zusatz *ana ḫarrâni* ist nicht unbedingt nötig, wenn der Gesellschaftscharakter auch aus der Gewinnklausel hervorgeht. Auf alle Fälle liegen bei diesen Urkunden kommendaähnliche Verhältnisse vor, was dazu berechtigt, sie hier mitzubehandeln.

---

122 Zur Gewinnklausel vgl. u. 22.

123 Vgl. dazu u. 136 f.

124 Anders Koschaker, Bürgschaft 107 A 14, der die Klausel in Z. 5–9 wegen der Lücken in Z. 7 und 8 nicht erklären kann. S. u. 20.

125 Vgl. u. A 294.

3) Die Gewinnverteilungsklausel[126]

Fast alle *ḫarrânu*-Urkunden mit einseitiger Kapitalbeteiligung enthalten ausdrückliche Bestimmungen über die Gewinnverteilung unter den Vertragsparteien[127]. Im Gegensatz zum Verpflichtungsschein[128] fehlen dagegen Zinsklauseln fast völlig[129]. Die Gewinnverteilungsklausel besteht gewöhnlich aus zwei Teilen; doch weisen einige Urkunden nur den zweiten Teil auf[130]. Die zweiteilige Klausel lautet z. B. in Moldenke 15:

(Teil I) *mimma mala ina âli u ṣēri ina muḫḫi ippuš*
(Teil II) *ina utur aḫu zitti S itti G ikkal*
„(Teil I) (von) allem was er in Stadt und Land[131] darauf (= auf das Kapital, so AHw 669 l Z. 5) erarbeitet, (Teil II) wird der S(chuldner) vom Gewinn einen gleichen Teil mit dem G(läubiger) essen (= genießen)"[132].

Die umfangreichste Form des Teils I der Klausel lautet:

mimma mala ina âli u ṣēri ina muḫḫi suluppê[133] *51 kurrû S ippušu*[134] [135]

---

126 Vgl. zu Gewinn und Verlust Szlechter 68 ff.
Die Gewinnverteilungsklausel wird im folgenden auch abgekürzt Gewinnklausel genannt.

127 Belege s. o. A 62. Keine Gewinnverteilungsklausel enthält Jakob-Rost 13. Diese aus vorchaldäischer Zeit stammende Urkunde (647 v. Chr.) stellt wohl einen archaischen Typ der neubabylonischen *ḫarrânu*-Urkunden dar, der nur eine Klausel von rechtsgeschäftlicher Bedeutung – die Begründungsklausel – enthält. Die Verteilung des Gewinns dürfte hier nach gesetzlichen oder gewohnheitsrechtlichen Grundsätzen vorgenommen worden sein.

128 Allerdings fehlt auch beim Verpflichtungsschein in nicht ganz seltenen, aber erheblich geringeren Fällen als bei der *ḫarrânu*-Urkunde die Zinsklausel. Der Grund hierfür dürfte darin zu suchen sein, daß der Zins von vornherein eingerechnet wurde, d. h. weniger als die beurkundete Schuldsumme ausbezahlt wurde, oder daß es sich im Einzelfall tatsächlich um eine zinslose Schuld handelte. Vgl. dazu Petschow, Pfandrecht A 31.

129 Ausnahmen s. u. A 173.

130 So: AfO 16, 43 Nr. 9 (Sippar, Nbp); Amherst 225 (Babylon, Nbp); BRM I 45 (Babylon, Nbk); GCCI I 257 (Babylon, Nbk); NRV 652 (Ortsangabe – Bît [-x] – weggebrochen, Nbk); UET IV 56 (Babylon, Nbp); Nbk 51 (Babylon, Nbk); Nbn 1013 (Bît-šar-Bâbili; Nbn); NRV 645 (Bît-Eppeš-ilî, Nbk), diese alle also aus chaldäischer, nichtpersischer Zeit, dazu u. A 137.

131 CAD E 230 r: at home and abroad.

132 Nicht völlig richtig ist die Übersetzung in CAD Ṣ 142 l für Teil II der Klausel: whatever (profit the debtor) may make on (the capital loaned), be it in or out of town, he (the creditor) will (count) as an equal (with the debtor) in (the division of) the profit.

133 Kopie (Dar 359): LUM fehlt.

„(von) allem was der S(chuldner) in Stadt und Land auf die Datteln (in Höhe von) 51 Kur[136] erarbeitet".

Diese Variante erscheint auch ohne Angabe des Schuldnernamens[137] [138] oder

---

134 Da die grammatische Form des Verbums in Teil I der Klausel von Wichtigkeit für die Auslegung der Klausel ist, werden sämtliche Schreibungen in den Belegen hier aufgeführt. Sind mehrere Schuldner vorhanden, so wird ihre Zahl in einer Klammer angegeben:

Nbn 572:	*ip-pu-šu-u'* (2)
TCL 13, 184:	[*i-* oder *ip-*]*pu-*[*u*] *š(?)-u'* (2)
Dar 395:	*ip-pu-uš-šu-u'* (2)
Dar 396:	*ip-pu-uš-šu -u'* (2)
	In Dar 395/396 ist die Klausel nur auf die beiden Kapitalnehmer bezogen.
Nbk 64:	*ip-pu-uš-šu* (2)
Nbn 466:	*ip!-pu-šú!* (2)
Nbn 653:	zerstört (1 + 1 Gehilfe)
NRV 646:	*ip-pu-šú-u'* (1!)
RCT 3:	*ip-pu-šú*
Dar 359:	(Schuldner) *ip-pu-šu*
Moldenke 13:	*ip-pu-uš-šu*
Nbk 26[1]:	*ip-pu-uš-šú*
Moldenke 15:	*ip-pu-uš*
Dar 134:	*ip-pu-uš*
Nbn 652:	*te-ep-pu-uš* (Kapitalnehmerin ist eine Frau).
Nbk 216:	*ip-pu-uš*

Vgl. dazu auch A 345.

135 So Dar 359.

136 Wohl dem in Dar 359, 1 zerstörten Kapitalbetrag entsprechend.

137 TCL 13, 184 (Babylon, Dar; Kapital 15 Minen Silber); Dar 134, ohne *ina âli u ṣêri* (Babylon; Kapital: 12 Minen Silber); Dar 395/396 (Babylon; Kapital: 100 Kur Datteln, 50 Kur Gerste; die Weglassung der Schuldnernamen ist hier sachlich begründet, weil die Teilungspartner am Gewinn die Schuldner selbst sind; die Urkunde ist damit ein weiterer Beleg dafür, daß und wie die Schreiber ihre Urkunden den individuellen Verhältnissen des Einzelfalles anzupassen wußten). Es ist auffällig, daß diese besonders ausführlich gestalteten Varianten in den Belegen fast (Ausnahme: Nbn 466) ausschließlich in der Zeit des Darius I. nachgewiesen sind. Die Urkunden, in denen Teil I dagegen völlig fehlt (vgl. o. A 130), stammen, soweit sie bisher veröffentlicht sind, sämtlich aus chaldäischer Zeit, ja bis auf eine Ausnahme nur aus der Zeit der beiden ersten chaldäischen Könige. In Jakob-Rost 13 aus vorchaldäischer Zeit fehlt die Gewinnklausel sogar überhaupt. Die weniger ausführlichen Varianten von Teil I stammen aus der Zeit von Nbn bis Camb.
Beruht dieser Befund nicht auf Zufällen der Überlieferung, so ist er ein Beweis dafür, daß dieser Teil der Gewinnverteilungsklausel im Laufe der Zeit immer länger und ausführlicher wurde. Die gleiche Erscheinung ist bei der Gewinnverteilungsklausel des

ohne die Phrase *ina âli u ṣêri*, wie in Nbn 466, wo wohl folgendermaßen zu ergänzen ist[139]:

(5) *mim-ma ma-la ina muḫḫi kaspa-a'* (6) *5 manê 2 šiqlê 4-tu* (7) *a-na*[140] S_1 *u* S_2 *ip!-pu-šú*[141] (8) *a!-ḫi! zitti*[142] *šá* S_1 [*u* S_2 *itti*[143]] (9) *G ik-kal-*[*u'*]
„(an) allem was S_1 und S_2 auf das Silber (in Höhe von) 5 Minen 2 1/4 Sekel erarbeiten, (ist es) ein gleicher (!) Anteil, den S_1 [und S_2 mit[143]] G genießen."
In einigen weiteren Abarten von der oben nach A 130 genannten Form des Teils I der Klausel fehlen entweder *ina âli u ṣêri* „in Stadt und Land" oder *ina muḫḫi* „darauf (= auf das Kapital)". Teil I der Klausel lautet dann: *mimma mala ina muḫḫi ippušu* „(von) allem was er[144] darauf erarbeitet"[145] oder: *mimma mala (ina) âli u ṣêri ippuš(u)* „(von) allem was er (sie) in Stadt und Land erarbeitet (erarbeiten)"[146]. Gleichlautend mit der letzten Alternative, jedoch ohne Verb, ist TCL 12, 40. In GCCI II 84 aus Babylon schließlich lautet die Klausel:

Typs B zu beobachten. Die Entwicklung auch dieser Klauseln zeigt, daß die Formulare trotz aller Konservativität nicht starr jahrhundertelang übernommen wurden, sondern einer Weiterentwicklung unterworfen waren, wenn aus irgendwelchen, für uns meist nicht mehr erfaßbaren Gründen ein Bedürfnis zur Verdeutlichung einzelner Formularbestandteile auftrat. Möglicherweise bestand in neubabylonischer Zeit die Tendenz, in den ursprünglich sehr knapp gefaßten Gesamtformularen die einzelnen Bestandteile in sich abgeschlossen zu formulieren, etwa durch Aufnahme der Parteinamen und/oder der Kapitalbeträge.

138 Fehlt überdies die Angabe des Kapitals, liegt die nach A 130 zitierte Klausel vor; so in Moldenke 15 (Babylon, Nbn); Nbn 572 (Babylon); 653 (Babylon).

139 Koschaker, Bürgschaft 107 A 14 hält allerdings Z. 5–9 nicht für erklärbar.

140 Auf dem Tafelrand mit Schraffur, vielleicht Rasur (?) oder fehlerhaft *kaspi*, das nachträglich getilgt wurde? Auf der Kopie Liv 102, 7 der gleichen Tafel fehlt *a-na*.

141 In Liv 102, 7 ist *ip-pu-*[*š*]*ú* ziemlich deutlich wiedergegeben.

142 Liv 102, 8: *a-*[*ḫ*]*i šá muḫḫi.*

143 Die Ergänzung der den Teil II der Gewinnklausel (dazu unten nach A 147) bildenden Z. 8/9 ist unsicher; der Raum für die obige Ergänzung [*u* S_2 *itti*] ist nach den Kopien anscheinend zu knapp. Möglicherweise ist am Ende der Z. 8 nur *itti* „mit" zu ergänzen. Dies würde dann nicht den Ausschluß von S_2 vom Gewinn bedeuten, sondern S_1 wäre wohl stellvertretend für beide erwähnt, um klarzustellen, daß beide Parteien je die Hälfte und nicht jeder 1/3 des Gewinns erhalten soll. Eine dritte Möglichkeit der Ergänzung wäre: S_1 [S_2 *u*] *G ik-kal-*[*u'*] „den S_1, S_2 und G genießen."

144 Zur Frage, ob hier Ein- oder Mehrzahl zu übersetzen ist, vgl. u. 75 f.

145 RCT 3 (Ortsangabe weggebrochen, Camb?); NRV 646 (Babylon, Nbk); Nbn 652 (Babylon) mit Variante: *mim-mu* statt *mim-ma* „(von) allem", vgl. AHw 654 r „alles was". Kapitalnehmerin in Nbn 652 ist eine Frau, daher *teppuš*.

146 Nbk 64 (Babylon); 216 (Babylon); Moldenke 13 (Babylon, Nbn); in Nbk 261 (Babylon) fehlt *ina* (ebenso Pohl I 77, vgl. A 346).

mim-ma ma-la it-te!-ir
„(An) allem was überschüssig sein wird."[147]

Auffallend ist die Vielzahl an Varianten; die Ursache dafür dürfte sein, daß dieser Teil der Klausel – wie in A 137 gezeigt – noch jung und ungefestigt ist.

Teil II der Gewinnverteilungsklausel lautet am häufigsten:

aḫi[148] *ina utur S itti G ikkal*[149]
„Einen gleichen Anteil vom Gewinn wird S mit G genießen."

Eine formale, aber sachlich offenbar belanglose Variante bietet die Phrase:

ina utur aḫi zitti S itti G ikkal[150]
„Vom Gewinn einen gleichen Anteil wird S mit G genießen."

---

147 Vgl. CAD A I 170/1.

148 Zu *aḫi ina utur*: CAD A I 252 l „PN together with PN_2 will have an equal share in the profit"; andere Lesung noch E 230 r (*aḫḫī ina utur* „they are brothers with regard to the excess"). AHw 22 l *aḫi ina utur* „Hälfte vom Gewinn"; vgl. auch Nbk 261, 6: *aḫa (!) zitti . . . ina utur.* Vgl. auch u. A 170. Die Schreibweise stützt CAD A I 252 l gegen E 230 r:
a-ḫu in: NRV 646 (= VS IV 18); NRV 652 (= VS IV 31); Moldenke 15, 5;
a-ḫi in: Dar 134, 6; 359, 6; App 5, 8; Amherst 225, 8; GCCI I 257, 4; Moldenke 13, 5; RCT 3, 4; TCL 12, 40, 6; TCL 13, 184, 9; UET IV 56, 5; Nbk 216, 5;
a-ḫa(!) in: Nbk 261, 6;
Unklar BRM I 45, 4: *a-[ḫi] (?).*

149 UET IV 56 (Babylon, Nbp); BRM I 45 (Babylon, Nbk); NRV 646 (Babylon, Nbk); RCT 3 (Camb?); Moldenke 13 (Babylon, Nbn); Nbk 216 (Babylon); TCL 12, 40 (Babylon, Nbk);
Varianten: NRV 645 (Bît Eppeš-ilî, Nbk) *1/3 ina ut-ri* „1/3 vom Gewinn"; Nbk 51, 4 (Babylon) *šal-šú ina ú-tur-šú-nu S it-ti-šú-nu ik-kal* „1/3 von ihrem Gewinn wird S mit ihnen (den beiden Kapitalgebern) genießen"; Nbk 64, 7 ff. (Babylon) *2-ta qâtē*$^{\text{II meš}}$ *kaspi [i-n]a (?) ut-ru!? it-ti G ik-kal-lu-u'* „2/3 des Silbers vom (?) Gewinn (?) werden sie mit G genießen"; Nbk 261 (Babylon) *a-ḫa zitti S ina ú-tir it-ti G ik-kal* „einen gleichen Anteil wird S vom Gewinn mit G genießen"; GCCI I 257 (Babylon, Nbk) *a-ḫi ina lìb-bi ú-tu-ur G! it-ti S ik-kal* „einen gleichen Teil vom Gewinn wird G mit S genießen"; ein Grund dafür, daß hier der Gläubiger zuerst genannt wird, ist nicht ersichtlich; zur Variante Nbn 1013, 7 ff., s. u. 22. Da in Nbn 1013 die Gläubiger mit dem Schuldner durch *u* „und" verbunden werden, ist nicht verwunderlich, daß die Gläubiger als die „wichtigeren" Vertragspartner an erster Stelle genannt werden.
Bei mehreren Kapitalnehmern:
aḫi ina utur S_1 *u* S_2 *itti G ikkalu*
„Einen gleichen Teil vom Gewinn werden S_1 und S_2 mit G genießen", so in TCL 13, 184 (Babylon, Dar); Amherst 225.

150 Moldenke 15 (Babylon, Nbn); Dar 359 (dazu aber unten); ähnlich Nbn 652 (Babylon):
[i-n]a(?) ú-tur šul-lul-ta-a-tu_4 *[tak-kal (?)]*

Aufschlußreicher ist dagegen die Variante in Dar 134 (Babylon, Dar):

aḫi zitti S ana G inamdin
„Einen gleichen Anteil wird S(chuldner) an G(läubiger) geben."

Sie stellt klar, daß der Schuldner den Gewinnanteil abzuliefern hat und deutet darauf hin, daß hier und wohl regelmäßig der Kapitalschuldner die Gewinne mit dem Kapital erarbeitet. Neutral ist in dieser Beziehung dagegen wiederum die Formulierung in Nbn 1013, 7 ff.:
G_1 G_2 u S i-na ut-ru ma-la a-ḫa-x [x x ik]-ka-lu
„G_1, G_2 und S werden vom Gewinn. . . genießen."
In der Begründungsurkunde RCT 3 folgt der Gewinnverteilungsklausel *a-ḫi ina u-tur S it-ti G ik-kal* „einen gleichen Teil vom Gewinn wird S mit G genießen" der Vermerk *a-di*[151] *4 šiqil kaspi pu-ut zitti*. Holt[152] nimmt hier an, daß darin eine Begrenzung des Gewinnanteils „up to 4 š of silver for a share" zum Ausdruck komme, daß also Gewinne pro Person nur bis zur Höhe von 4 Sekel ausbezahlt werden dürfen. Eine solche Regelung dürfte aber kaum vorgelegen haben, denn wem sollte dann der restliche Gewinn zufallen, wenn nicht eine (zeitlich künftig noch zu begrenzende) Kapitalansammlung beabsichtigt gewesen sein sollte. Schon eher denkbar wäre, daß der Gewinnanteil eines der Beteiligten (etwa des Kapitalnehmers) durch diese Klausel beschnitten werden sollte. Vielleicht aber ist die Phrase auch mit „nebst 4 Sekel Silber ‚Vorzugsanteil'(?)" zu übersetzen. Dann könnte es sich um einen Spesenersatz für den geschäftsführenden Gesellschafter handeln. Die Erklärung dieser Zeile ist schwierig, weil die Größe der Geschäftseinlage wegen Teilzerstörung unbekannt ist. Außerdem liegt die genaue Bedeutung von *pu-ut zitti* in diesem Zusammenhang noch nicht fest[153].

„Sie genießt (?) [vo]m Gewinn 1/3."

Zu Nbn 466 s. o. A 143.

Entgegen den weitaus meisten einschlägigen Belegen – Ausnahme wohl nur GCCI I 257 (dazu und zu Nbn 1013 s. o. A 149) sowie die Sonderfälle NRV 652 (s. u. 25) und AfO 16, 43 Nr. 9 (s. A 173) – nennt der Schreiber in Dar 359 (Stadt des Kî-Bêl) den Gläubiger vor dem Schuldner, wohl versehentlich: Als Gläubiger wird Z. 6 Šamaš-na-ṣir-ápli genannt, statt wie in Z. 1 Marduk-na-ṣir-apli. Offensichtlich hatte der Schreiber zunächst richtig den Namen des Schuldners Šamaš-ina-ešê-êṭir (vgl. Z. 3) schreiben wollen und dementsprechend mit Šamaš begonnen, dann aber versehentlich mit den beiden letzten Namensbestandteilen des Gläubigers und – insofern folgerichtig – in Z. 7 mit dem richtigen Namen des Schuldners fortgesetzt.

151 Zu *adi* vgl. AHw 12.

152 AJSL 27 (1910) 194 f.

153 Zu *pût zitti* vgl. Petschow, Pfandrecht 68 und A 200; CAD Z 145 r.

Auffälligerweise lautet die Formulierung nahezu durchgängig dahin, daß jeweils „der Schuldner mit dem Gläubiger (seinen Gewinnanteil) genießt“[154]. Eine Ausnahme hiervon – von dem zweifelhaften Text Dar 359[155] abgesehen – bilden GCCI I 257 mit der umgekehrten Formulierung *G itti S ikkal* „der G(läubiger) wird mit dem S(chuldner) (seinen Gewinnanteil) genießen“[149] und entsprechend NRV 652 (s. S. 25) und AfO 16, 43 Nr. 9 (A 173). Die verschiedenen Varianten in der Formulierung dürften nicht auf sachliche Unterschiede zurückzuführen sein[156 157]. Örtliche Verschiedenheiten läßt das vorliegende Urkundenmaterial nicht erkennen[158].

In den drei Belegen, in denen die Gewinnverteilungsklausel dazu benutzt wird, die Gewinnausschüttung unter mehreren Gläubigern[159] bzw. Schuldnern[160] zu regeln, lautet Teil II der Klausel ebenso wie beim *ḫarrânu*-Geschäft vom Typ B *aḫâta šunu* „sie haben gleichen Anteil“. Das überrascht nicht, da sich in diesen Fällen ja ebenso wie beim *ḫarrânu*-Vertrag mit beiderseitiger Kapitalbeteiligung vertraglich gleichrangige Partner gegenüberstehen. Diese auf Gleichrangigkeit der Beteiligten hinweisende Formulierung wird in GCCI II 84 auch für die Gewinnverteilung zwischen Geldgeber und -nehmer verwandt. Der Grund hierfür dürfte sein, daß der Geldgeber ein Sklave ist und es dem Schuldner, einem Freien, nicht zugemutet wurde, in der Klausel als dem Unfreien untergeordnet zu erscheinen[161].

In den meisten Urkunden wird der Ertrag zwischen den Parteien gleichmäßig verteilt[162]; die Teilung des Ertrags zwischen Geldgeber und -nehmer in gleiche Teile dürfte also die Regel gewesen sein[163]. Nicht völlig klar ist in allen Fällen, ob dort, wo mehr als zwei Parteien auftreten, der Gewinn je zur Hälfte zwi-

---

154 Dazu u. 58.

155 Vgl. o. A 150.

156 Über die Bedeutung der in einem Teil der Urkunden vorkommenden, aber in anderen fehlenden Phrase *ina âli u sêri* vgl. u. 141.

157 Zur Frage, ob die unterschiedliche Formulierung bei der Gewinnverteilung unter mehr als zwei Personen von Bedeutung ist, vgl. den folgenden Text.

158 Vgl. aber A 137.

159 Nbn 572; 653; dazu u. 26 f.

160 Dar 395/396; dazu A 164. Zum folgenden AHw 22 1 „*aḫu* 6“; CAD A I 170 „*aḫâta*“.

161 Die soziale Stellung der Vertragsparteien hatte auch in anderen Fällen Einfluß auf die Gestaltung des Vertragsformulars; vgl. etwa Petschow JCS 19 (1965) 116 und u. A 341.

162 Nbk 216; 261; Dar 134; 359; Amherst 225; BRM I 45; GCCI I 257; II 84; Moldenke 13; 15; NRV 646; RCT 3; TCL 12, 40; 13, 184; UET IV 56.

163 Nach Silberschmidt, Ar. f. Bürgerl. R. 23 (1904) 2, war für die mittelalterliche, romanische Kommenda der normale Anteil des Kommendatars am Gewinn ein Viertel, während nach Schmidt, Handelsgesellschaften 90, bei der mittelalterlichen Kommenda in Deutschland häufig Halbteilung des Gewinns stattfand.

schen Geldgebern und -nehmern zu teilen ist oder ob alle Beteiligten den gleichen Anteil erhalten sollen. In den vorliegenden Urkunden, in denen *zwei* Kapitalisten einem Kapitalnehmer gegenüberstehen, wird der Gewinn wohl stets zu drei gleichen Teilen auf die Gesellschafter verteilt. So in Nbn 652, wo bei zwei Kapitalgebern und einer Kapitalnehmerin diese 1/3 des Gewinns erhält. Ähnlich ist es wohl bei Nbk 51. Dort erhalten die beiden Geldgeber, deren Anteile auf 7 1/2 Minen 3 2/3 Sekel Silber[164] und auf 4 Minen Silber beziffert werden, ebenfalls 2/3 des Gewinns[165]. Auch in Nbn 1013 erhalten die beiden Geldgeber und der Geldnehmer wahrscheinlich je 1/3(?)[166] des Gewinns. Ob diese Aufteilung des Gewinns nach Köpfen der Normalfall bei der Beteiligung mehrerer Geldgeber war oder ob nur dann eine solche Verteilung vorgenommen wurde, wenn dies wie in sämtlichen hier behandelten Urkunden in der Gewinnklausel besonders zum Ausdruck kam, ist nicht festzustellen. Bei einer Verteilung nach Köpfen wäre der arbeitende Gesellschafter umso schlechter gestellt gewesen, je mehr Kapitalisten ihm gegenüberstanden. Auf Grund des vorliegenden Materials ist es aber nicht möglich zu ermitteln, bei welchen Verträgen der arbeitende Gesellschafter gut und bei welchen er schlechter abschneidet, denn der mögliche Gewinn hängt nicht nur von der Höhe des Kapitals und der Höhe des Gewinnanteils ab, sondern auch von Umständen, die im Vertrag nicht zum Ausdruck kommen, z. B. den Geschäftskenntnissen und der Leistungsfähigkeit des Kommendatars, seinen Geschäftsbeziehungen und der Hilfeleistung, die der Kommendator etwa auf Grund seiner wirtschaftlichen Macht und seiner Geschäftsbeziehungen gibt. Möglich wäre, daß diese unterschiedlichen Gewinnaussichten in unseren Urkunden im allgemeinen nicht durch eine Änderung der Gewinnanteile[167], sondern durch eine entsprechende Höhe der Kapitaleinlage ausgeglichen wurden. So könnte es erklärt werden, warum bei völlig unterschiedlicher Kapitalbeteiligung[168] der Gewinn fast immer in gleiche Teile geteilt wurde. Auf diese Weise war es leicht möglich, zu gewährleisten, daß beide Parteien ein gleich großes Interesse an der Erzielung von Gewinn hatten.

---

164 Text zerstört, aber Silber ist wohl zu ergänzen.

165 Über die Verteilung der 2/3 Gewinnanteile unter die Kapitalgeber wird nichts gesagt, da der Vertrag wohl nur die Beziehungen zwischen den Geldgebern und dem Geldnehmer regeln will. So ist unklar, ob die 2/3, welche die Geldgeber vom Gewinn erhalten, zwischen ihnen halbiert werden oder ob sie entsprechend den Kapitaleinlagen verteilt werden. Zu NRV 644 s. u. 52 f.

166 Text etwas beschädigt, s. o. 22 und u. A 289.

167 So aber in der landwirtschaftlichen *ḫarrânu*-Gesellschaft NRV 645, wo der Kapitalnehmer 1/3 des Gewinns, der Kapitalgeber aber 2/3 bekommt; dazu o. 16.

168 Vgl. z. B. Dar 134: 12 Minen Silber,
GCCI II 84: 7 Sekel Silber.

Noch weniger klar ist, wie der Gewinn grundsätzlich verteilt werden soll, wenn einem Kapitalisten zwei oder mehr Geldnehmer gegenüberstehen. Für TCL 13, 184 wird wahrscheinlich eine Halbierung des Gewinns zwischen dem Angehörigen des Hauses Egibi als Kapitalgeber und den beiden Kapitalnehmern vereinbart worden sein, da dort in der Gewinnverteilungsklausel die Schuldner zusammen *a-ḫi i-na ú-tur*[169] *it-ti* „einen gleichen (oder aber: halben)[170] Anteil am Gewinn mit" dem Gläubiger *ik-ka-lu* „essen (= genießen)"[171]. Ähnlich dürfte auch die Gewinnverteilungsklausel in NRV 652 zu verstehen sein: *a-ḫu ina ut-tur G it-ti-šú-nu ik-kal* „einen gleichen Anteil am Gewinn wird der G(läubiger) mit ihnen (den beiden Schuldnern) essen (= genießen)". Die Drittelung des Gewinns dagegen bestimmt Nbk 64; dort erhält auch der Geldgeber nur 1/3 des Gewinns, die beiden Kommendatare zusammen 2/3, also wohl ebenfalls je 1/3 des Gewinns[172].

Neben der – wahrscheinlich die Regel bildenden – bruchteilmäßigen, meist halbteiligen Gewinnverteilung zwischen den Vertragsparteien erfolgt die „Gewinn"-Verteilung gelegentlich auch unabhängig vom konkreten Gewinn des Unternehmens. Der Geldgeber erhält einen von vornherein festbezifferten Betrag[173], teils in Form von Zinsen. Der restliche Gewinn fällt dem oder – gleichmäßig[174] – den Kapitalnehmern zu. Umstritten ist, ob der Geldgeber auch in den Fällen, in denen er einen bruchteilsmäßigen Gewinnanteil erhält, noch dar-

---

169 Die Reste der Kopie deuten eher auf KASKAL II x = *ḫarrânu x* hin; *ú!-tu[r]* ist aber wohl richtig zu lesen.

170 Ob *aḫu* stets auf halbe – so wahrscheinlicher – oder nur auf gleiche Anteile hindeutet, ist nicht sicher; vgl. o. A 63; zu CAD A I 252 s. auch o. A 148.

171 Ebenso Amherst 225; nicht sicher zu verwerten ist in diesem Zusammenhang Nbn 466, da dort an der hierfür entscheidenden Stelle der Text eine Lücke aufweist; s. o. 20.

172 Z. 8 am Anfang ist vielleicht zu emendieren in *[i-n]a? ut-ru!* „(2/3 des Silbers) vom Gewinn", entsprechend BRM I 45, 4, wo der gleiche Kudurru wie in Nbk 64, 5 als Kapitalnehmer erscheint.

173 Dar 395/396: 2 (Dar 395, 14) oder 1 (Dar 396, 14) Minen Silber (pro Jahr; das Einlagekapital besteht aus Naturalien; Dar 395, 13 f.: *ina šatti 2 mana kaspa* S_1 *u* S_2 *a-na* (15) *G i-nam-din-u'* „Jährlich 2 Minen Silber werden S_1 und S_2 dem G geben.");
AfO 16, 43 Nr. 9: 1/2 Mine Silber bei 1 Mine Kapital (falls pro Jahr gemeint, ergibt dies eine Verzinsung von 50 %; Z. 6 f.: *zitti 1/2 mana kaspi G it-ti-šu-nu* (7) *ik-kal* „Einen Anteil von 1/2 Mine Silber wird G mit ihnen genießen.");
NRV 653: 1 Sekel Silber monatlich, d. h. bei einem Einlagekapital von 1 Mine Silber eine Verzinsung von 20 % jährlich (NRV 653 = VS IV 163, 5: ITI *1 šiqil kaspu peṣû*[ú] *ku-um zitti-šú* (6) *u ḫubul kaspi-šú S* (7) *a-na G i-nam-din* „Monatlich 1 Sekel weißes Silber wird S an G anstelle seines Anteiles und (als) Zins seines Silbers geben.").

174 Vgl. Dar 395/396, dort wird die Gewinnverteilungsklausel zur Aufteilung des Gewinns unter die beiden Geldnehmer – einer davon ist ein Sklave des Kapitalgebers – benutzt.

über hinaus eine Verzinsung seines Kapitals verlangen kann[175]. Hierbei wären die Zinsen vor der Gewinnermittlung aus dem Kommendavermögen abzuziehen gewesen. Abgesehen von NRV 653 schweigen auffälligerweise alle Urkunden in Bezug auf eine Verzinsung[176]; dies gilt sowohl für die Begründungs- als auch für die vorhandenen Auflösungsurkunden. Man müßte also überall eine gesetzliche oder gewohnheitsmäßig festliegende Zinspflicht und -höhe vermuten. Indessen wäre dann vielleicht doch auch einmal zu erwarten, daß vereinzelt ein abweichender Zinsfuß – etwa niedriger oder höher als üblich – vereinbart worden wäre[177], wie dies bei zahlreichen anderen Schuldurkunden der Fall ist. In der einzigen Urkunde mit Zinsvereinbarung aber, in NRV 653, erhält der Geldgeber zwar den üblichen Zins von 20 %, aber ausdrücklich *ku-um zitti-šú u ḫubul kaspi-šú* „a n s t e l l e seines Anteils und (als) Zins seines Silbers". Der Geldgeber bekommt also keinen weiteren Gewinnanteil, sondern nur den üblichen Zins. Auch in Dar 395–396 und in AfO 16, 43 Nr. 9 dürfte neben dem festbezifferten Gewinnanteil[173] kaum noch ein besonderer Zins zu zahlen gewesen sein. Aus diesen Gründen wird man davon ausgehen dürfen, daß der Geldgeber normalerweise außerhalb seines Gewinnanteiles keinen besonderen Zinsanteil erhält[178].

Sonderfälle bieten für die Gewinnverteilung die personell zusammengehörigen Urkunden Nbn 572 und 653; hier wird der Gewinn zwischen den beiden Kapitalgebern geteilt, während die „Kapitalnehmer" nur freie Kost und Kleidung[179] erhalten:

---

175 Bejahend San Nicolò BR 8/7, 107 in Analogie zur altbabylonischen Regelung in der Serie *ana ittišu* 6 I 24 f. (Landsberger MSL I 76); aber auch für die altbabylonische Zeit scheint eine regelmäßige zusätzliche Verzinsung bei fehlender ausdrücklicher Vereinbarung nicht sicher, vgl. Eilers 14; vgl. auch Lautner, Festschrift Koschaker III 27 A 8b; Leemans, Merchant 31; Szlechter 42 ff.

176 Ebenso die Urkunden mit beiderseitiger Kapitalbeteiligung.

177 Zu den Zinsfüßen für Geldschulden in neubabylonischer Zeit – etwa zwischen 5 und 240 % schwankend, in der Regel 20 % – vgl. Petschow, Pfandrecht A 43a.

178 Auf eine Verzinslichkeit könnte vielleicht UET IV 56 deuten, wenn es dort Z. 1 f. bei der Angabe des Einlagekapitals heißt:
11 1/2 ma-na kaspu maḫ-ru-ú (2) *u ur-ku-ú a-di 1/3 šiqil kaspi ḫu-bu-ut-tu-tu*
„11 1/2 Minen Silber, früheres und späteres, einschließlich 1/3 (Mine) an Sekel(n) Silber ‚zinsloses' Darlehen."
Aber die Worte „früheres und späteres" (Silber) weisen darauf hin, daß es sich hier um die Umwandlung älterer teilweise verzinslicher und teilweise „zinsloser" Forderungen – vielleicht *ḫarrânu*-Einlagen und Darlehen – in ein *ḫarrânu*-Geschäftskapital handelt, so daß „zinslos" wohl in Bezug auf die Vergangenheit aufzufassen ist. Auf das Problem des *ḫubuttu*-Darlehens in neubabylonischer Zeit kann hier nicht eingegangen werden; vgl. dazu A 1211.

mimma mala ina âli u ṣêri ina muḫḫi ippušû G_1 *u* G_2 *aḫâta šunu*
„(An) allem was sie (wohl die „Kapitalnehmer") in Stadt und Land damit erarbeiten, (haben) G(läubiger)$_1$ und G(läubiger)$_2$ gleichen Anteil."

Indessen ist diese Variante der Gewinnverteilungsklausel sachlich darin begründet, daß als Kapitalnehmer zwei Sklaven auftreten, von denen jeder direkt oder indirekt einer der beiden freien Vertragsparteien[180] gehört[181]. Wirtschaftlich gesehen liegt in beiden Fällen ein Geschäftsunternehmen mit beiderseitiger Kapitalbeteiligung zwischen den beiden Kapitalgebern vor[182]; jede der Parteien gibt einen Sklaven und die Hälfte der Kapitaleinlage. Die Sklaven waren hier wohl nicht wie in anderen Verträgen[183] eigene Unternehmer, sondern nur Geschäftsführer für ihre Herren. Da es deshalb wohl hauptsächlich auf die Arbeitskraft der Sklaven ankam, war auch die in Nbn 653 vorliegende Vertragsausgestaltung möglich. Dort stand nicht einmal der Name des zweiten Sklaven fest, d. h. der eine der „Kommendatoren" konnte sich noch aussuchen, welchen Sklaven er als „Kommendatar" zur Verfügung stellen wollte. Dies zeigt deutlich, daß es sich in Wirklichkeit um ein Unternehmen der beiden Sklavenhalter handelte. Unklar ist, ob der zweite, noch auszusuchende Sklave in Nbn 653 dem schon in der Begründungsklausel genannten Sklaven unter- oder ihm gleichgeordnet sein sollte[184].

---

179 Nbn 572, 11 ff.:
K u N ina na-âš-par-tu$_4$ *šá il-la-ka a-ka-lu ina lìb-bi ik-ka-lu ù mu-ṣip-tu*$_4$ *ina lìb-bi ik-kát-te-mu*
„K und N werden im Dienst, den sie gehen (leisten), Nahrung davon essen und sich mit Dienstkleidung (vgl. Ungnad, Glossar 96) davon bekleiden."
(Vgl. CAD A I 314 l; 248 l u, dort *ikkattemu*; vgl. dagegen AHw 465 l o: *ik-kát-tam!?-mu.*). Diese Klausel nimmt formal bezüglich der beiden „Kapitalnehmer" die Stelle der Gewinnklausel ein; zur sachlichen Bedeutung s. A 479. In Nbn 653 fehlt eine entsprechende Klausel, möglicherweise wurde ihr Inhalt dort als selbstverständlich vorausgesetzt.

180 In Nbn 572 gehört ein Sklave nicht direkt einer der Vertragsparteien, sondern dem Vater der einen Partei, dem Chef des Hauses Egibi.

181 Vgl. dazu o. A 99.

182 Dazu u. 76 f. Auch die *Form* der Gewinnklausel folgt dem Formular eines *ḫarrânu*-Geschäftsunternehmens mit beiderseitiger Kapitalbeteiligung.

183 Vgl. z. B. Dar 395/396; Nbk 261.

184 Vgl. dazu BR II 57 f.

4) Verlust-[185] und Bürgschaftsklauseln

Klauseln, die eine Verlustverteilung zum Gegenstand haben, finden sich im Gegensatz zu den Verträgen mit zweiseitiger Kapitaleinlage[186] bei den in diesem Abschnitt zu besprechenden Urkunden öfter. So heißt es in UET IV 56, 7 ff. (624 v. Chr.): *kaspa B ina ṣêri ul ú-maš-šar šá ú-maš-šar-ra pu-ut na-ši* „Silber wird (der Kommendatar) B auf dem Lande nicht stehen lassen, für das was er stehen läßt, ist er Bürge"[187]. Die Klausel wird mit San Nicolò[188] dahin zu deuten sein, daß der Kapitalnehmer eine Selbstbürgschaft für solche Beträge übernahm, die nach seiner Rückkehr von der Überlandreise noch ausstanden, d. h. für etwaige Verluste durch Forderungen aus Geschäften während der Handelsreise[189], die der geschäftsführende Gesellschafter nicht eingezogen hatte und nicht mehr einziehen konnte[190]. Sachlich gleichbedeutend dürfte die als einfaches Verbot stilisierte Klausel in Nbk 64, 21 f. (597 v. Chr.) sein: *kaspu ina ṣêri ul im-mar-rek-ki*[191] „Silber darf auf dem Lande nicht zurückbleiben", die sich etwa 15 Tage später in BRM I 45, 6 wiederfindet[192] [193]. Solche Verluste gingen anscheinend bei Schweigen des Gesellschaftsvertrages zu Lasten des Gewinns, notfalls des Stammkapitals. Eine Beschränkung dieser Regel bedurfte daher wohl ausdrücklicher Vereinbarung. Daraus ist auch zu erklären, warum solche Klauseln, die dem Geldnehmer bestimmte Verluste oder Aufwendungen aufbürden, mehrfach erscheinen, während sie bei gewöhnlichen Verpflichtungsscheinen überhaupt nicht auftreten. Der Schuldner hatte bei letzteren die

---

185 Vgl. dazu altbabylonisch CH § 98, wo eine Teilung von Gewinn und Verlust gesetzlich angeordnet wird; aber aus den zeitgenössischen Urkunden scheint hervorzugehen, daß sich diese den Kapitalnehmer begünstigende Regelung nicht durchsetzen konnte; vgl. Eilers 16; 36 f.; s. aber auch Driver-Miles I 186 ff.

186 Dort m. W. nur bei NRV 644 (dazu s. aber u. 52 f.) und App 5; dazu s. u. 59 ff.

187 Die genaue rechtliche Bedeutung von *mašâru* II_1 ist in diesem Zusammenhang nicht ganz sicher (Ungnad, Glossar 99 „loslassen, herauslassen"; vgl. Koschaker ZA 48 (1944) 218 f.), wohl aber mit San Nicolò BR 8/7, 107 im hier verwendeten Sinne zu verstehen.

188 BR 8/7, 107; freilich wäre auch denkbar, daß es sich hier um eine Abart einer Spesenverbotsklausel handelt.

189 Vgl. u. 140.

190 Die Klausel war aber möglicherweise nicht auf die von San Nicolò a. a. O. genannten Verluste durch Kreditgewährungen begrenzt. Welche Verluste sie umfaßte, ist jedoch aus dem vorliegenden Material nicht zu ersehen.

191 Die Klausel steht am Ende der Urkunde nach der Datierung. Text s. u. 190.

192 *kaspu ina ṣêri ul im-mer-<rek>-ki*; die Kopie bietet zwar das Präteritum *immerki* (vgl. GAG § 110 m), zu erwarten ist jedoch mit Nbk 64, die personell mit BRM I 45 zu verbinden ist, die Präsensform.

193 Zum Verhältnis von Haftungsübernahme durch Bürgschaft (wie in UET IV 56, 7 ff.) und durch einfaches Versprechen (wie in Nbk 64, 21 f. und in BRM I 45, 6) vgl. A 203.

Schuldsumme eben unabhängig davon zurückzuzahlen, ob der Betrag dem Schuldner auf irgendeine Weise verlorengegangen war oder nicht. Das als Darlehen empfangene Kapital geht in das Eigentum[194] des Schuldners über und dieser ist unter allen Umständen zur Rückleistung verpflichtet. Treten nun lediglich bei den *ḫarrânu*-„Darlehen" Vertragsbestimmungen auf, nach denen der Kapitalnehmer für bestimmte Aufwendungen und Verluste einzustehen hat, so muß dies in einer sonst allgemein – beim Fehlen einer solchen Vertragsvereinbarung – geltenden Haftungsbeschränkung für den *ḫarrânu*-Kapitalnehmer begründet sein, derzufolge er nicht ohne weiteres in derartigen Fällen für Verluste zu haften hatte und daher gegebenenfalls bei finanziellen Einbußen dem Kapitalgeber insoweit nicht zur Rückgewähr des Kapitals oder eines Teils des Kapitals verpflichtet war[195]. Diese Haftungsbeschränkung dürfte dann bei jenen Urkunden zur Anwendung gekommen sein, die keine besonderen Haftungsvereinbarungen enthalten. Der Kapitalnehmer haftete dann wohl nur insoweit für die Rückzahlung des Empfangenen, als es zur Zeit der Vertragsbeendigung noch vorhanden oder durch sein Verschulden verloren gegangen war[196]. Bestätigt wird dies durch wiederholt vorkommende ganz allgemein gehaltene Selbstbürgschaften der Kapitalnehmer[197] [198]. So etwa vermerkt NRV 653 (= VS IV 163, 8 f.) nach der Gewinnverteilungsklausel [*p*]*u-ut qaqqad kaspi-a*$_4$ *1 manî B na-ši* „[f]ür das Kapital von 1 Mine Silber ist (der Kommendatar) B Bürge." Ebensolche Klauseln finden sich in Nbn 466, 10; 652, 8; 1013, 12; Dar 134, 10; 359, 8[199] und TCL 13, 184, 13[200]. Da diese

---

194 Zum Eigentumsbegriff s. u. A 818.

195 So auch NRV S. 555.

196 So Rehme, Reeder 30 für die venezianische Seekommenda; ähnlich Rehme ZHR 42, 388 für die lübische Kommenda; vgl. auch Lepa ZHR 26, 449 und Silberschmidt 85.

197 Dazu Koschaker, Bürgschaft 148; Petschow, Pfandrecht 31.

198 Über Selbstbürgschaften des Kommendatars in den westnordischen Kommendarechten vgl. Amira II 549.

199 Schon Kohler und Peiser BR IV 78 legen diese Klausel als Alleinhaftung des Kommendatars für Verlust aus.

200 Dar 134, 10 f.:
pu-ut qaqqad kaspi-a$_4$ [. . .] *S na-ši*;
Dar 359, 8 f.:
pu-ut qaqqad suluppî (Datteln) *S na-ši*;
Nbn 466, 10 f.:
pu-ut kaspi S$_1$ *u S*$_2$ *na-šu-ú*;
Nbn 652, 8 f.:
pu-ut qaqqad kaspi [. . .] *S* [*na-ši*];
Nbn 1013, 12 f.:
pu-ut qaqqad kaspi S na-ši;
TCL 13, 184, 13:
pu!-ut! qaqqad kaspi na-šu-ú.

Selbstbürgschaften in gewöhnlichen Verpflichtungsscheinen[201] [202] nicht vorkommen[203] [204], müssen sie wohl bei den *ḫarrânu*-Urkunden vom Typ A eine spezielle Bedeutung gehabt haben. Würde es sich um eine reine Bekräftigungsfloskel zur Verstärkung der Rükzahlungspflicht handeln, so wäre das Fehlen dieser Klausel bei normalen Verpflichtungsscheinen unverständlich. Aufschlußreich ist TCL 13, 184, 12; dort heißt es:

ištên^en^ pu-ut šani^i^ na-šu-ú
„Sie sind einer für den anderen Bürgen[205]."

Diese wechselseitige Bürgschaft findet sich bei verschiedenen Vertragstypen in solchen Urkunden, in denen eine Schuldnermehrheit auftritt. Ihr Zweck ist, mehrere Schuldner solidarisch auf das Ganze haften zu lassen. Durch diese Klausel wurde wohl für den betreffenden Vertrag ein allgemeiner Rechtssatz ausgeschlossen, nach dem bei Schuldnermehrheit der einzelne Schuldner nur

---

201 Dazu z. B. Petschow, Pfandrecht 25 f. mit Lit; 30 f.

202 Bei Gesellschaftsverträgen mit beiderseitiger Kapitalbeteiligung findet sich bisher eine Selbstbürgschaft einer Vertragspartei für das Gesellschaftskapital nur in App 5. Dort bürgt der nur mit 1/6 am Geschäftskapital Beteiligte in Z. 12 f.: *pu-ut qaqqad kaspi-a*$_4$ [. . .] *R* [*na-ši*] (so wohl zu ergänzen)
„Für das Kapital, Silber (im Betrage von) [. . .] [ist] R [Bürge]."
Leider ist die Höhe des verbürgten Kapitalbetrages nicht leserlich, so daß nicht festgestellt werden kann, ob die Bürgschaft für das gesamte Kapital – einschließlich der eigenen Einlage – oder, was wahrscheinlicher ist, nur für den 5/6-Kapitalanteil des Geschäftspartners übernommen wird. Im ersteren Falle könnte daraus auf eine gewisse juristische Selbständigkeit der Gesellschaft geschlossen werden.

203 Das Nebeneinander der Haftungsübernahme durch Bürgschaft oder durch einfaches Versprechen, gewisse Handlungen vorzunehmen oder zu unterlassen (vgl. etwa die in A 193 aufgeführten Urkunden), ist für die neubabylonische Zeit nicht ungewöhnlich und findet sich auch bei anderen Vertragstypen (z. B. Pachtverträgen). In dieser Zeit ging auch schon aus einem einfachen Schuldversprechen eine Haftung hervor, ohne daß es dazu einer entsprechenden Selbstbürgschaft bedurfte. Hierbei kann es dahingestellt bleiben, ob ursprünglich zur Herbeiführung einer Haftung stets die Übernahme einer Selbstbürgschaft durch den Schuldner erforderlich war.

204 In der landwirtschaftlichen *ḫarrânu*-Urkunde NRV 645 liegt eine beschränkte Selbstbürgschaft des Kapitalnehmers für Bewachung, Bewässerung und Einbringen der Gerste vor, s. o. 15. Solche Klauseln finden sich häufiger in Grundstückspachtverträgen.

205 Weitere Belege: Nbk 64, 10:
ištên^en^ pu-ut šani^i^ na-šu-ú;
NRV 652 = VS IV 31, 9:
ištên^en^ pu-ut šani^i^ na-šu-ú.
In verschiedenen *ḫarrânu*-Urkunden erscheint andererseits trotz Schuldnermehrheit keine wechselseitige Bürgschaft; vgl. u. A 225.

für den auf ihn entfallenden Kopfteil haftete[206]. Auf diese wechselseitige Bürgschaft folgt nun in TCL 13, 184, 13 eine Selbstbürgschaft der beiden Kapitalnehmer:

pu!-ut! qaqqad kaspi na-šu-ú
„Für den Kapitalbetrag des Silbers sind sie Bürgen."

Diese Kumulation der Bürgschaftsklauseln hat m. W. in den zahlreichen gewöhnlichen Verpflichtungsscheinen mit Schuldnermehrheit und wechselseitiger Bürgschaft keine Parallele. Durch die wechselseitige Bürgschaft haftete zwar jeder Schuldner auf das Ganze, zunächst jedoch nur, soweit der Verlust diese und nicht den Kapitalgeber traf. Die Selbstbürgschaftsklausel sorgte nun dafür, daß der Kapitalgeber den gesamten Verlust auf die Schuldner abwälzen konnte[207]. Bereits Koschaker[208] hatte aus den nur in diesen *ḫarrânu-Urkunden* wiederholt vorkommenden Selbstbürgschaften die Folgerung gezogen, daß nach dem neubabylonischen Kommendarecht die Gefahr des Verlustes der Kommendaeinlage den Kommendator traf[209]. Um diese gesetzliche oder gewohnheitsrechtliche Regelung auszuschließen, wurden dann vielfach entweder umfassende Selbstbürgschaften übernommen, die dem Schuldner die Haftung für die Rückzahlung des gesamten *ḫarrânu*-Kapitals aufbürdeten, oder es wurden nur einzelne Verlustursachen auf den Schuldner abgewälzt. Diese Interpretation wird dadurch bestätigt, daß in Urkunden wie UET IV 56, BRM I 45 und Nbk 64, in denen der Schuldner die Haftung für aus bestimmten Handlungen entstehende Verluste übernimmt, eine derartige allgemeine Selbstbürgschaft nicht erscheint. Dies erklärt sich daraus, daß eine unbeschränkte Selbstbürgschaft für jeden, auch unverschuldeten Verlust gelten würde und damit die speziellen Haftungsbestimmungen dieser Urkunden überflüssig machen würde. Beachtlich ist auch, daß in NRV 653 – dort bekommt der Kapitalgeber keinen

---

206 Vgl. Petschow, Pfandrecht 77 f. mit Lit.; Koschaker, Bürgschaft 84 ff.

207 In Nbn 466 erscheint nur eine Selbstbürgschaft der beiden Kommendatare ohne wechselseitige Bürgschaft; die Urkunde müßte dann so ausgelegt werden, daß die Schuldner zwar für alle Verluste, aber jeder jeweils nur anteilig für seinen Bruchteil haftete.

208 Bürgschaft 160 f.; vgl. auch Petschow, Pfandrecht 30 f.

209 Vgl. dazu altbabylonisch CH § 103: „Wenn ein Feind, während er seines Weges zieht, ihn alles, was er trägt, im Stich zu lassen nötigt, so schwört der *šamallûm* ‚Beutelträger' bei dem Gotte und geht frei aus"; so Eilers in AO 31/1, 30. Während aber bei § 98 CH allgemein angenommen wird, daß es sich um eine Vorschrift über die Kommenda handelt, wird das bei §§ 99 ff. CH überwiegend verneint. Aber auch wenn hier nur eine Art von Arbeitsverhältnis vorliegt, ist doch eine ähnliche Interessenlage wie bei einer Kommenda gegeben. Vgl. zu *šamallûm* Driver-Miles II 193 mit Lit.: Leemans, Merchant 22 ff.; 26 (zu § 103).

Gewinnanteil, sondern die übliche Verzinsung von 20 % für Darlehen – eine Selbstbürgschaft erscheint; dadurch wurde der Geldgeber sowohl von der Gewinn- als auch von der Verlustbeteiligung ausgeschlossen[210] [211] [212].
Eine Haftung auf das gesamte erhaltene Kapital wird wahrscheinlich auch in den Fällen bestehen, in denen den Schuldnern in Rückzahlungsklauseln auferlegt wird[213], das erhaltene Kapital zurückzuerstatten:

Dar 395[214], 10 ff.: *ina qí(?)-it(?)*[215] (11) *3-ta šanâte*^meš^ *uṭṭata ù suluppî* ^karpat^*dan-nu-tu* (12) *ina qaqqadi-šú-nu a-na M* (13) *ina bît ḫa-ḫu-ru i-na-di-nu-u'*
„Nach(?) 3 Jahren werden sie Gerste und Datteln (und) Fässer[216] in ihrem Kapital(-betrag) an M (den Gläubiger) in B[217] geben[218]."

GCCI II 84, 6 ff.: *u₄-mu šá ul-tu* BAD.GAL *šá* ŠU.I[219] *K i-na-ḫi-is kaspa-a₄ 7 šiqlê i-nam-din*
„Am Tage, da K (der Schuldner) aus B zurückkehrt, wird er 7 Sekel Silber (das ist die Schuldsumme) geben."

NRV 645 (= VS IV 17, 7 ff.): *a-ki-i maḫīri šá* ^arah^*ajjari uṭṭata T ul-tu ḫarrâni šá M* {*uṭṭata*} *i-na-áš-ši*
„Entsprechend dem Marktwert des Monats Ajar wird (die) Gerste der (Gläubi-

---

210 Vgl. auch Petschow, Pfandrecht A 71.

211 In Dar 395/396 erscheint zwar keine Selbstbürgschaft, wohl aber eine in ihrer Wirkung ähnliche Rückzahlungsklausel; vgl. den folgenden Text. Keine derartige Klausel enthält AfO 16, 43 Nr. 9, aber dort erhält der Kapitalgeber wohl 50 % Zins (vgl. o. A 173), so daß er wohl eher geneigt war, ein Verlustrisiko auf sich zu nehmen.

212 Zur Verzinsung der Einlagekapitalien vgl. o. 25 f.

213 Die Rückzahlungsverpflichtung bezüglich des Kapitals ergibt sich grundsätzlich aus der Begründungsklausel. Hier – wie schon vorher bei den Selbstbürgschaften – geht es um die Frage der Rückzahlung in jenen Fällen, in denen Verluste aufgetreten sind. Vgl. auch A 203.

214 Dar 396:
(11) *a-di 3-ta šanâte*^meš^ *uṭṭata u suluppî* (12) [^karpat^*dan-nu-*] *tu ina qaqqadi-šú-nu a-n*[*a M*] (13) *ina bît* ^I^*ḫa-ḫu-ru ina-ad-din-nu-u'*.

215 Kopie SAG.DU = *qaqqadu* „Kapital".

216 ^karpat^*dannutu*. Nach Ungnad, Glossar 163 besonders für Tonfässer zur Aufbewahrung von Bier gebräuchlich. CAD D 98 f; AHw 161 „*dannu* II".

217 Bît-Ḫaḫḫuru, Vorort von Babylon; vgl. RLA I „Babylon" § 38 (S. 345).

218 Ob auch in der stark zerstörten Urkunde Nbn 652, 10 eine Fälligkeitsklausel enthalten war, ist unsicher; die Zeichenreste am Ende der Z. 10 deuten auf ein [*ta?*]-*n*[*am*]-*din* „sie (die Schuldnerin) wird geben" hin.

219 Vgl. San Nicolò-Petschow BR 6, 119.

ger) T aus dem Geschäftsvermögen (= *ḫarrânu*) des (Schuldners) M {(die) Gerste}[220] davontragen."

In allen drei Fällen wird der Anspruch des Gläubigers auf die volle Einlagesumme festgelegt[221]. Die Rückzahlungsklauseln dienen zugleich zur urkundlichen Fixierung der Vertragsdauer bzw. des Leistungsgegenstandes (Gerste statt Silber in NRV 645). Man wird aber wohl annehmen können, daß die in ihnen festgelegte Rückzahlungspflicht nicht identisch mit der sich aus der Begründungsklausel ergebenden Verpflichtung zur Rückgabe des Stammkapitals ist, sondern darüber hinaus auch die Berufung des Schuldners auf unverschuldeten Verlust des Kapitals ausschließt. Die Vermutung, daß diese Rückzahlungsklauseln dem Kapitalnehmer den Verlust allein aufbürden, wird durch Dar 359 bekräftigt. Dort leistet der Schuldner Z. 8 f. eine Selbstbürgschaft, ist also schon aus ihr zur Verlusttragung verpflichtet. Deshalb wohl wird anschließend Z. 9 f. bei der Bestimmung des Rückzahlungstermins die Höhe des Kapitals nicht genannt, es heißt lediglich:

a-di 3-ta šanâte^{meš} *itti <a->*[222]*-ḫa-meš šak-na-at*
„Auf 3 Jahre ist (das Geschäftsunternehmen) miteinander abgeschlossen."

Die Rückzahlungsklauseln dürften also die gleichen rechtlichen Folgen ausgelöst haben wie die Selbstbürgschaften der Schuldner. In beiden Fällen waren die Kapitalnehmer zu voller Kapitalrückzahlung ohne Rücksicht auf etwaige Verluste verpflichtet.
Unklärbar ist nach dem vorliegenden Material, welche Rechtsfolgen eintreten, wenn zunächst Gewinne erzielt wurden, diese aber durch Verluste wieder aufgezehrt werden. Sowohl die Rückzahlungsklauseln, die nur die Einlagekapitalien betreffen, als auch die Selbstbürgschaften, die ja nur *pût qaqqadî* „für das Kapital" gelten, können auf diesen Fall nicht unmittelbar angewendet wer-

---

220 Wiederholung. Zu *inaššî* vgl. o. 15.

221 Nach Eilers 16 finden sich Rückzahlungsklauseln in fast allen *tappûtum*-Urkunden. Eilers schließt daraus, daß den Verlust stets der Kommendatar zu tragen hat.

222 *a* fehlt in der Kopie.
In Dar 359 erscheint – wie im Text ausgeführt – neben dieser Klausel eine Selbstbürgschaft. In der Begründungsurkunde Dar 395 dagegen – die Urkunde ist etwa ein Jahr jünger und stammt vom gleichen Kapitalgeber – erscheint nach der Klausel über die Vertragsdauer (Z. 9 f.) *a-di 3-ta šanâte*^{meš} *uṭṭatu u suluppû ina pâni* S_1 *u* S_2 „auf 3 Jahre sind Gerste und Datteln zur Verfügung von S(chuldner)$_1$ und S(chuldner)$_2$" anschließend Z. 10–13 nur die o. 32 angeführte Rückzahlungsklausel ohne Selbstbürgschaft. Auch dies ist ein Anzeichen dafür, daß Selbstbürgschaften und Rückzahlungsklauseln einander entsprechen.

den. Ebenso steht nicht fest, welche Rechtsfolgen eintraten, wenn der Kapitalnehmer überhaupt keinen Gewinn erzielte. Man wird annehmen können, daß der Schuldner in beiden Fällen nur für bestimmtes schuldhaftes Verhalten verantwortlich war.

Für die Annahme eines dem Schuldner vorgeschriebenen Gewinnminimums gibt es keine Anhaltspunkte. Kapital und Gewinn waren aber sicher gegenüber dem geschäftsführenden Gesellschafter durch gewohnheitsrechtliche oder gesetzliche Strafdrohungen vor Unterschlagung und ähnlichen Übergriffen geschützt.

Während der Kapitalgeber auf vielfältige Weise einen etwaigen Verlust auf den Schuldner abwälzen will, finden sich für den Fall der Zahlungsunfähigkeit des Kapitalnehmers kaum Klauseln, die dem Gläubiger auch dann Sicherheit bieten könnten[223]. Nirgends ist bisher eine Pfandbestellung für die Geschäftseinlage bekannt. Eine Fremdbürgschaft für den Geldnehmer liegt bisher nur in Moldenke 15, 8 vor[224].

Die Kapitalgeber nutzten insgesamt gesehen ihre wirtschaftliche Stellung in vielen Fällen aus, um Verluste auf die Kapitalnehmer abzuwälzen. Dies war aber nicht immer der Fall. So „verzichtete" z.B. der Geldgeber in Amherst 225 (ebenso Jakob-Rost 13) zur Zeit Nabopolassars auf jede Bürgschaftsklausel. Die beiden Geldnehmer hafteten ihm also nur je für die Hälfte des Kapitals und auch insoweit nur beschränkt (also wohl nicht bei unverschuldetem Untergang des Kapitals). Soweit die Urkunden – s. A 225 – erkennen lassen, verlagerte sich die Haftung im allgemeinen im Laufe der Zeit immer mehr zum Schaden der Kapitalnehmer auf diese. So haftet etwa in TCL 13, 184 aus der Zeit des Darius – also ungefähr 100 Jahre nach Amherst 225 – jeder der beiden Geldnehmer sowohl für seinen Mitschuldner, als auch für unverschuldeten Verlust[225].

---

223 Zum Fehlen von Sicherheiten vgl. u. 118 f.

224 Text teilweise zerstört, wohl zu ergänzen:
(8) *pu-ú-tu qaqqad kaspi B* [*na-ši*]
„Für das Kapital an Silber ist B (weder der Kapitalgeber noch -nehmer) [Bürge]."
Vgl. auch NRV 650, wo ebenfalls eine Fremdbürgschaft im Zusammenhang mit einer *ḫarrânu*-Gesellschaft erwähnt wird. Vgl. auch Nbk 51, 7; die dortige Bürgschaftsklausel ist unklar, es handelt sich jedoch um keine Fremdbürgschaft; vgl. dazu Koschaker, Bürgschaft 153 A 27 und AHw 858.

225 Belege mit mehreren Kapitalnehmern:
Nbp: AfO 16, 43 Nr. 9 (3 Kapitalnehmer, keine wechselseitige Bürgschaft und keine Selbstbürgschaft, obwohl fester Zins); Amherst 225 (2 Kapitalnehmer, keine wechselseitige und keine Selbstbürgschaft);
Nbk: Nbk 64 (2 Kapitalnehmer, wechselseitige Bürgschaft und Verlustklausel, s. o. 28); NRV 652 (2 Kapitalnehmer, wechselseitige Bürgschaft, keine Verlustklausel);

Aus dem oben S. 31 Gesagten, wonach der Kommendator kraft Gesetzes oder Gewohnheitsrechtes die Gefahr des Verlustes der Kommendaeinlage allein zu tragen hatte, falls nicht der Kommendatar vertraglich die Haftung für gewisse oder alle Verluste übernommen hatte, könnte prima facie geschlossen werden, daß damit das Verlustrisiko allein den Kommendator getroffen hätte; das hieße an dem u. S. 73 ff. angenommenen gesellschaftsrechtlichen Charakter des *ḫarrânu*-Geschäftes vom Typ A zweifeln. Indessen ist auch der Kommendatar insofern am Verlust beteiligt, als dann seine Arbeitsleistung infolge Gewinnausfalls ohne Entgelt aufgewendet worden ist. Der Verlust trifft also beide Parteien.

5) Spesenklauseln

Gelegentlich enthalten die *ḫarrânu*-Urkunden vom Typ A Klauseln, in denen über die Zulässigkeit bestimmter Ausgaben zu Lasten des Kommendavermögens und damit des Gewinns oder des Kapitals[226] bestimmt wird. Nach TCL 12, 40, 7 f. soll Silber (d. h. des Gesellschaftsvermögens) ohne Zustimmung des Kapitalgebers G nicht ausgegeben werden:

kaspu šá la G a-na e-te-qu ul i-te-<<ti>>iq.
CAD[227] übersetzt: „the money must not be used for overland transactions (lit. go over land) without the permission of PN (the partner in the enterprise)“[228].

Nbn: Nbn 466 (2 Kapitalnehmer, keine wechselseitige Bürgschaft, aber Selbstbürgschaft, dazu o. A 207);

Dar: Dar 395/396 (2 Kapitalnehmer, keine wechselseitige Bürgschaft – Grund: 1 Schuldner ist Sklave des Gläubigers? –, aber Rückzahlungsklausel); TCL 13, 184 (2 Kapitalnehmer, wechselseitige Bürgschaft und Selbstbürgschaft).

Belege mit einem Kapitalnehmer:

Keine Selbstbürgschafts- oder Verlustklausel weisen auf: Nbk 216; 261; NRV 646 (Nbk); GCCI I 257 (Nbk); TCL 12, 40 (Nbk); Moldenke 13 (Nbn); Jakob-Rost 13 (vorchaldäisch);

Mit Bürgschafts- oder Verlustklausel:

UET IV 56 (Nbp, Verlustklausel, s. o. 28); BRM I 45 (Nbk, Verlustklausel, s. o. 28); GCCI II 84 (Ev-M, Rückzahlungsklausel); Moldenke 15 (Nbn, Fremdbürgschaft); Nbn 1013 (Selbstbürgschaft); NRV 653 (Dar, Selbstbürgschaft); Dar 134 (Selbstbürgschaft); Dar 359 (Selbstbürgschaft); NRV 645 (Nbk, Selbstbürgschaft für landwirtschaftliche Tätigkeiten).

Die Verlusthaftung wird also im Laufe der Zeit immer mehr erweitert: keine – beschränkt (Nbp, Nbk) – voll (ab Ev-M).

226 Das Kapital konnte wohl höchstens dort angegriffen werden, wo keine Selbstbürgschaft usw. vorlag.

227 E 385 l m.

228 Ähnlich AHw 261 l m; Moore 49; Oppenheim JNES 6/2 (1947) 117 A 13.

Diese Übersetzung ist aber angesichts einer ähnlichen Klausel in Nbk 300, 8[229] unwahrscheinlich:

mim-ma ma-la e-lat 4 šiqil kaspi B a-na e-te-qu it-ti-qu a-na muḫ-ḫi il-li[230].

Nach der Übersetzung von CAD[231] und AHw[232] würde hier – bei einem Kapital von 2 Minen 37 Sekel, also 157 Sekel[233] Silber – bestimmt, daß nur 4 Sekel davon für Überlandgeschäfte ausgegeben werden dürften. Es ist aber vom wirtschaftlichen Standpunkt aus unwahrscheinlich, daß, wenn der geschäftsführende Gesellschafter in Babylon 153 Sekel Silber anlegen muß, er noch irgendein Interesse haben könnte, mit 4 Sekeln Überlandgeschäfte zu tätigen. Dagegen würde die Klausel sinnvoll, wenn man von der wörtlichen Bedeutung (CAD a.a.O.: go over land) ausgeht, d.h. wenn man annimmt, der geschäftsführende Gesellschafter dürfe bei einem Kapital von 157 Sekel Silber nur 4 Sekel als Reisespesen ausgeben[234]; gibt er mehr aus, so geht das auf seine eigene Rechnung[235]. Demnach ist TCL 12, 40, 7 ff. zu übersetzen: „Silber darf er ohne (die Zustimmung des) G(läubigers) für Reise(-spese)n nicht ausgeben." Die Klausel in Nbk 300, 8 ff. lautet dann: „Alles was B (der geschäftsführende Gesellschafter) über 4 Sekel Silber hinaus an *Reisespesen* ausgibt, geht zu seinen (eigenen) Lasten." Bestätigt wird dies durch Moldenke 13, 7 ff.:

ul-tu muḫ-ḫi 1 šiqil kaspi šá a-na <e-te-qu>[236] *ul i-ti-iq šá it-ti-iq a-na muḫ-ḫi il-li*

---

229 Nbk 300 ist zwar vom Typ B, aber da eine der Parteien nur mit knapp 25 % am Gesamtkapital beteiligt ist und die Geschäfte allein führt, ähnelt das Geschäftsunternehmen einer *ḫarrânu*-Gesellschaft mit einseitiger Kapitalbeteiligung.

230 Auch in App 5, 10 – einer *ḫarrânu*-Urkunde vom Typ B, die in dem Verhältnis der Einlagen Nbk 300 ähnlich ist –, erscheint eine stark zerstörte Klausel, die wohl denen der angeführten Urkunden entsprechend war:
[. . .] *mana kaspu e-ti-qa šá* [*la?* ^{Id}*bêl-*] *êṭir*
„[. . .] Minen Silber für das Reisen [ohne?] (die Zustimmung) des (Haupt-)G(eldgebers) [. . .]"

231 CAD E 125 r m: „whatever money of PN in excess of four shekels of silver is used for overland transactions, will be to his charge (i. e., not put on the expense account of the partnership)." Sachlich entsprechend CAD E 385 l u.

232 AHw 261 l 1 c: „wird nicht für Überlandgeschäfte dienen".

233 Fossey in JA 11/9 (1917) 489 f. liest wohl richtig 1 Sekel mehr.

234 Schon Kohler–Peiser BR IV 78 A 2 vermuten, daß es sich hier um eine Spesenklausel handelt. Fossey JA 11/9 (1917) 489 f. übersetzt: „Tout ce que au-dessus de 4 š d'argent B dépensera pour son voyage montera à ses dépens."

235 Kohler–Peiser BR IV 79 nehmen an, der geschäftsführende Gesellschafter würde die Spesen insoweit ersetzt erhalten, als sie 4 Sekel übersteigen; diese Auslegung ist aber nicht haltbar.

236 So CAD E 385 l u, Text: A NA; vgl. Oppenheim JNES 6/2 (1947) 119 A 13.

„Über 1 Sekel Silber hinaus darf er (der Kommendatar) für <das Überlandgehen (= Reisespesen)> nicht hinausgehen (= ausgeben), was (er) (darüber) hinausgeht (= ausgibt), geht zu seinen Lasten."
Die Begrenzung der Spesen auf ein Sekel Silber war wegen des niedrigen Kapitals von nur 20 Sekel Silber durchaus angebracht. Weit weniger wahrscheinlich ist es, daß überhaupt nur 1 Sekel Silber – also nur 1/20 des Gesamtkapitals – für Überlandgeschäfte verwendet werden durften[237]. In diesem Falle wären solche Geschäfte wohl eher überhaupt ausgeschlossen worden. Von Reisespesen dürfte auch TCL 13, 184, 14 handeln:

e-ti-qa i[na muḫ-ḫ]i(?) ul it-te-qu-u'
„Reisespesen d[avo]n(?) werden sie nicht ausgeben[238]."

Möglicherweise wurde diese Klausel hier eingefügt, weil man davon ausging, daß die beiden Kapitalnehmer bei dem sehr hohen Kapital von 15 Minen Silber soviel Gewinn erzielen, daß sie die Spesen aus eigener Tasche zahlen können[239]. Eine ähnliche Bedeutung dürfte folgende aus einer Abrechnungsurkunde eines *ḫarrânu*-Geschäftsunternehmens vom Typ A (Liv 13, 19) stammende Klausel haben:

mam-ma ina muḫ-ḫi mam-ma ul e-ti-iq
„Irgendjemand ist zu Lasten irgendjemandes nicht über Land gegangen." D. h. wohl, niemand rechnet zu Lasten des anderen Gesellschafters Reisespesen an. Auch bezüglich der Spesen wird anzunehmen sein, daß die angeführten Klauseln die Anwendung von gesetzlichen oder gewohnheitsrechtlichen Regeln ausschließen oder begrenzen sollen, nach denen bestimmte notwendige Unkosten zu Lasten des Kommendakapitals gehen. Möglicherweise gab es feste Sätze, welche Beträge ein reisender Gesellschafter für Verpflegung und Übernachtung zu Lasten des Unternehmens ausgeben durfte. Für (Arbeits-)Kleidung hatten

---

237 So aber CAD E 385 1 u; damit unvereinbar ist jedoch die von CAD A I 314 1 o gegebene Übersetzung für die unmittelbar darauffolgende Klausel Moldenke 13, 10 f. S. dazu auch A 276.

238 Anders freilich CAD E 385 1 u „they (the two partners) will not undertake overland transactions in addition (?)" und Moore 191.

239 Die Kapitalnehmer waren in TCL 13, 184 also rechtlich gesehen sehr benachteiligt. Sie bürgten wechselseitig füreinander, übernahmen eine Selbstbürgschaft, durften keinen Nebenerwerb ausüben (vgl. u. 38 ff.) und mußten die Spesen selbst tragen. Dabei bekamen sie zusammen nur die Hälfte des Gewinns, während der Egibi-Chef allein ebenfalls 50 % des Gewinns einstrich. Bei geschäftlicher Tüchtigkeit dürfte es aber den beiden Kapitalnehmern mit dem enormen Kapital von 15 Minen trotzdem gelungen sein, auf ihre Kosten zu kommen.

die geschäftsführenden Gesellschafter dagegen wohl selbst zu sorgen, außer es war vertraglich anders bestimmt[240]. So heißt es in Moldenke 15,6 f.:

ina šatti 2 šiqil kaspa N ul-tu ḫarrâni a-na ^{subat}*mu-ṣip-tu*$_4$ *i-na-šú (oder* š[*i*]*?)*
„Jährlich wird 2 Sekel Silber (bei einem Kommendakapital von nur 20 Sekel!) (der Kommendatar) N aus dem Geschäftsvermögen für ein Arbeitsgewand davontragen."

6) Die Nebenerwerbsverbotsklausel

In zwei *ḫarrânu*-Verträgen des Egibi-Chefs Marduk-nâṣir-apli erscheint eine Klausel, die dem Kapitalnehmer eine Art von Nebenerwerbsverbot auferlegt. So lautet Dar 134, 7 f.:

ḫarrâna a-na e-lat-ti-šú ul il-lak
„Ein Geschäftsunternehmen zu seinem hinzu (neben diesem) wird (der Kapitalnehmer) B nicht betreiben."

Von den beiden Kapitalnehmern in TCL 13, 184, 15 heißt es:
ḫarrâna a-na e-lat^{meš}*-šú-nu ul il-lak-ku-u'*
„Ein Geschäftsunternehmen zu ihrem hinzu (neben diesem) werden sie nicht betreiben[241]."

Der bzw. die Kommendatare verpflichten sich in diesen Klauseln, kein weiteres Geschäftsunternehmen zu betreiben, sondern sich auf das eine zu beschränken[242]. Diese Klauseln dürften weniger im Sinne eines modernen Wettbewerbsverbotes auszulegen sein, sondern müssen vielmehr unter dem Gesichtspunkt einer maximalen Ausnützung der Arbeitskraft der Kapitalnehmer betrachtet werden. Es ist klar, daß sich das Geschäftskapital umso schneller vermehrt, je intensiver damit gearbeitet wird. Der Kapitalgeber hat also ein Interesse daran, daß sich der Kapitalnehmer ausschließlich auf das eine Geschäft beschränkt. Dagegen wäre es für diesen günstig gewesen, sich möglichst viel *ḫarrânu*-Kapital zu besorgen. Konnte der Schuldner z. B. durch alleinige Konzentration seiner gesamten Arbeitskraft auf die 12 Minen Silber aus Dar 134 in einem Jahr einen Gewinn von 6 Minen erzielen, so erhielt er 3 Minen und der Gläubiger 3 Minen Silber Gewinn. Hätte der Kommendatar daneben aber noch zwei weitere *ḫarr-*

240 Vgl. z. B. Nbn 572, dazu o. A 179.
241 Ähnlich auch CAD Ḫ 111 r o (TCL 13, 184, 15) und CAD E 77 l 3'. CAD E 385 l u: „nor will they transact business beyond their (capital)."
242 So schon Kohler–Peiser BR III 47.

ânu-Unternehmen mit anderen Kommendatoren[243] mit ebenfalls je 12 Minen Silber Einlagekapital betrieben und aus diesem Grund wegen der Streuung seiner Arbeitskraft auf drei Unternehmen im Jahr auf je 12 Minen Silber nur vier Minen Silber Gewinn erzielt, so würde zwar er einen Gewinn von 6 Minen Silber für seinen halben Anteil am Ertrag dreier Geschäftsunternehmen zu verbuchen haben, d. h. sein Gewinn könnte um 100 % steigen. Der einzelne Gläubiger würde aber nur noch je zwei Minen pro Jahr auf seine 12 Minen Silber erhalten, müßte sich also mit 1/3 weniger begnügen als im ersten Fall[244].
War das *ḫarrânu*-Kapital gering, so konnte oder wollte sich der Schuldner wohl nicht auf ein Nebenerwerbsverbot einlassen, da dadurch eventuell sein Lebensunterhalt nicht genügend gesichert war. Dieses Verbot ist daher in den vorliegenden Urkunden nur bei Unternehmen mit sehr bedeutenden Kapitaleinlagen (12 bzw. 15 Minen Silber) anzutreffen; die Kommendatare konnten in diesen Fällen also ganz sicher vom Gewinn aus diesen Unternehmen ihren Unterhalt ziehen, wahrscheinlich aber erheblich mehr. Da die Parteien in beiden Fällen weitgehend identisch sind, bleibt offen, ob es sich bei dieser Klausel um einen Einzelfall aus der Geschäftspraxis des Hauses Egibi handelt oder ob solche Vertragsbedingungen weiter verbreitet waren[245].
Mit obigen Klauseln hängt wohl auch folgende in der *ḫarrânu*-Urkunde Dar 526, 5 vorkommende Stelle zusammen:

ḫarrâna a-na e-lat-ti-šú il-la-ka
„Er darf daneben ein (anderes) Geschäftsunternehmen betreiben[246].“

Wegen der Unklarheit, ob Dar 526 eine Begründungsurkunde vom Typ B oder eine (Teil-)Abrechnungs- oder Auflösungsurkunde darstellt – was wohl wahr-

---

243 Goldschmidt UG 266 berichtet, daß in der mittelalterlichen Kommenda in romanischen Ländern häufig Kommendatare Geld von verschiedenen Kapitalisten annahmen.

244 Zu beachten ist, daß die Parteien in Dar 134 und TCL 13, 184 weitgehend identisch sind. Trotz des Nebenerwerbsverbotes in Dar 134 (Kapital 12 Minen Silber) schließt der dortige Kapitalnehmer B in TCL 13, 184 (Kapital 15 Minen) zusammen mit einem weiteren Genossen nach 3 Monaten einen neuen *ḫarrânu*-Vertrag mit dem alten Kapitalgeber Marduk-nâṣir-apli/Egibi. Das war aber, auch für den unwahrscheinlichen Fall, daß TCL 13, 184 keine Novation von Dar 134 darstellen sollte (vgl. dazu aber u. 43 und 160), keine Verletzung des Nebenerwerbsverbotes, da dieses sicher nur für *ḫarrânu*-Geschäfte mit dritten Kapitalgebern galt.

245 Zu Moldenke 13 und 14 (Egibi-Archiv) s. u. 44 f. und A 276. Nach Rehme ZHR 42, 385 erscheint zuweilen auch in den lübischen Kommendaurkunden ein Zusatz, in dem sich der Kommendatar verpflichtet, keine weiteren Kommendaeinlagen von dritter Seite anzunehmen; ähnlich auch in der mittalterlichen Kommenda in Italien; vgl. dazu Silberschmidt, 126.

246 CAD E 77 l 3': „en route he may do (other) business besides this.“

scheinlich ist[247] –, ist die Bedeutung dieses Satzes nicht eindeutig zu klären. Ist Dar 526 eine Auflösungsurkunde, so hat die Klausel wohl den Sinn zu bekräftigen, daß nach der Auflösung der Kapitalnehmer wieder andere Geschäftsunternehmen betreiben könne[248]. Unklar wäre in diesem Fall, ob vorher – also während der Laufzeit der Gesellschaft – ein Nebenerwerbsverbot bestanden hatte, oder ob die Klausel nur deklaratorisch feststellen wollte, daß in Zukunft jeder seine eigenen Wege gehen werde. Läge eine Begründungsurkunde oder Teilabrechnung vor, so sollte die Klausel wohl klarstellen, daß während der (weiteren) Vertragszeit kein Nebenerwerbsverbot besteht. Für letztere Alternativen – am ehesten für eine Teilabrechnung – spricht die Phrase *ana elattišu* „daneben" (so auch CAD[246]: besides this), nämlich neben dem in Dar 526 genannten *ḫarrânu*-Unternehmen (s. dazu auch u. S. 53 f.).
Unklar ist, in welchem Sinn das Schweigen der Urkunden auszulegen ist, in denen ein Nebenerwerb weder ausdrücklich verboten noch erlaubt wird. Wahrscheinlich war ein Nebenerwerb beim Fehlen ausdrücklicher Vertragsbestimmungen immer dann gestattet, wenn er ohne Vernachlässigung des älteren Geschäftsunternehmens betrieben werden konnte. Die Klauseln in Dar 134 und in TCL 13, 184 würden dann ein derartiges nachgiebiges Gesetz oder Gewohnheitsrecht für die beiden Verträge verdrängt haben.

7) Klauseln über die Herkunft des *ḫarrânu*-Geschäftskapitals[249]

Verschiedentlich treten in den *ḫarrânu*-Begründungsurkunden vom Typ A Klauseln auf, die Angaben über die Herkunft der Kommendaeinlage enthalten. So heißt es in TCL 12, 40, 19 nach der Datierung:
kaspu ša ḫarrâni ša Rêmût
„Das Silber ist das/von der (gehört zur) Geschäftseinlage[250] des R[251 252]."
Es ist offensichtlich, daß sich solche Klauseln auf das Einlagekapital[253] bezie-

---

247 Vgl. dazu u. 53 f.

248 Vgl. dazu auch Nbk 116, 9; s. u. A 705.

249 Vgl. auch den Abschnitt „Tochtergesellschaften" u. 125 f.

250 Die Übersetzung „Geschäftseinlage" ist hier dem Wort „Geschäftsunternehmen" in der Regel vorzuziehen – jedenfalls soweit sich die Klausel auf *ḫarrânu*-Gesellschaften vom Typ A bezieht, was wohl meist (oder immer) der Fall sein dürfte –, da dadurch die wirtschaftlichen Verhältnisse deutlicher zum Ausdruck kommen.

251 Wörtlich gleichlautend: Moldenke 13, 12; ohne das zweite *šá*: Nbk 261, 11 (Text im Anhang u. 193); RCT 3,8 f.

252 CAD Ḫ 111 r u: „silver belonging to the business capital of PN"; Petschow RIDA 3/1 (1954) 159: „das (geschuldete) Silber ist das der Geschäftseinlage des K(ommendators)."

253 Vgl. auch derartige in normalen Verpflichtungsscheinen und seltener in Kaufurkunden vorkommende Klauseln; vgl. u. 121 f.

hen. Die in diesen Klauseln genannten Personen kommen sonst im Vertrag nicht vor. Es liegt also nahe, diese Klauseln so zu interpretieren, daß der darin Genannte als Kommendator zeitlich vorher eine Einlage an den Kommendator der vorliegenden Urkunde gegeben hatte, so daß die hier geschlossenen Gesellschaften „Tochterunternehmen" der ersten Kommenda sind, da ihr Einlagekapital aus der zuerst abgeschlossenen Gesellschaft stammt. Hierher dürfte auch die Urkunde RCT 3, 8 gehören[254], wo es heißt *kaspu ša ḫarrân N*[255] „Das Silber ist das/von der (gehört zur) Geschäftseinlage des N".
Auch die in der Begründungsurkunde Dar 359, 10[256] enthaltene Klausel

suluppû ešrû ša ᵈbêl
„die (in das *ḫarrânu*-Geschäftsunternehmen eingelegten) Datteln sind der Zehnt des (Gottes) Bêl[257]" dürfte auf die Herkunft oder die Zugehörigkeit des *ḫarrânu*-Einlagekapitals hinweisen[258]. Es handelt sich wahrscheinlich um Vermögen eines Tempels des Gottes Bêl[259].

8) *elat*-**Klauseln**[260]

Auch *elat*-Klauseln finden sich in den *ḫarrânu*-Begründungsurkunden. So heißt es in Nbk 261, 10:

e!-lat 3 šiqil kaspi ra-šu-tu₄ šá ina muḫḫi S
„Abgesehen von 3 Sekel Silber, Guthaben, das zu Lasten des S(chuldners) (ist)."

Diese *elat*-Klausel will festhalten, daß durch den in Nbk 261 abgeschlossenen Begründungsvertrag über eine *ḫarrânu*-Gesellschaft vom Typ A ein früher abgeschlossenes Geschäft über 3 Sekel Silber nicht berührt wird und aufrecht erhal-

---

254 Anders allerdings Holt AJSL 27/3, 194, der die Klausel mit der vorausgehenden aus Z. 7 zusammenzieht und liest:
1/3 R la êpuš ša eli lī'û kaspi ša ḫarrâni N
„1/3 (of his share) R has not paid in, which (is specified) on the tablet of silver of partnership of N." Leider sind Z. 6 ff. der Urkunde schwer verständlich, da wegen der Zerstörung des Tafelanfangs der Betrag der Kommendaeinlage unbekannt ist.

255 Beachte die Status constructus-Verbindung *ḫarrân N*; ebenso in Nbk 261, 11.

256 Zur unmittelbar davorliegenden Klausel Z. 9 f. s. o. 33.

257 Vgl. CAD E 369 l m.

258 Vgl. u. 161.

259 Tempelvermögen werden in Babylonien gewöhnlich als Eigentum des im betreffenden Tempel verehrten Gottes bezeichnet. Dazu Dandamajew, Der Tempelzehnte in Babylonien während des 6.–4. Jahrhunderts v. u. Z. in: Beitr. zur Alten Geschichte und deren Nachleben, Bd. 1, 82 ff., Berlin 1969.

260 Über *elat*-Klauseln vgl. Petschow, Pfandrecht 17 f.

ten bleibt. Solche *elat*-Klauseln treten beim normalen Verpflichtungsschein häufig auf, wohl um jede Vermutung auszuschließen, daß es sich bei dem neu abgeschlossenen Vertrag um eine Novation eines älteren Vertrages handeln könnte. In der landwirtschaftlichen *ḫarrânu*-Begründungsurkunde NRV 645 (= VS IV 17, 14) lautet ein ähnlicher Vermerk:

e-lat ú-ìl-tì šá suluppî
„Abgesehen von einem Verpflichtungsschein über Datteln."

Unklar ist in beiden Fällen, ob die früheren Schulden ebenfalls durch *ḫarrânu*-Geschäfte oder durch normale Verpflichtungsscheine begründet wurden. Dies klarzustellen war aber auch nicht der Zweck der *elat*-Klausel; diese sollte allein festhalten, daß die in der Urkunde neu entstandene Schuld nicht mit der in der *elat*-Klausel genannten identisch ist.
Ob Nbn 572, 14 f. *e-lat ú-di-e bīti i-na pa-ni-šú-nu* „Abgesehen vom Gerät des Hauses (, das) zu ihrer Verfügung (ist)" ebenfalls auf eine frühere Urkunde hinweisen will, ist fraglich. Möglich wäre auch, daß die *elat*-Klausel hier verwendet wurde, um festzuhalten, daß die beiden nicht gewinnberechtigten geschäftsführenden Sklaven außer dem Geschäftskapital auch noch Geräte erhalten haben, ohne daß über die Zurverfügungstellung der Gerätschaften eine eigene Urkunde angefertigt wurde[261].
Umgekehrt erscheint vereinzelt eine „negativ formulierte" *elat*-Klausel, die offenbar besagen soll, daß neben den in der jeweils vorliegenden Urkunde beurkundeten Verpflichtungen keine weiteren – älteren – Schuldverpflichtungen bestehen. So vermerkt die Begründungsurkunde Typ A Moldenke 13, 11[262]:

mim-ma e-lat šá S i̭a-a-nu
„Irgendetwas, abgesehen von (der hier festgelegten Verpflichtung) des S(chuldners), gibt es nicht[263]."

Etwas abweichend, aber sachlich wohl gleichbedeutend, formuliert die Begründungsurkunde Typ A Dar 134, 8 f.:

mim-m[a] e-lat-ti-šú ina ḫarrâni šá G i̭a-a-nu

---

261 Vgl. auch u. 46 f. mit A 287 und A 926; 932.
262 Sowohl in Moldenke 13 als auch in Nbk 261 erscheint die *elat*-Klausel unmittelbar vor einer Kapitalherkunftsklausel; s. o. A 251.
263 Vgl. CAD A I 314 l; dazu aber u. A 276. Möglich wäre, daß die Klausel ähnliche Wirkung wie ein Nebenerwerbsverbot (allerdings sehr unwahrscheinlich, vgl. Dar 134 und TCL 13, 184, wo diese *elat*-Klauseln neben einer Nebenerwerbsverbotsklausel (s. o. 38) erscheinen; vgl. dazu u. A 276) hatte, oder daß es sich um eine Spesenverbotsklausel handelte. Eine endgültige Klärung dürften wohl nur weitere Urkunden erbringen können.

„Irgendetwas, von diesem am Geschäftsunternehmen abgesehen, gibt es für den G(läubiger) nicht."

Eine ähnliche Klausel in TCL 13, 184, 16 f.[264] ergänzt Petschow[265]:

mim-ma e-lat kaspi šá G [ina muḫḫi Idbêl-kâṣir mâri-šu šá] M ia-a-nu
„Irgendetwas außer dem Silber des G(läubigers) [zu Lasten des Bêl-kâṣir, des Sohnes des] M, gibt es nicht."

Falls diese Ergänzung zutrifft, wäre es möglich, daß – wie Petschow[266] vermutet – die Klausel sich auf die etwa 3 Monate ältere vorerwähnte Kommenda Dar 134 bezieht. Dort hatte Bêl-kâṣir allein 12 Minen Silber vom gleichen Gläubiger Marduk-nâṣir-apli/Egibi als Kommendaeinlage (Typ A) erhalten[267]. Vermutlich sollte durch die Klausel TCL 13, 184, 16 f. festgestellt werden, daß jene Forderung nicht mehr neben der neuen Kommendaforderung aus TCL 13, 184 Bestand hatte. Der Grund dafür ist nur zu vermuten. Er könnte einerseits in der Beendigung der Geschäfte des alten *ḫarrânu*-Unternehmens zu suchen sein. Allerdings ist das wegen der ziemlich kurzen Zeitspanne zwischen Dar 134 und TCL 13, 184 von nur etwa 3 Monaten weniger wahrscheinlich. Eher ist anzunehmen, daß das bisherige Unternehmen fortgesetzt wurde, jedoch nunmehr mit einem erhöhten Kapital von 15 Minen Silber und unter Eintritt eines zweiten Kommendatars. Daß dieser in unserer *elat*-Klausel nach der obigen Ergänzung nicht erwähnt wird, dürfte darin begründet sein, daß für eine negative *elat*-Klausel bezüglich seiner keine Veranlassung bestand, da völlig klar war, daß er keine sonstigen Schulden gegenüber diesem Gläubiger hatte. Der erste Schuldner aber war schon vorher – zumindest in Dar 134 – durch Gesellschaftsbeziehungen mit den Egibis verbunden, so daß für ihn eine klarstellende *elat*-Klausel durchaus angebracht war.
Wahrscheinlich dienten diese *elat*-Klauseln in ihren verschiedenen Formen zu Beweiszwecken; denn hätte das Schweigen einer Urkunde über früher eingegangene Verpflichtungen diese automatisch zum Erlöschen gebracht, so wäre z. B. die negativ formulierte *elat*-Klausel in Moldenke 13 überflüssig gewesen[268].

---

264 Über den Zusammenhang zwischen Dar 134 und TCL 13, 184 vgl. u. 159 f.

265 Pfandrecht A 68. Der Raum für die Ergänzung ist nach der Kopie allerdings sehr knapp.

266 A. a. O.

267 Da die Klausel aber auch in Dar 134 auftritt, wäre zu vermuten, daß schon vor Abschluß von Dar 134 zwischen den dortigen Parteien Geschäftsbeziehungen (womöglich Gesellschaftsverträge) bestanden.

268 Vgl. dazu auch Petschow, Pfandrecht 18.

9) Klauseln über die Einstellung von Hilfskräften

Verschiedene Klauseln behandeln die Anstellung von Hilfskräften. So wird in der *ḫarrânu*-Begründungsurkunde Nbk 261, 8 f. festgestellt, daß *N ina na-áš-par-ti šá Š il*(!)*-la-ku* „N im Dienst[269] des S(chuldners) gehen wird"[270]. Ob N ebenso wie der Kapitalnehmer ein Sklave ist, kann wegen der teilweisen Zerstörung von Nbk 261, 8 nicht eindeutig gesagt werden. Unklar ist auch, ob N ein bisheriger Mitarbeiter des Geldgebers oder -nehmers ist. Unwahrscheinlich ist, daß es sich um einen unabhängigen Dritten handelt. N erhält keinen Gewinnanteil, also wohl nur ein Arbeitsentgelt oder, falls er ein Sklave des Kapitalgebers ist, nur Verpflegung und Kleidung[271]. In Nbn 1013, 10 f. wird ebenfalls vereinbart, daß *D* ^{h}*qalla šá* G_1 *na-áš-par-tu*$_4$ *šá S il-lak* „D, der Sklave des G(läubigers)$_1$ den Dienst des S(chuldners) gehen (verrichten) wird." Möglicherweise soll D den Geldnehmer nicht nur bei der Arbeit unterstützen, sondern ihn auch im Sinne der Geldgeber überwachen[272]. Auch in Nbn 653 soll der eine der beiden Kapitalgeber einen Sklaven an den „Kapitalnehmer" übergeben. Dieser ist seinerseits ein Sklave des anderen Kapitalgebers. Letzterer und jener namentlich noch nicht feststehende Sklave sollen (Z. 11) *na-áš-par-ta* (12) *šá ḫarrâni-šú-nu il-la-ku* „den Dienst ihres Geschäftsunternehmens gehen (verrichten)[273]." Ähnlich wird in der mit Nbn 653 zusammenhängenden Urkunde Nbn 572, 12 von den beiden – nicht gewinnbeteiligten – „Kapitalnehmern" (Sklaven) gesagt, daß sie Nahrung und Kleidung *ina na-áš-par-tu*$_4$ *šá il-la-ka* „während des Dienstes, den sie gehen (verrichten)", erhalten sollen[274].

Auch vom Kapitalnehmer selbst heißt es in Moldenke 13, 10[275], daß er *na-as-par-ti šá ḫarrâni il-lak* „den Dienst des *ḫarrânu*-Geschäftsunternehmens gehen (verrichten) wird".[276] Es ist unklar, inwieweit die Stellung des Kapitalnehmers

---

269 AHw 761 l „Geschäfte führen"; CAD A I 314 „to do service".

270 Möglich wäre auch folgende Übersetzung: „N (ist) im Dienst, den S geht (verrichtet)".

271 Es ist aber auch dann, wenn N ein Sklave des Geldgebers ist, u U. möglich, daß er nicht nur Verpflegung, sondern auch ein Entgelt erhält. Für die Sklaveneigenschaft des N könnte sprechen, daß es von ihm heißt, er wird in den Dienst eines Sklaven treten. Möglicherweise hätte man bei einem Freien einen solchen Ausdruck vermieden.

272 Vgl. dazu auch u. 128 f.

273 Vgl. o. 26 f. CAD Ḫ 111 r m: „they shall carry out the instructions for their business venture"; anders CAD A I 314 l m.

274 Vgl. CAD A I 248 l u; 314 l m; o. 26 f; A 180; 479; Text s. A 179.

275 Hier handelt es sich im Gegensatz zu Nbn 572 um einen gewinnberechtigten Kapitalnehmer, also um einen wirklichen Kommendatar. Da es sich um die Gründung einer Tochtergesellschaft handelt (vgl. u. 125 f.), ist unklar, ob sich in Z. 10 *ḫarrânu* „Geschäftsunternehmen" auf die Mutter- oder die Tochtergesellschaft bezieht.

276 CAD A I 314 l geht davon aus, daß sich auch die folgende *elat*-Klausel (vgl. o. 42) auf diese Phrase bezieht und übersetzt: „(B) will act as agent abroad (nothing else is to be B's duty)." Diese Übersetzung ist aber im Hinblick auf die oben besprochenen Belege

zum Geschäftsunternehmen gegenüber dem Normalfall durch diese Klausel verändert wird. Möglicherweise wird durch sie dem Kapitalnehmer – ähnlich wie bei der oben behandelten Nebenerwerbsverbotsklausel[277] – die Möglichkeit genommen, beliebig für andere Geschäftsunternehmen oder sonstige Dienstherren zu arbeiten[278]. Da das Kapital hier sehr gering ist – nur 20 Sekel Silber –, folglich auch der Gewinn nicht allzu groß ist, außerdem nicht mehr als 1 Sekel Silber für Reisespesen ausgegeben werden dürfen[279], war die Lage des Kapitalnehmers bei dieser Auslegung sehr ungünstig[280].
Aus den angeführten Klauseln kann nicht entnommen werden, wann der Geldgeber oder -nehmer im allgemeinen berechtigt war, für das Geschäftsunternehmen Hilfskräfte einzustellen. Die oben angeführten Fälle betreffen nur solche, bei denen schon in der *ḫarrânu*-Begründungsurkunde festgelegt wird, daß bestimmte namentlich meist schon feststehende Personen in dem Unternehmen mitarbeiten werden. In allen Fällen handelte es sich bei den Genannten teils sicher, teils wahrscheinlich um Personen, die einer der beiden Parteien nahestanden.

10) Sonstige Klauseln

Außer den bisher behandelten Klauseln kommen in mehreren *ḫarrânu*-Urkunden vom Typ A weitere Klauseln vor, durch die Besonderheiten des Einzelfalles geregelt werden sollen[281]. Eine Novations-Klausel enthält die Begründungsurkunde Nbk 216, 7. Das Schuldkapital von 6 Minen Silber (so Z. 1) ist der Rest einer

ú-il-tì šá 11 mana kaspi [šá] ḫarrâni

„eines (mindestens 6 Jahre älteren[282]) Verpflichtungsscheines über 11 Minen Silber [der] Geschäftseinlage (vom 24. Jahre Nbk)[283]."

---

wohl nicht haltbar (vgl. o. A 263); zur Unvereinbarkeit von „act as agent abroad" mit der CAD E 385 1 u gegebenen Übersetzung für die unserer Klausel unmittelbar vorausgehende Vertragsbestimmung Moldenke 13, 7–9 s. o. A 237. Vgl. auch Moldenke 14:

(7) *ú-il-tì šá ina muḫḫi B* (8) *šá na-áš-par-tu*$_4$ (9) *šá ḫarrâni il-la-ku*

„Verpflichtungsschein (oder besser: Urkunde) zu Lasten des (in Moldenke 13 als Schuldner erwähnten) B, der den Dienst des Geschäftsunternehmens geht (verrichtet)."

277 Vgl. o. 38 ff.

278 Vgl. auch eine ähnliche Klausel in GCCI I 407, 16 f. (Typ B); Text u. 65.

279 Vgl. o. 36 f.

280 Möglich wäre aber auch, daß durch den Begriff *našpartu* „Dienst" ausgedrückt werden sollte, daß der Kapitalnehmer neben dem Gewinn auch noch das übliche Dienstentgelt erhalten sollte.

281 Vgl. auch die Fälligkeits- und Rückzahlungsklauseln o. 32 f.

282 So auch Petschow, Pfandrecht A 453. Zum Text der Klausel s. u. 70.

283 Vgl. dazu u. 70 und 166.

Die gleichen Parteien hatten also bereits etwa 6 Jahre früher eine *ḫarrânu*-Gesellschaft vom Typ A mit 11 Minen Silber Kapital abgeschlossen. Inzwischen war wahrscheinlich sowohl der Gewinn als auch ein Teilbetrag des Kapitals in Höhe von 5 Minen Silber zurückgezahlt worden, so daß der Kapitalnehmer noch 6 Minen Silber Geschäftskapital zur Verfügung hat. Vielleicht diente die Novation dazu, die Vermögensverhältnisse in der Gesellschaft wieder übersichtlich zu machen, die möglicherweise durch vielerlei Zwischenabrechnungen schwer überschaubar geworden waren. Die Novationsklausel dürfte eine ähnliche Beweisfunktion gehabt haben wie eine negative *elat*-Klausel[284].
Klauseln über die mietweise Überlassung von Gegenständen finden sich bei Oberhuber 145, 10[285] und in Dar 395, 16 f. (396, 15 f.). Im letzteren Fall wird vorgesehen, daß die Kommendatare keine Miete für das von ihnen benutzte Haus des Geldgebers zahlen müssen[286]. Die mietfreie Überlassung von Räumen oder Geräten muß wirtschaftlich als zusätzliche Kapitaleinlage betrachtet werden, auch wenn man – wie in Dar 395/396 – die Überlassung rechtlich in die Form der Leihe kleidete. Die Bereitstellung von 60 leeren Fässern (Dar 395, 1; 396, 1) wurde dagegen rechtlich nicht als Leihe konstruiert. Die Fässer sind direkt nach den sonstigen Kapitalien (Datteln und Gerste) als Kapitaleinlage in der Begründungsklausel enthalten[287]. In der Gewinnklausel allerdings fehlen sie[288].
In der Begründungsurkunde Nbn 1013 wird Z. 6 vermerkt, daß

kaspu šîm 70 šap-pa-tu₄ šá karâni
„das Silber (nämlich das Kapital von 2 Minen 4 Sekel) der Kaufpreis (von) 70 Krügen Wein (ist)."

Die Kapitaleinlage wurde also nicht bar, sondern in gefüllten Weinkrügen eingebracht. Während bei Datteln und Gerste wohl üblich war, bei der Kapitalrückzahlung wieder Naturalien zurückzugeben, war hier wohl von Anfang an geplant, daß Silber zurückgezahlt werden sollte. Hierzu war es aber nützlich, den Wert des Weines schon bei Vertragsabschluß festzulegen, um spätere Bewer-

---

284 Vgl. dazu o. 42 f.

285 Stark zerstört:
i-di 10 1/2 ši [*q*]*il (?)* [*ka*]*s*[*p*]*i (?!)* . . .
„Mietzins 10 1/2 Sekel (?) Silber (?) . . ."

286 *a-di(-i) 3-ta šanâte*^{meš} *i-di bîti G* (17) *a-na* S_1 *u* S_2 *ul i-maḫ-re*
„Auf 3 Jahre wird der G(läubiger) von $S(chuldner)_1$ und $S(chuldner)_2$ Mietzins des Hauses nicht in Empfang nehmen."
Vgl. auch u. 61 ff.

287 Ebenso Nbn 572, 1; anders ebenda Z. 14 f. für Geräte, dazu o. 42, A 926.

288 Ebenso fehlen die Fässer in der Klausel über die Vertragsdauer, aber nicht in der folgenden Rückzahlungsklausel. Vgl. u. A 926.

tungsstreitigkeiten zu vermeiden. Wahrscheinlich war hier ausnahmsweise der Vertrieb der Einlagekapitalien Hauptzweck der Kommenda[289].
In dem landwirtschaftlichen *ḫarrânu*-Unternehmen NRV 645, 15 soll die dem Gläubiger – für seine Einlage – zurückzuerstattende Gerste mit dessen Maß gemessen werden[290]. In anderen Urkunden, in denen das Kapital in Naturalien zurückzuliefern ist, z. B. Dar 359; 395/396 finden sich keine derartigen Klauseln. Möglicherweise waren sie bei nicht landwirtschaftlichen *ḫarrânu*-Geschäftsunternehmen nicht üblich.
In der Begründungsurkunde Nbn 466 erscheint nach der Datierung – wohl nachträglich angebracht – der teilweise zerstörte Vermerk: *u(?) taḫ-ḫi-su*[291] *la maš-ši* „. . .und(?) Vermerk nicht vergessen."[292] Hierbei handelt es sich wohl um eine Notiz einer der Vertragsparteien, durch die sichergestellt werden sollte, daß bestimmte erbrachte Leistungen oder bestimmte Tatsachen auch in den internen Rechnungstafeln verbucht oder vermerkt wurden. Der gleiche Vermerk findet sich auch bei Jakob-Rost 13, 4: *taḫ-sis-tú la ma-še-e* „Vermerk nicht vergessen", hier jedoch vor Zeugen und Datierung unmittelbar im Anschluß an die Begründungsklausel.

11) Sonstige Urkundenbestandteile

Nach den Vertragsklauseln folgen am Ende der Urkunde[293] die Zeugen[294], der Schreiber[295], Ort[296] und Datum[297]. Soweit gelegentlich eine der Vertragsparteien als Schreiber der Urkunde auftritt ist dies der[298] oder einer der[299]

---

289 Man könnte daran denken, daß das Fehlen des Terminus *ḫarrânu* „Geschäftsunternehmen" in Nbn 1013 (vgl. o. 17) daher rührt, daß die Einlagekapitalien nur zum einmaligen Umsatz bestimmt waren. Wahrscheinlich sollte der Wein in kleinen Mengen an Endverbraucher verkauft werden. Die beiden Egibis wollten also wohl neben dem Großhandelspreis auch noch einen Anteil an der weiteren Gewinnspanne. Der Kapitalnehmer bekommt wahrscheinlich nur 1/3 des Gewinns (vgl. o. 24), da ihm aber – wohl kostenlos – ein Sklave beigegeben wird, ist dies wirtschaftlich gesehen wohl genauso, als würde er allein die Hälfte erhalten.

290 Diese Vereinbarung entspricht der in neubabylonischen Verpflichtungsscheinen über Naturalschulden häufigen Abrede, daß die Vermessung der zu zahlenden Naturalien nach dem Maße des Gläubigers erfolgen soll; vgl. dazu Petschow, Pfandrecht S. 23 A 47 mit Lit.

291 Siehe Ungnad, Glossar 160 f. „*taḫsistu*". Zur Schreibung *taḫ-ḫi-su* des Textes vgl. VS VI 67, 18 *taḫ-ḫi-tú*.

292 Vgl. auch die *ḫarrânu*-Abrechnungsurkunde Liv 7; am Ende der Urkunde erscheint dort Z. 19 f. ein ähnlicher Vermerk.

293 Vereinzelt folgt nach Zeugen und Datum noch eine weitere Klausel. Es wird sich hierbei wohl um Fälle handeln, in denen die Klausel zuerst vergessen wurde, aber dann doch – etwa weil das Versehen den Parteien während der Verlesung der Urkunde auf-

Schuldner[300]. Das entspricht dem auch anderweit in den zeitgenössischen Rechtsurkunden festzustellenden Befund[301].

Vereinzelt ergibt sich aus dem oft etwas kleiner als der übrige Text geschriebenen Vermerk *ḫe-pi* „zerbrochen", daß die vorliegende Tafel Abschrift von einer beschädigten Vorlage – meist dem Original – ist, so z. B. in der *ḫarrânu*-Urkunde Nbk 51, 5 am Zeilenende[302]. In der *ḫarrânu*-Begründungsurkunde Amherst 225, 17 heißt es in der Datierung nach dem Königsnamen (Nbp) *šàr* TIN.TIR, worauf statt des zu erwartenden Postdeterminativs KI[303] ebenfalls der Vermerk *ḫe-pi* „zerbrochen" folgt, was bedeutet, daß das Zeichen KI im Original zerstört war. Da man nicht annehmen kann, daß der Schreiber zur Ergänzung unfähig gewesen wäre, so dürften bereits in Babylon die Grundzüge unserer modernen Zitierregeln üblich gewesen sein.

---

fiel – noch in den Vertrag aufgenommen wurde; vgl. z. B. Nbk 64. Die *taḫsistu*-Klausel (vgl. o. 47) steht allerdings auch sonst meist am Ende der Urkunde; vgl. die bei Ungnad, Glossar zitierten Belege; anders aber z. B. Jakob-Rost 13.

294 Die Zeugen werden in den *ḫarrânu*-Urkunden wie in den meisten neubabylonischen Vertragstypen mit dem Wort ^{h}*mukinnu* „Zeugen" eingeführt. Anders in Nbn 466, 12, wo ihre Aufzählung statt dessen mit der häufig in neubabylonischen Tempelurkunden auftretenden Phrase *ina ušuzzu*^{zu} „in Gegenwart von" eingeleitet wird.
Anzahl der Zeugen;
1: Jakob-Rost 13 (teilweise zerstört) vorchald.
2: Nbk 261; Nbn 466; 572; 652; 653; AfO 16, 43 Nr. 9; Amherst 225; BRM I 45; GCCI I 257; II 84 (einer der Zeugen ist Sklave des Eigentümers des Kapitalgebers.)
3: Nbk 51; 64; 216; NRV 645; 646; 652; TCL 12, 40; 13, 184; Nbn 1013;
4: UET IV 56;
5: Dar 134;
6: NRV 653;
7: Dar 359;
10: Dar 395/396 (6 Zeugen vor und 4 hinter der Datierung.)

295 Fehlt in Nbn 466.

296 Fehlt in Nbn 466; vgl. auch die Besonderheiten in A 294; 295.

297 Die Datumsangabe erfolgt in regelmäßiger Folge: Monatsnamen, Tagesangabe, Regierungs-Jahreszahl, Angabe des regierenden Königs. Vgl. die Tabellen u. 188 f.

298 NRV 645; TCL 12, 40.

299 NRV 652; Dar 395/396.

300 Vgl. dazu u. 74.

301 Vgl. dazu Petschow, Pfandrecht A 28.

302 Vgl. dazu o. 14.

303 *šàr* TIN.TIR^{ki} = *šàr bâbili*^{ki} „König von Babylon".
Der im Text erwähnten Genauigkeit widersprach es aber offenbar nicht, bei Abschriften andere, lautgleiche Silbenzeichen zu verwenden; vgl. z. B. Nbk 58, 6: *u*, dagegen Nbk 429, 6: *ú*; 58, 7: *a-ḫa-a-ta*, 429, 6 mit dem parallelen Ausdruck *a-ḫa-meš* (oder moderner Kopierfehler?).

Wie die Statistik in A 278 vermuten läßt, ist in persischer Zeit ein erhebliches Ansteigen der Zahl der Zeugen zu vermerken: In vor- und chaldäischer Zeit 1–3 Zeugen, zur Zeit Darius meist 5–10.

B. Begründungsurkunde mit zweiseitiger Kapitalbeteiligung[304] (Typ B)

1) Das Vertragsformular

Auch den *ḫarrânu*-Begründungsurkunden mit zweiseitiger Kapitalbeteiligung liegt ein weitgehend typisiertes Formular zu Grunde. Dieses Vertragsschema läßt sich altbabylonisch nicht nachweisen und könnte deshalb neubabylonischen Ursprungs sein. Da es nicht von anderen Vertragsformularen abgeleitet ist, scheint es speziell für diese Art von Verträgen geschaffen. Das Formular lautet mit Varianten im einzelnen[305]:

I. Begründungsklausel[306]:

x kaspa ša A	x Silber, das A,
u y kaspa ša B	und y Silber, das B
itti aḫâmeš	miteinander
ana ḫarrâni iškunu	zu einem Geschäftsunternehmen[307]
	eingesetzt haben[308].

304 Zur Vereinfachung hier meist als Typ B bezeichnet.

305 Vgl. dazu die im Anhang u. 192 in Umschrift und Übersetzung wiedergegebene Urkunde Nbk 88.

306 Diese Klausel erscheint in allen Urkunden vom Typ B.
Kapital in Silber: Nbp 12; Nbk 58/429; 88; 300; Nbn 199; 601; Dar 97; App 5; GCCI I 407; Pohl I 77; NRV 644 (?).
Datteln: Dar 280; NRV 654.
Silber und Datteln: NRV 655. Unklar: Dar 526, dazu u. 53 f.

307 Vgl. CAD A I 167 l o: „... silver which PN ... silver which PN_2 put jointly into the commercial venture" (Nbk 88); Ḫ 111 r o: „silver which PN and PN_2 have deposited jointly for a business venture"; Petschow, Pfandrecht A 66: „haben sie miteinander zum (Reise-)Geschäftsunternehmen (ein-)gesetzt"; AHw 327 r: „Geschäftskapital"; NRV S. 565: „haben sie miteinander zu einem Geschäftsunternehmen eingesetzt" (in BR 6, 121 und BR 8/7, 108: „eingelegt"); Eilers 37: „Kapital, das A, Kapital, das B miteinander zum ‚Reisegeschäft' gemacht haben."

308 Vgl. zu Typ A o. 10 f.

II. Gewinnverteilungsklausel[309]:

mimma mala	(An) allem, was sie
ina âli u ṣêri	in Stadt und Land
ina muḫḫi kaspi (x + y)	auf jenes Silber (x + y)
ippušû	erarbeiten,
aḫâta šunu	haben sie gleichen Anteil[310].

III. Sonstige fakultative Klauseln[311]:

Mietklauseln[312], Bürgschafts- und Kostenklauseln[313], Dienstverhältnisklauseln[314], *elat*-Klauseln[315], Klauseln über beiderseitigen Besitz einer Vertragsurkunde[316].

IV. Zeugen, Schreiber, Ort und Datum.

Von den hierher gehörigen 15 Belegen handelt es sich bei 5[317] um Geschäftsunternehmen mit gleich hohen und bei 4[318] um solche mit verschieden hohen Einlagen der beiden Parteien. Bei den restlichen 6 Belegen ist wegen Zerstörung[319], wegen Angabe von nur der Gesamtsumme der Einlagen[320], wegen Fehlens jeglicher Angabe[321] über die Höhe der Einlagen oder wegen sonstiger Unklarheiten[322] nicht sicher zu ermitteln, ob es sich um Geschäftsunternehmen mit verschieden hohen oder mit gleich hohen Einlagen handelt.
Die Kapitaleinlagen sind teilweise recht bedeutsam, es kommen Beträge bis zu 10 Minen Silber vor[323]. Worin der Geschäftsbetrieb in diesen Fällen bestanden hat, ist aus den Begründungsurkunden mit zweiseitiger Kapitalbeteiligung eben-

309 Diese Klausel erscheint in allen Urkunden vom Typ B.
310 So Ungnad, Glossar 10; CAD A I 170 r u: „belongs to them in equal shares", „share and share alike", „share half and half"; AHw 22 l: „Halbpart, Teilhaber".
311 Nur Begründungs- und Gewinnverteilungsklausel enthalten: Nbk 58/429; Nbn 199.
312 Nbp 12; Nbk 88; Dar 280; GCCI I 407 (?); NRV 654.
313 Nbk 300; App 5.
314 GCCI I 407.
315 GCCI I 407.
316 Nbn 601; Dar 97; 280, 17; NRV 654; vgl. Dar 526.
317 Nbk 58/429; 88; Dar 97; 280 (?); GCCI I 407.
318 Nbk 300; Nbn 601; App 5; NRV 654; zu Pohl I 77 s. A 341 und u. 54.
319 Nbp 12; NRV 644.
320 Nbn 199 (Duplikat ZA 1, 203); NRV 655 (?).
321 Dar 526, vgl. dazu u. 53 f.
322 Vgl. zu NRV 644 u. 52 f.; zu Dar 526 u. 53 f.; zu Pohl 177 u. A 341 und u. 54.
323 Vgl. dazu u. 54.

sowenig direkt zu entnehmen, wie aus denen mit einseitiger Kapitalbeteiligung[324].

2) Die Begründungsklausel

Die Begründungsklausel, in der im Unterschied zum Typ A in sämtlichen vorliegenden Urkunden nur zwei Personen als Vertragsparteien erscheinen, lautet:

Dar 97, 1 ff.: *5 mana kaspa ša B u 5 mana kaspa ša N itti aḫâmeš ana ḫarrâni iškunu*[325]
„5 Minen Silber, das B, und 5 Minen Silber, das N miteinander zu einem Geschäftsunternehmen eingesetzt haben[326]."

Bei einigen Urkunden liegen im Text der Begründungsklausel Abweichungen von diesem Schema vor. Nbp 12, 1 f. folgt bis zum Namen des zweiten Gesellschafters dem Wortlaut in Dar 97, weicht dann aber Z. 3 ab:

[*naphar*[327] *x* +] *1 mana kaspa itti aḫâmeš ana ḫarrâni iškunu*
„[Zusammen x +] 1 Minen Silber haben sie miteinander zu einem Geschäftsunternehmen eingesetzt."

Hier wird also die Gesamtsumme der beiden Kapitaleinlagen in der Urkunde angegeben[328]. In Nbk 300 erscheinen die Worte *ana ḫarrâni* „zu einem Geschäftsunternehmen" vor den Worten *itti aḫâmeš* „miteinander"[329]. Diese Umstellung dürfte nur von philologischer Bedeutung sein. In der Begründungsklausel in Nbn 199 ist für beide Parteien nur eine gemeinsame Kapitalsumme genannt, diese gehört wohl beiden je zur Hälfte. Vielleicht stand hier das Silber schon bisher in gemeinschaftlichem Eigentum der Parteien, mit dem sie nun in einer Novation daraus das Stammkapital einer Gesellschaft bilden[330]. Nach der Ergänzung von San Nicolò – Ungnad haben auch in NRV 655 (VS III 174) die beiden Gesellschafter einen gemeinsamen Kapitalbetrag in die Gesellschaft ein-

---

324 Vgl. dazu u. 139 ff.

325 Nbk 88, 5; 300, 5; Nbn 199, 4; 601, 5; Dar 280, 5; NRV 654;
Pohl I 77, 6: *iš-ku-nu*
Dar 97, 5; App 5, 5: *iš-kun-nu-u'*
GCCI I 407, 4: *iš-ku-un-nu*
Vgl. dazu auch A 345 und 134.

326 Ebenso wie in Dar 97: Nbn 601; App 5; NRV 655 (?); GCCI I 407. Ohne *u* „und"; Nbk 88; Dar 280; NRV 654.

327 So ergänzt wohl zutreffend San Nicolò BR 8/7, 107.

328 Vgl. Nbk 58/429, dazu u. 52.

329 Wohl ebenso zu ergänzen: Pohl I 77.

330 Zur Novation vgl. u. 69 ff.

gebracht. Gewiß zutreffend nahmen beide Autoren bei ihrer Ergänzung an, daß es sich um eine *ḫarrânu*-Gesellschaft mit zweiseitiger Kapitalbeteiligung handle[331]. Ungewiß aber ist, ob Z. 1 zu ergänzen ist [*35 kùr* ZÚ.] LUM.MA „[35 Kur Da]tteln". Möglich wäre auch, daß dort eine niedrigere Zahl als 35 stand und der zweite Gesellschafter den Rest der 35 Kur Datteln eingelegt hatte[332]. Träfe das zu, hätte der erste Gesellschafter Datteln und Silber, der zweite nur Datteln eingelegt.

Eine besondere Form der Begründungsklausel enthält die Urkunde Nbk 58, 1 ff. (Duplikat Nbk 429):

2 mana kaspu šá M (2) *2 mana kaspu šá K* (5) *napḫar 4 mana kaspu ummi ḫarrâni-šú-nu*

„Zwei Minen Silber des M, zwei Minen Silber des K: Insgesamt 4 Minen Silber sind die Mutter[333] ihres Geschäftsunternehmens."

Diese Form ist m. W. außer in diesen Duplikaten nirgends mehr belegt. San Nicolò[334] übersetzt hier *ummu* mit „Stammkapital".

Eine eigenartige Gestaltung weist die Urkunde NRV 644 (= VS IV 11) auf. Trotz des Fehlens der Worte *ana ḫarrâni* „zu einem Geschäftsunternehmen" sowohl in der ersten Klausel – wohl der Begründungsklausel –, als auch in der übrigen Urkunde ist nach der Gewinnklausel [*mim-*] *ma ma-la it-ti a-ḫa-meš* [*i*]*p-pu-šú a-ḫa-a-ti šú-nu* „(An) [al]lem, was sie miteinander [er]arbeiten, haben sie gleichen Anteil" anzunehmen, daß es sich um eine *ḫarrânu*-Gesellschaft oder zumindest um eine *ḫarrânu*-ähnliche Unternehmensform handelt. Unklar ist aber, ob es sich um ein Geschäftsunternehmen mit beiderseitiger Kapitalbeteiligung oder um ein solches mit einseitiger Kapitalbeteiligung handelt. Die Begründungsklausel in NRV 644 lautet:

[*x ma*] *na kaspu šá N* [*y ma*] *na kaspu šá* I *šá ina muḫḫi Š*

„[x Mi]nen Silber des N, [y Mi]nen Silber des I, welches zu Lasten des Š (ist)."

---

331 Hierauf deutet vor allem die in Z. 5 erscheinende Phrase *it-ti a-ḫa-meš* „miteinander" hin, die wohl als Teil des Endes der Begründungsklausel *itti aḫâmes ana ḫarrâni iškunu* „haben sie miteinander zu einem Geschäftsunternehmen eingesetzt" anzusehen ist.

332 Der in Z. 4 weggebrochene Zeilenanfang dürfte ausgereicht haben, um z. B. *10 kùr* ZÚ.LUM.MA *šá* „10 Kur Datteln des" aufzunehmen (San Nicolò-Ungnad lesen in NRV 655 am Anfang der Z. 4 „und"; die kümmerlichen Zeichenreste lassen aber auch eine andere Deutung zu). Auf eine geringere Beteiligung des zweiten Gesellschafters könnte auch die Form [*ip-pu*]*-uš* „er (der 2. Gesellschafter?) erarbeitet" in der Gewinnverteilungsklausel Z. 8 hinweisen (vgl. dazu u. 83 ff.). Der zweite kapitalmäßig weniger beteiligte Gesellschafter hätte in diesem Fall die Geschäftsführung innegehabt und so durch seine Arbeitsleistung seine geringere finanzielle Beteiligung ausgeglichen.

333 So nach Eilers 37 A 2. Es handelt sich wohl um eine bildliche Ausdrucksweise für „Stammkapital".

334 Or 16 (1947) 294 A 3.

Es fehlt der gesamte letzte Teil der Begründungsklausel des Typs B: *itti aḫâmeš ana ḫarrâni iškunu* „haben sie miteinander zum Geschäftsunternehmen eingesetzt". Zweifelhaft ist nun, ob das Gesellschaftsverhältnis[335] nur zwischen N und I oder zwischen allen drei hier erwähnten Personen abgeschlossen wurde. Im ersten Fall würden die Zeilen 3–4 (*šá ina muḫḫi Š* „welches zu Lasten des Š [ist]") nur eine Erläuterung dahin enthalten, daß das Kapital – entweder das Gesamtkapital oder aber nur das Kapital von I allein – derzeit einem Dritten (Š) geliehen ist. Im zweiten Fall läge eine *ḫarrânu*-Gesellschaft mit einseitiger Kapitalbeteiligung vor, bei der Š Kapitalnehmer und N und I die Kapitalgeber sind. Für die erste Möglichkeit spricht, daß die Phrase in Z. 3–4 mit einem relativischen *ša* eingeleitet wird. Diese Formulierung ist für die Schuldklausel eines Verpflichtungsscheines und die Begründungsklausel einer *ḫarrânu*-Gesellschaft vom Typ A ungewöhnlich. Bestätigt wird diese Auffassung durch die Form der Gewinnklausel, die nicht dem üblichen (s. aber auch GCCI II 84; dazu o. S. 23) Schema eines *ḫarrânu*-Geschäftes mit einseitiger Kapitalbeteiligung folgt, sondern die auf Gleichrangigkeit der Parteien hindeutende und regelmäßig nur bei Beteiligung von 2 Personen verwendete Form *a-ḫa-a-ti šunu* „sie haben gleichen Anteil" verwendet. Außerdem heißt es in der Gewinnverteilungsklausel, daß sie *it-ti a-ḫa-meš* „miteinander" arbeiten, was ebenfalls auf eine Gesellschaft vom Typ B hindeutet. Trifft – wie wahrscheinlich – diese Auslegung zu, so haben wir hier den Fall, daß nicht bares Kapital, sondern eine Forderung in ein Geschäftsunternehmen als Stammkapital eingebracht wird.

Unklar ist wegen der Kürze der Stilisierung Dar 526. Zunächst fehlen in der ersten Klausel (Z. 1–4) Angaben über Kapitalanteile oder Gesamtkapital. Die fragmentarische Eingangsklausel ist vielleicht wie folgt zu rekonstruieren:

G_1 ù G_2 šá ḫarrâna it-ti a-ḫa-meš [iš(?)-kun(?)]-nu-u'
„G_1 und G_2, welche ein Geschäftsunternehmen miteinander [eingeset]zt(?) haben. . ."

Es handelt sich möglicherweise nicht um eine Begründungs- sondern eher um eine (Teil-?)Abrechnungs- oder Teilungsurkunde[336]. Für letzteres sprechen die beiden folgenden Klauselteile:

(4) *itti a-ḫa-meš* (5) *zu-mu-zu-u'*[337] *x ù ḫarrâna a-na* (6) *e-lat-ti-šú il-la-ka*
„. . . haben miteinander geteilt und er (G_2 ?) darf ein (anderes) Geschäftsunternehmen daneben betreiben."

---

335 Oder das gesellschaftsähnliche Verhältnis.

336 Oder allenfalls um eine Ergänzungsurkunde zu einer älteren *ḫarrânu*-Urkunde. Beachte die Stilisierung: *ša* KASKAL^{II} (= *ḫarrâna*), nicht wie bei der Begründungsurkunde üblich *ana* KASKAL^{II} (= *ḫarrâni*). Zur Klausel Z. 5 f. s. o. 39 f.

337 Vgl. CAD Z 83 r o.

Dabei läßt der Text offen, was geteilt worden ist: das Gesamtvermögen oder – wenn *ana elattišu* als „daneben" (so CAD E 77, 3') zu verstehen ist – ein Teil davon oder gar nur der Gewinn.

Die Begründungsklauseln kommen – wie oben S. 50 gesagt – sowohl mit gleich- als auch mit verschieden hohen Einlagen der beiden Gesellschafter vor. Als Stammkapital erscheinen Silber und Naturalien. Auffällig ist, daß beide Parteien in allen Urkunden – laut Text – regelmäßig gleichartige Sachen einlegen und nicht z. B. eine Partei Silber, die andere Datteln[338].

Gleich hohe Einlagen:

Nbk 58/429; 88; GCCI I 407:	je 2 Minen Silber
Dar 97:	je 5 Minen Silber
Dar 280:	je 50 Kur Datteln

Verschieden hohe Einlagen:

App 5:	2 1/2	zu	1/2	Minen Silber
Nbk 300:	2	zu	1/2	Minen 8 Sekel[339] Silber
Nbn 601:	2	zu	1	Minen Silber[340]
Pohl I 77:	4	zu	5	Sekel Silber[341]
NRV 654:	7 1/2	zu	5 1/2	Kur Datteln[342]

Mit Ausnahme von Pohl I 77[341] ist stets derjenige Gesellschafter an erster Stelle genannt, der die größere Kapitaleinlage gibt.

Das Begründungsformular ist im Präteritum abgefaßt; die Eingehung des Vertrages, d.h. vor allem die Zahlung der Kapitalbeiträge, wird also als außerhalb und vor der Beurkundung liegend behandelt. Danach ist zu vermuten, daß die

338 Möglicherweise handelt es sich um eine Zufälligkeit der Überlieferung. Zu NRV 655 o. 51 f.

339 Kopie 7, aber schraffiert; vgl. Fossey JA 11/9, 489 f.

340 Der 2. Gesellschafter ist ein ^{h}*qal-la* „Sklave".

341 Vgl. Petschow BR 6, 120; es könnte sich bei Pohl I 77 um einen Schreibfehler (nach Kollation kein Kopierfehler) handeln, so daß anstelle von 5 Sekeln ebenfalls 4 Sekel zu lesen wären, weil sonst immer der Partner, der die größere Kapitalsumme zur Verfügung stellt, am Anfang genannt wird. Doch könnte von dieser Regel in Pohl I 77 eine Ausnahme gemacht worden sein, weil es sich bei dem 5 Sekel Silber gebenden Partner um eine weibliche Person handelt. Vgl. A 161 und o. 23 zu GCCI II 84.

342 In der Begründungsklausel ist die Angabe der Einlage des erstgenannten Gesellschafters teilweise zerstört. Da jedoch in dem erhaltenen Teil der Urkunde der Einlagebetrag des 2. Gesellschafters und die Gesamtsumme der Einlagen angegeben ist, läßt sich die Einlage des erstgenannten Gesellschafters auf 7 1/2 Kur Datteln bestimmen. Indessen sind die Datteln im Hause des geringer Beteiligten gelagert. Möglicherweise wurde die Zurverfügungstellung von Lagerraum auf die Einlage indirekt angerechnet, so daß es sich hier in Wirklichkeit um eine Gesellschaft mit gleich hohen Anteilen handelt.

Kapitaleinlagen grundsätzlich entsprechend dem Wortlaut des Formulars bereits geleistet sind oder gleichzeitig mit dem Vertragsabschluß geleistet werden. Das wird dadurch bestätigt, daß in der Begründungsurkunde NRV 654[343] ausnahmsweise vermerkt wird, daß die das Gesamtkapital bildenden Dattelmengen im Hause des in der Begründungsklausel an zweiter Stelle stehenden Gesellschafters *šak-nu-u'* „eingelegt sind". Dieser ausdrückliche Vermerk war unter anderem (s. dazu A 342 u. S. 61 f.; 84) dadurch bedingt, daß der Einlagerungsort des hier aus Naturalien bestehenden Geschäftskapitals besonders festgehalten werden sollte.

3) Die Gewinnverteilungsklausel

Alle unsere Texte enthalten nach der Begründungsklausel eine Bestimmung über die Höhe der Gewinnanteile der Vertragsparteien. Im Gegensatz zum Urkundentyp A erscheinen hier auch nicht ausnahmsweise Fälle, in denen eine der Parteien einen feststehenden Betrag erhält. Wie gewöhnlich beim Typ A, besteht auch bei der *ḫarrânu*-Gesellschaft mit zweiseitiger Kapitalbeteiligung – hier in allen Belegen – die Gewinnverteilungsklausel aus zwei Teilen. So lautet etwa NRV 654:

(Teil I) *mimma mala ina âli u ṣêri ina muḫḫi suluppâ 13 kurrû ippušû*[344]
(Teil II) *ina utur aḫâtu šunu*
„(Teil I) (An) allem, was sie[345] in Stadt und Land auf die Datteln (im Betrag von) 13 Kur erarbeiten, (Teil II) haben sie am Gewinn gleichen Anteil."

---

343 Vgl. dazu u. 83 f. und die vorige Anmerkung.

344 Wie NRV 654 (Barsippa, Dar): Dar 280 (Babylon, Dar); GCCI I 407 (Ort weggebrochen, Nbn). In App 5 (Babylon, Xerxes) erfolgt zusätzlich die Angabe des geschäftsführenden Gesellschafters, da in dieser Urkunde nicht beide Parteien die Geschäfte führen (vgl. u. 85 f.). Die Kopie bietet Z. 6 statt *ina muḫḫi* wohl fehlerhaft *ina šar-ḫi.*

345 Die Verbform lautet in den einzelnen Urkunden (vgl. dazu o. A 134):

GCCI I 407:	*ip-pu-šu-u'*	
Dar 97:	*ip-pu-uš-šu-u'*	
NRV 654:	*ip-pu-uš-šu-u'*	
Nbn 199:	*ip-pu-šu-u'*	
Nbp 12:	[*ip-p*] *u!-šu* [*-u' (?)*]	
Pohl I 77:	*ip-pu-šu(!)-u'*	(Plural, da sonst wohl *te-pu-šu* zu erwarten wäre.)
NRV 644:	[*i*]*p-pu-šu*	(Plural)
App 5:	*ip!-pu-šu*	(Singular!)
Nbk 88:	*ip-pu-šu*	
Dar 280:	*ip-pu-uš*	(Singular!)
NRV 655:	[*ip-pu*]*-uš*	(Singular? s. A 332)

Vgl. dazu u. 83 ff. Vgl. Cyr 148, 5: *ip-pu-uš-šu* (Singular!) s. u. 157.

Diese Form des ersten Teiles der Gewinnverteilungsklausel erscheint auch ohne die Phrase *ina muḫḫi K(apital)* „auf das K(apital)“[346]. In einigen Belegen ist die Klausel durch Weglassung von *ina âli u ṣêri* „in Stadt und Land“ verkürzt[347]. In der Begründungsurkunde NRV 644, deren Begründungsklausel die Worte *itti aḫâmeš* „miteinander“ nicht aufweist[348], erscheint dieser Ausdruck dafür in der Gewinnverteilungsklausel:

[mim-]ma ma-la it-ti a-ḫa-meš [i]p-pu-šu
„(An) [al]lem, was sie miteinander [e]rarbeiten, (haben sie gleichen Anteil.)“

Dadurch wird die Gemeinsamkeit der Arbeitsleistung für die Gesellschaft ausdrücklich fixiert. In der Begründungsurkunde Nbk 58 und dem Duplikat Nbk 429 lautet der erste Teil der – m. W. bisher formal und sachlich singulären – Gewinn(?)verteilungsklausel:

ina lìb-bi ú-ḫi-nu šá i-na-áš-šu-u[349].
CAD[350] übersetzt: „(they share half and half) in the *uḫinnu*-dates[351] which they will acquire[352].“

Schließlich weicht auch Nbk 300, 6 beträchtlich von den übrigen Gewinnverteilungsklauseln ab:

mim-ma ina âli u ṣêri ina muḫ-ḫi B ina muḫ-ḫi[353] *it-ti-ru a-ḫa-a-ta šú-nu*
„(An) allem, (was) in Stadt und Land durch B darüber (= über das Silber) überschüssig sein wird, haben sie gleichen Anteil.“

Hier ist wie in App 5[354] der Gesellschafter, der die geringere Geschäftseinlage gibt, in der Gewinnklausel als Gerant (Geschäftsführer) namentlich erwähnt.
Die Varianten des Teils I der Gewinnverteilungsklausel vom Typ B lauten im

---

346 Nbp 12; Nbk 88; Pohl I 77:
(7) [*mim-ma*] *ma-la* <*ina*> *âli u ṣêri ip-pu-šu(?)-u'*
„(An) [allem] was sie <in> Stadt und Land erarbeiten“; *ina* fehlt auch in Nbk 261, 5, dazu o. A 146. Vgl. für Typ A o. 18 ff.

347 Dar 97; Nbn 199; NRV 644.

348 Vgl. dazu o. 52 f.

349 Nbk 429: *ú.*

350 CAD A I 171 l o. Zur Erklärung dieser singulären Klausel s. u. 164 mit A 1119.

351 *uhinnu*-Datteln sind unreife Datteln; vgl. Landsberger, The Date Palm S. 1 A 1.

352 Die Klausel weist ebenfalls auf die gemeinschaftliche Geschäftsführung beider Partner hin, was durch den Verpflichtungsschein Nbk 59 auch tatsächlich bestätigt wird.

353 Dazu s. CAD A II 488 r.

354 Vgl. dazu u. 85 f, App 5: *mim-ma ma-la . . . R* (= der geringer beteiligte Gesellschafter) *ip-pu-šu.*

wesentlichen gleich denen der *ḫarrânu*-Urkunden vom Typ A. Völlig abweichend davon formuliert ist dagegen Teil II der Klausel:

aḫâta šunu[355] „Sie haben gleichen Anteil" oder gleichbedeutend[356]
aḫâmeš šunu[357]
oder schließlich
ina utur aḫâtu šunu
„Sie haben am Gewinn gleichen Anteil[358]".

Anders – und insofern der Gewinnklausel des Typs A ähnlich – ist wohl Teil II in App 5, 8 f. zu lesen, soweit die Zeichenreste erkennen lassen:

[i-na] ú-tur a-ḫi zitti! B [u(?) Iri-ba-] a-ta [ikkalu(?)]
„Einen gleichen Anteil [vom] Gewinn werden B [und(?) Rib]âta [genießen (?)]."

In NRV 644 (VS IV 11, 7 f.) erscheint neben der Gewinnklausel – wie oben bei A 348 und 355 – zusätzlich noch eine Klausel, die zugleich Gewinn und Verlust regeln will:

it-ti a-ḫa-meš i-šaq-qu-ú u i-šap-pi-lu
„Miteinander werden sie hoch und niedrig sein (= Gewinn und Verlust tragen)."

Da diese Klausel sachlich in Bezug auf die Gewinnverteilung nur eine Wiederholung der normalen Gewinnklausel darstellt, wird sie im Abschnitt über Verlustklauseln behandelt.
Diese Gewinnklauseln unterscheiden sich trotz ihrer Mannigfaltigkeit deutlich von den entsprechenden Bestimmungen bei der Kommenda mit einseitiger Kapitalbeteiligung. Statt des für Formular A typischen *ikkal(û)* „er wird/sie werden essen(= genießen)" verwenden unsere vorliegenden Gewinnklauseln –

---

355 Der Endvokal von *aḫâta* kommt in verschiedenen Variationen vor, wohl weil er zu dieser Zeit nicht mehr gesprochen wurde.
a: Nbk 58; 88; 300; Nbn 199; Dar 280; (ebenso: Nbn 572; 653; Dar 395/396);
i: NRV 644;
u: NRV 654;
Pohl I 77: *[a-ḫa]-a-ta!* (Kopie DIŠ.EN)

356 CAD A I 171 l: Danach ist beides „exactly parallel in meaning and structure." Dies bestätigen die Duplikate Nbk 58 (*a-ḫa-a-ta šú-nu*) und 429 (*a-ḫa-meš šú-nu*).

357 Nbk 429; Dar 97 (teilzerstört); GCCI I 407, 6 (ebenso).

358 NRV 654; San Nicolò BR 8/7, 107 ergänzt Nbp 12, 5: *[ina utur aḫâta] šú-nu*. Diese Ergänzung ist raummäßig kaum möglich; Strassmaier ZA 4, 118 ergänzt wohl richtig nur *a-ḫa-ta*.

außer vielleicht App 5 (s. o. nach A 358) – das auf Gleichrangigkeit hindeutende *aḫâta šunu* „sie haben gleichen Anteil". Diese Phrase taucht demgemäß auch bei jenen Kommendaurkunden mit einseitiger Kapitalbeteiligung auf, bei denen der Gewinn nur zwischen den Kapitalgebern[359] oder nur zwischen den Kommendataren[360], also zwischen Gleichrangigen[361], verteilt wird. Daraus ist zu folgern, daß die Formulierung *(aḫi ina utur) S itti G ikkal*[362] „(einen gleichen Anteil vom Gewinn) ißt (= genießt) der S(chuldner) mit dem G(läubiger)" ein Subordinationsverhältnis zwischen S und G widerspiegelt, während *aḫâta šunu*[363] „sie haben gleichen Anteil" unter gleichgeordneten Geschäftspartnern erscheint. Jene Klausel dürfte anscheinend dahin zu verstehen sein, daß eigentlich G allein den Gewinn seines Kapitals „essen" würde, daß aber „mit ihm", dem Hauptpartner, auch S „ißt (= genießt)" und zwar den jeweils vereinbarten Anteil, d. h. regelmäßig die Hälfte.

Eine verschieden hohe Quote der Gewinnverteilung ist in unseren Texten bisher nicht bezeugt, war also anscheinend nicht üblich. Das muß insofern überraschen, als diese Regel auch für solche Fälle zutrifft, in denen die Parteien verschieden hohe Kapitalbeiträge in die Gesellschaft eingelegt haben. Dies dürfte jedoch z. B. in App 5 und Nbk 300 darauf zurückzuführen sein, daß dort der geringer Beteiligte ähnlich wie beim *ḫarrânu*-Geschäft vom Typ A die Arbeit allein leistet[364]. Darauf weist die Nennung des Gerantennamens in dem ersten Teil der Gewinnverteilungsklauseln in diesen Urkunden hin. Sie gehen offenbar davon aus, daß der geringer beteiligte Gesellschafter im alleinigen Besitz der Kapitalien ist. In NRV 654 stellt der mit dem kleineren Kapital Beteiligte wohl einen Lagerraum zur Verfügung. In Dar 280 sind die Parteien zwar mit je 50 Kur Datteln beteiligt. Der erstgenannte Gesellschafter stellt jedoch noch zusätzlich ein Grundstück und Geräte zur Verfügung. Für das Haus erhält er zwar einen Mietzins, wahrscheinlich aber nicht für die Geräte. Insoweit ähnelt Dar 280 einem Geschäftsunternehmen mit verschieden hohen Einlagen. Auch hier wird daher die Arbeit von dem zweitgenannten Gesellschafter, also dem eigentlich geringer beteiligten, ausgeführt, was aus der Gewinnklausel und aus der Klausel, daß die Geräte und das gemietete Haus in seinem Besitz sind, hervor-

---

359 Nbn 572; 653.

360 Dar 395/396.

361 Ausnahme: GCCI II 84; vgl. dazu o. 23.

362 Umgekehrt (*G itti S*) GCCI I 257 dazu A 159; zu Dar 359, NRV 652 und AfO 16, 43, 9 vgl. o. A 150; 173.

363 Vgl. auch folgende gesellschaftsrechtliche Belege, in denen der gleiche Ausdruck erscheint: Nbk 125; Camb 31, 8: *a-ḫa-meš* [*šu-nu*]; BE 8, 118; BRM I 82; NRV 98; Peiser BV 108; TCL 12, 26; TCL 13, 160, 15.

364 Vgl. u. 85 f.

geht[365]. Möglich wäre hier sogar auch, daß der geschäftsführende Gesellschafter auch seinen laufenden Lebensunterhalt aus dem Geschäftsunternehmen erhalten kann und so eine weitere Vergütung für seine Arbeitskraft bekäme.

4) Verlust- und Bürgschaftsklauseln

Eine ausdrückliche Klausel über das Verlustrisiko enthält nur die Begründungsurkunde NRV 644 (VS IV 11, 7 f.)[366]:

it-ti a-ḫa-meš i-šaq-qu-ú u i-šap-pi-lu
„Miteinander werden sie hoch und niedrig sein[367] (= werden sie Gewinn und Verlust tragen)[368]."

Hier wird also – wie schon in der dieser Klausel vorangehenden Gewinnverteilungsklausel – festgestellt, daß die Parteien am Gewinn gleichen Anteil haben; zusätzlich aber wird hier betont, daß die Parteien auch den Verlust gleichmäßig zu tragen haben. Man wird also annehmen können, daß Verluste hier jeder Partei zur Hälfte zur Last fallen, d. h. bei einer Teilung des Geschäftsvermögens jeder seinen Kapitalanteil nur um die Hälfte des etwaigen Verlustes vermindert ausbezahlt erhält. Das Schweigen der anderen Urkunden bezüglich der Verlusttragung könnte daraus erklärt werden, daß das Geschäftsvermögen im Miteigentum der Gesellschafter steht und es daher selbstverständlich ist, daß ein Verlust an Kapital von allen Beteiligten – wohl bis zur Höhe der Einlagen – gleichmäßig getragen werden muß[369]. Auch bei ungleichmäßiger Kapitalbeteiligung ist im Hinblick auf die Halbierung des Gewinnes anzunehmen, daß auch ein etwaiger Verlust halbiert wurde[370]. Das gilt aber dort nicht, wo ein geschäftsführender Gesellschafter eine Selbstbürgschaft für das Kapital übernimmt wie in App 5, 12 f.:

---

365 Vgl. u. 62 und 87.

366 Zur Frage, ob NRV 644 vom Typ A oder B ist, vgl. o. 52 f.

367 Vgl. dazu auch Rabinowitz JJP 13, 139.

368 So schon San Nicolò – Ungnad NRV S. 556; vgl. CAD A I 167 1 o und die Feldgemeinschaft Camb 217, 9 f.

369 Kohler–Peiser BR IV 79 nehmen an, in Nbk 300 hafte der Geschäftsführer B für den Verlust; wohl zu unrecht, da eine entsprechende Klausel fehlt.

370 Bei der Festlegung der Halbierung des Gewinnes auch bei ungleichmäßiger Kapitalbeteiligung ging man wohl davon aus, daß beide Parteien gleich hohe Beiträge leisteten. Was der eine Gesellschafter weniger an Kapital einbrachte, das glich er durch seine Arbeitskraft aus:

$$K_1 = K_2 + A$$

pu-ut qaqqad kaspa-a₄ [. . . [I]] *ri-ba-a-ta mâru šá [I]bi-ba-ni* [*na-ši*]
„Für das Kapital, Silber (im Betrag von) [. . .] [ist] R, der Sohn des B [Bürge]."

Da die Höhe der Selbstbürgschaft wegen teilweiser Zerstörung der Tafel nicht erkennbar ist, ist nicht festzustellen, inwieweit R am Verlust beteiligt ist[371]. Da App 5 wirtschaftlich gesehen einem Geschäftsunternehmen mit einseitiger Kapitalbeteiligung ähnelt, ist es nicht verwunderlich, hier die dort ebenfalls

---

Die Zurverfügungstellung des Kapitalbeitrages des ersten Kapitalgebers für einen bestimmten Zeitraum war also soviel wert, wie die Zurverfügungstellung des geringeren Kapitals und der Arbeitskraft des geschäftsführenden Gesellschafters für den gleichen Zeitraum.

Wie die Gewinn- und Verlustverteilung vor sich gegangen sein dürfte, soll an folgendem Beispiel gezeigt werden:

Kapital von G_1: 2 Minen Silber
Kapital von G_2: 30 Sekel Silber (= 1/2 Mine)

Der Wert für die Zurverfügungstellung dieser 1 1/2 Minen Silber, die von G_1 mehr eingebracht wurden, beträgt bei einem Zinsfuß von 20 %, wie er in Babylon zu dieser Zeit üblich war, 18 Sekel pro Jahr. G_2 mußte nach dieser Rechnung also etwa für 18 Sekel Silber Arbeitskraft pro Jahr zur Verfügung stellen. Wurde nun das Unternehmen etwa nach einem Jahr aufgelöst und gab es dann ein Vermögen von 4 Minen Silber, so erhielt wohl G_1 zuerst 2 Minen, G_2 30 Sekel Silber; dann wurden die restlichen 1 1/2 Minen Gewinn halbiert, d. h. jeder erhielt noch zusätzlich 45 Sekel Silber. Waren aber aus irgendeinem Grund am Jahresende nur 2 1/2 Minen Silber vorhanden, so erhielten wohl beide ihr Kapital zurück. G_1 hatte nun 24 Sekel Silber Verlust (fehlender Zins); ebenso G_2 (fehlender Zins: 6 Sekel, fehlender Lohn: 18 Sekel Silber). Unklar ist, ob in diesem Falle etwaige Spesen, die G_2 ausgeben durfte, angerechnet wurden.

Waren nun aber am Jahresende ohne Verschulden nur 2 Minen vorhanden und keine Selbstbürgschaft oder dergl. geleistet, wie wurde jetzt verteilt? Eine mathematisch gerechte Verteilung wäre jetzt, daß G_1 1 Mine und 45 Sekel und G_2 15 Sekel erhielte. G_1 hätte dann einen Verlust von 15 Sekel Kapital und 24 Sekel Zins, insgesamt also 39 Sekel. G_2 hätte einen Verlust von 15 Sekel Kapital, 6 Sekel Zins und 18 Sekel Arbeitskraft, insgesamt also ebenfalls 39 Sekel Silber. Dieses Verfahren würde dazu führen, daß bei Verlusten G_1 1 1/2 Minen Silber bekommen würde und der darüber hinaus noch vorhandene Betrag zwischen G_1 und G_2 gleichmäßig geteilt wurde. Wir haben jedoch keine Bestätigung, daß dieses Prinzip bei Verlusten angewandt wurde.

War nun am Ende nur ein Vermögen von weniger als 1 1/2 Minen Silber vorhanden, so hätte G_2 eine Nachschußpflicht getroffen, sollte das Prinzip des mathematisch gleich großen Verlustes auch hier Geltung haben. Eine solche Nachschußpflicht ist jedoch unwahrscheinlich. Der nicht geschäftsführende Gesellschafter hätte sich jedoch gegen dieses Risiko durch eine Selbstbürgschaftsklausel im Vertrag absichern können.

371 Kohler–Peiser BR IV 79 meinen wohl richtig, die Bürgschaft beziehe sich auf die gesamte Einlage des anderen Gesellschafters. Nicht auszuschließen ist jedoch, daß R nur für 1 Mine bürgt und damit das Verlustrisiko nur für einen Teil dieser Einlage übernimmt.

häufiger auftretende Selbstbürgschaft zu finden. Solche Bürgschaften dürften nur in solchen Geschäftsunternehmen vorgekommen sein, in denen nur einer der Gesellschafter die Geschäfte führt. Arbeiteten beide zusammen, so bestand normalerweise keine Veranlassung für einen von ihnen, eine Selbstbürgschaft zu übernehmen, falls nicht im Einzelfall besondere Gründe vorgelegen haben. Aber auch bei nur einem Geranten sind diese Selbstbürgschaften nicht immer zu finden, wie Nbk 300 zeigt, vielleicht auch da sogar die Ausnahme.

5) Mietklauseln[372]

In verschiedenen Begründungsurkunden kommen Klauseln über die Nutzung von Geräten und Grundstücken vor[373]. In Nbk 88, 8 heißt es in der einzigen Nebenklausel dieser Urkunde[374]:

i-di bîti ina ḫarrâni-šú-nu i-nam-di-in
„Er wird den Mietzins des Hauses aus ihrem Geschäftsvermögen geben."

San Nicolò[375] bezieht *inamdin* „er wird geben" auf den nicht geschäftsführenden Gesellschafter[376]. Man kann aber sowohl in Nbk 88 als auch in der von San Nicolò a.a.O. bearbeiteten Urkunde Nbp 12 nicht ausschließen, daß möglicherweise beide Parteien die Geschäfte gemeinsam betreiben[377]. Es ist nicht feststellbar, ob das Haus einem der Gesellschafter oder einem Dritten gehört. Letzterenfalls würde sich die Klausel wohl auf denjenigen unter den Partnern beziehen, der seinerseits das Grundstück von dem Dritten gemietet hat. Da den Beteiligten die Umstände bekannt waren, war es nicht nötig, das Haus, seinen Eigentümer oder den mietenden Gesellschafter in der Urkunde namentlich festzuhalten.

In der Begründungsurkunde NRV 654 stellt einer der Gesellschafter ein Gebäude zur Lagerung der das Stammkapital bildenden Datteln zur Verfügung. Es wird keine Mietzahlung vereinbart; daraus kann jedoch nicht gefolgert werden, daß es sich um unentgeltliche Leihe handelt. Der Eigentümer des Gebäudes ist

---

372 Vgl. zum Typ A o. 46.

373 Nbp 12; Nbk 88; Dar 280; NRV 654; vielleicht auch GCCI I 407, 7 f. (an dieser Stelle stark zerstört).

374 d. h. der einzigen Klausel außer Begründungs- und Gewinnverteilungsklausel.

375 BR 8/7, 108, A zu Nbp 12.

376 Anders Kohler–Peiser BR II 57: „Die Miete des Hauses wird er auf ihr Gesellschaftskapital geben." Der Raum gehöre einem der Gesellschafter, der ihn neben dem Kapital in Silber der Gesellschaft noch mietfrei zur Verfügung stellen soll. Diese Auslegung ist wohl nicht haltbar.

377 Die Strukturierung der Gesellschaft ist weder bei Nbp 12 noch bei Nbk 88 völlig klar; vgl. dazu u. 87.

derjenige, der den geringeren Gesellschaftsanteil leistet. Wahrscheinlich wurde der Mietzins mit 2 Kur Datteln – wertmäßig etwa 2 Sekel Silber – schon von vornherein derart zur Anrechnung gebracht, daß der Eigentümer des Lagerraumes deshalb weniger „bares Kapital" zur Verfügung stellen mußte. Der Mietwert hätte dann zwar nicht formal, aber im sachlichen Ergebnis einen Teil der Geschäftseinlage des zweiten Gesellschafters gebildet.
In Dar 280 stellt ein Gesellschafter dem *ḫarrânu*-Unternehmen, das vom anderen Gesellschafter geführt wird[378], ein Grundstück, das ihm und seinen Brüdern gehört, auf 1 Jahr *a-na i-di bîti a-na šatti 1/2 mana kaspi* „für die jährliche Haus-Miete von einer halben Mine Silber" zur Verfügung. Der Mietzins wird *ultu ḫarrâni* „aus dem *ḫarrânu*-Kapital (bzw. Geschäftsunternehmen)" bezahlt[379]. Ein Teil des Hauses, *bît šûti* „der Südflügel[380]", bleibt im Besitz des Miteigentümers und nichtgeschäftsführenden Gesellschafters[381]. Dem geschäftsführenden Gesellschafter waren außerdem noch Gerätschaften überlassen, die ebenfalls am Ende des Jahres zurückzugeben waren:

ú-di-e šá G_1 a-na G_2 i-nam-di-nu i-na qí-it šatti G_2 ú-di-e eš-ru-tu i-nam-din
„Das Gerät, das $G(esellschafter)_1$ an den (geschäftsführenden) $G(esellschafter)_2$ geben wird: G_2 wird am Ende des Jahres das Gerät (und) die Zehnten[382] geben."

Auffällig ist, daß die Rückgabezeit des Gerätes und die Dauer der Grundstücksmiete (je ein Jahr) vertraglich festgehalten sind, nicht aber die Dauer der Gesellschaft. Wahrscheinlich war das Geschäftsunternehmen mit dem Haus und den Geräten so eng verbunden, daß es für die Parteien selbstverständlich war, daß mit der Rückgabe des Hauses und der Geräte auch das Ende der Gesellschaft festgelegt sein sollte[383].
In der Begründungsurkunde Nbp 12, 5 ff. wird wohl bestimmt, daß der Mietzins für ein Haus aus dem *ḫarrânu*-Unternehmen an einen Dritten, wohl den Vermieter und Eigentümer, zu zahlen ist[384].

---

378 Zum Verhältnis der beiden Gesellschafter vgl. u. 86 f.
379 So auch San Nicolò BR 8/7, 108, A zu Nbp 12; Kohler–Peiser BR III 48; vgl. AHw 327 r o; Pognon JA 11/17, 39.
380 Vgl. AHw 1331 o 3a.
381 Dieser Vermerk findet sich am Ende des Vertragstextes nach der Klausel über den beiderseitigen Besitz einer Vertragsurkunde, aber noch vor den Zeugen. Die Trennung von der eigentlichen Mietklausel dürfte aus Versehen zustande gekommen sein; vgl. auch o. A 293.
382 So wohl mit Kohler–Peiser BR III 48.
383 Vgl. zur Dauer der Geschäftsunternehmen u. 90 ff.
384 Der Text ist freilich stark zerstört; vgl. dazu auch o. A 377.

Die hier behandelten Urkunden zeigen, daß die Vertragsparteien Grundstücke und Gerätschaften in die Gesellschaft einbringen können, teils mit[385], teils ohne[386] ausdrückliche Nennung eines Mietzinses. Wahrscheinlich wurde aber auch vereinzelt in der Begründungsurkunde festgelegt, daß die Gesellschaft den Mietzins für angemietete, Dritten gehörige und Geschäftszwecken dienende Grundstücke aus dem Geschäftsvermögen bezahlen wird, der Mietzins also als Geschäftsunkosten zu Lasten des *ḫarrânu*-Unternehmens geht. Auffällig ist, daß zur Verfügung der Gesellschaften gestellte Grundstücke und Geräte – soweit die bisherigen Belege erkennen lassen – üblicherweise formal nicht als „Kapitaleinlagen" aufgeführt werden.

6) *elat*-Klauseln

elat-Klauseln[387] erscheinen in den hier behandelten Urkunden nur in Dar 526 und GCCI I 407[388]. Wie schon bemerkt[389], ist infolge der lapidaren und atypischen Fassung von Dar 526 unklar, welche rechtliche Bedeutung dieser Urkunde zukommt. Das gilt auch für die in Z. 6 ff. enthaltene *elat*-Klausel[390]:

(6) *kaspa e-lat kaspi* (7) *šá* G_1 *šá ina muḫḫi ḫarrâni-šú-nu* (8) G_1 *e-ṭi-ir*[391]
„Das Silber – abgesehen von dem Silber des G_1, das zu Lasten ihres Geschäftsunternehmens ist – hat G_1 bezahlt bekommen."

Das Silber, das der $G(esellschafter)_1$ nach Z. 6 und 8 (*kaspa . . .* G_1 *eṭir*) bezahlt bekommen hat und worüber quittiert wird, steht anscheinend in irgendeinem Zusammenhang mit der Z. 4 f. referierten Teilung(s. o. S. 53). Die *elat*-Klausel nimmt von dieser Quittung gewisses „Silber(-Kapital)" – als wohl noch nicht bezahlt – aus, das dem G_1 gegenüber der *ḫarrânu*-Gesellschaft zusteht. Der den Parteien selbstverständlich bekannte Rechtsgrund jener Forderung des G_1 gegen die Gesellschaft bleibt uns unbekannt; es könnte aber sein, daß er eine oder mehrere Geld-Forderungen gegen die Gesellschaft hatte, die von seiner *ḫarrânu*-Einlage unabhängig waren (vgl. dazu Ner 8 u. S. 115 f.).
Nach der Begründungsurkunde GCCI I 407 bestehen anscheinend zwischen den

385 Dar 280; Nbk 88 (unsicher).
386 NRV 654.
387 Zur Bedeutung der *elat*-Klausel vgl. o. 41 ff.
388 Möglicherweise enthielt auch die stark zerstörte Urkunde Nbn 601, 7 eine *elat*-Klausel. Die Reste lassen deutlich *ú-ìl-tì* „Verpflichtungsschein" erkennen.
389 Vgl. dazu o. 53 f.; 39 f.
390 Unmittelbar voraus gehen ihr die o. 53 f. – vgl. auch 39 f. – besprochenen Klauseln.
391 Es folgt als Schlußklausel eine der u. 64 besprochenen Klauseln über den Empfang einer Vertragsausfertigung.

beiden Parteien – es handelt sich um Vater und Sohn – neben der in GCCI I 407 beurkundeten Gesellschaft noch eine Anzahl weiterer Schuld- oder sonstiger Rechtsverhältnisse, die in mehreren *elat*-Klauseln erwähnt werden. Diese sind jedoch kaum erhalten; Z. 11 dürfte zu lesen sein:

[e]-lat zitti šá ^{Id}[PN]
„[Ab]gesehen von einem Anteil des [PN].“

Einige Verpflichtungsscheine werden wohl in den stark zerstörten Z. 13 ff. als weitergeltend aufgeführt[392]. Überdies hatten Vater und Sohn bereits früher einen *ḫarrânu*-Vertrag abgeschlossen. In GCCI I 407 wird Z. 15 vermerkt, daß jener Gesellschaftsvertrag durch den neuen nicht berührt werden sollte:

e-lat ḫarrâni šá [^{I}]^{d}*nabû-bâni-[aḫ]i u* ^{Id}*[šama]š-[aḫ]a-iddin*
„Abgesehen von dem (bereits bestehenden) Geschäftsunternehmen des N und des Š.“[393]

7) Klauseln über beiderseitigen Besitz einer Vertragsurkunde

Wiederholt wird zumeist am Schluß des Vertragskontextes vor der Zeugenaufzählung[394] oder ganz am Urkundenende[395] vermerkt, daß jede der Parteien eine Vertragsausfertigung an sich genommen hat, so in der Form:

1-[e]n-a. TA a-ḫa-meš il-qu-ú
„Sie haben miteinander je eine (Urkunde) genommen.“[396] [397]

Oder:

gab-ra-ni-e il-te-qu
„Sie haben jeweils die Exemplare (der Urkunde) an sich genommen[398].“

Sämtliche Varianten sind wohl gleichbedeutend. Da aus der Zeit Nabopolassars und Nebukadnezars Belege fehlen, ist zu vermuten, daß sich diese Klausel erst im Laufe der Zeit bei den *ḫarrânu*-Urkunden vom Typ B eingebürgert hat[399]. Die Klausel erscheint wohl absichtlich im allgemeinen am Ende des Urkunden-

---

392 Reste: (Z. 13) *e-lat ú!* ... (14) [... *ú-*] *il-ti*^{meš} *ra* [...]
393 Vgl. dazu u. 65 f.; 69 f.; 71 mit A 444.
394 Vorletzte Klausel vor den Zeugen: Dar 280, 17; NRV 654 (VS III 149).
395 Auf dem Tafelrand: Nbn 601, 15; Dar 97, 17.
396 Nbn 601, 15; Varianten: Dar 97, 17: *1-en*.TA.ÀM *il-qu-ú*; Dar 526, 9: *1-en*.TA.ÀM TI-*ú* (= *ilqû*); Dar 280, 17: *1-en*.TA.ÀM *il-te-qu-ú*.
397 Vgl. CAD A I 167 r m; I/J 279 l m.
398 NRV 654 (VS III 149; Dar).
399 Sie fehlt z. B. noch in Nbn 199 mit Duplikat ZA 1, 203.

textes, meist vor den Zeugen. Auffallend ist, daß sie sich nur beim Vertragstyp mit zweiseitiger Kapitalbeteiligung findet, obgleich etwa die Duplikate Dar 395 und Dar 396 zeigen, daß es Duplikate auch beim *ḫarrânu*-Geschäft mit einseitiger Kapitalbeteiligung gab[400] [401]. Dieser Befund bestätigt auch für die *ḫarrânu*-Urkunden, daß wie bei anderen Vertragstypen auch hier die Urkunde „Gläubigerurkunde" ist. Ist nur eine Vertragspartei daraus berechtigt, erhält nur diese eine Originalausfertigung, so auch bei unserem Typ A; sind es beide – wie bei unserem Typ B[402] –, erhalten beide Parteien ein Originalexemplar und wird dies oft[403] in der Urkunde vermerkt.

8) Sonstige Klauseln[404]

Wie bei den *ḫarrânu*-Urkunden vom Typ A[405] erscheint auch beim Typ B – allerdings bisher nur einmal belegt – eine Klausel, in der ein Dritter genannt wird, der in den Dienst der Gesellschaft eintritt. In der Begründungsurkunde GCCI I 407 über eine Gesellschaft mit zweiseitiger Kapitalbeteiligung zwischen Vater und Sohn schließt nach den oben S. 63 f. angeführten *elat*-Klauseln unmittelbar vor den Zeugen Z. 16 f. der Vermerk an:

Š apil-šú šá I<PN>[406] *na-áš-[par]-tu₄ šá ḫarrâni it-ti* G_1 *u* G_2 *[i]l-lak*
„Š, der Sohn des <PN>, wird den Di[en]st des Geschäftsunternehmens mit $G(esellschafter)_1$ und $G(esellschafter)_2$ [g]ehen (verrichten)."

Ob es sich bei Š etwa um einen Verwandten der Gesellschafter handelt, ist aus der Urkunde wegen der irrtümlich fehlenden Filiation[406] nicht zu entnehmen. Während bei der *ḫarrânu*-Gesellschaft vom Typ A der entsprechende Vermerk dahin lautet, daß der Dritte in den Dienst des Schuldners gehe[407], heißt es hier, daß Š in den Dienst *šá ḫarrâni it-ti* G_1 *u* G_2 *[i]l-lak* „des Geschäftsunternehmens mit G_1 und G_2 [g]ehen wird[408]". Weitere Belege für solche Klauseln beim

---

[400] Zu den Duplikaten vgl. Szlechter 66; Pinches ZA 1 (1886) 202.
[401] Auch bei Verpflichtungsscheinen erscheinen m. W. keine derartigen Klauseln.
[402] Die Klausel findet sich hier bei beiden Arten des *ḫarrânu*-Geschäftes mit beiderseitiger Kapitalbeteiligung, dem mit einseitiger und dem mit beiderseitiger Geschäftsführung.
[403] Die Tafel Nbn 199 und ihr Duplikat ZA 1, 203 zeigen, daß das Fehlen der Klausel kein Hinweis auf das Vorhandensein von nur einem Vertragsexemplar ist.
[404] Vgl. dazu o. 45 ff.
[405] Vgl. o. 44 f.
[406] Dougherty gibt in GCCI I S. 54 1 o als Name „Šú-ul-lu . . ., S. Naš [pir] tum" an. Angesichts der parallelen Klauseln beim *ḫarrânu*-Geschäft vom Typ A (vgl. o. 44 f.) kann aber mit großer Wahrscheinlichkeit angenommen werden, daß der Vatername durch ein Versehen des Schreibers weggelassen wurde und *našpartu* zu *illak* gehört.
[407] Ausgenommen Moldenke 13; vgl. dazu o. bei A 275.
[408] Vgl. dazu u. 84.

Urkundentyp B gibt es m. W. bisher noch nicht. Sie dürften auch seltener sein als beim Typ A, weil zumindest in den Fällen, in denen beide Parteien die Geschäfte führen, es für die Gesellschafter ja jederzeit möglich war, in gegenseitigem Einverständnis benötigtes Personal anzuheuern. Eine Anstellung durch den Gründungsvertrag war also sicher nur in Ausnahmefällen geboten[409].
Die in den *ḫarrânu*-Begründungsurkunden Nbk 300 und App 5 vorkommenden *Reisespesenklauseln* wurden bereits im Zusammenhang mit entsprechenden Klauseln beim Urkundentyp mit einseitiger Kapitalbeteiligung behandelt[410]. Reisespesenklauseln dürften im allgemeinen auf solche Urkunden beschränkt gewesen sein, nach denen – wie in Nbk 300 und App 5 – nur einer der Gesellschafter die Geschäfte führen sollte. Zogen beide Gesellschafter gemeinsam über Land, so konnten sie sich von Fall zu Fall einigen, wieviel sie für den Reisebedarf aus der Gesellschaftskasse ausgeben wollten.
In der Begründungsurkunde Pohl I 77, 8 (Uruk, Camb) wird die Mutter des einen Vertragskontrahenten[411] zum Vertragsabschluß hinzugezogen. Sie fungiert jedoch dabei nicht als Vertragszeugin, vielmehr wird ihre Anwesenheit durch einen am Vertragsschluß vor den Zeugen eingefügten Vermerk *ina a-šá-bi ſamti-ia* „im Beisein der A" beurkundet. Dies entspricht der auch sonst üblichen neubabylonischen Praxis, nach der Frauen im allgemeinen nicht als Vertragszeugen erscheinen[412]. Die trotzdem häufige Zuziehung von – meist mit gewissen Vertragspartnern verwandten – Frauen zum Vertragsabschluß *ina ašâbi* „im Beisein" war wohl in manchen Fällen angebracht oder gar erforderlich, um etwa zu befürchtende spätere Einwendungen dieser Personen gegen den Vertrag auszuschließen[413] [414]. Welcher Grund in Pohl I 77 für die Beiziehung der A maßgeblich war, ist leider nicht erkennbar; vielleicht stammte die Kapitaleinlage aus ihrem Vermögen.

9) Sonstige Urkundenbestandteile

Am Ende jeder Begründungsurkunde folgen nach den Vertragsklauseln die Zeugen[415] [416], der Schreiber, Ort und Datum[417]. Schreiber ist nie eine der Ver-

---

409 Wahrscheinlich hatte die Aufnahme einer solchen Klausel keine unmittelbaren Rechtswirkungen in Bezug auf den Dritten. Mit diesem mußte wohl – wenn erforderlich – ein gesonderter Dienstmietvertrag abgeschlossen werden.

410 Vgl. o. 35 f. und A 230.

411 Vgl. dazu Petschow BR 6, 121, A zu Pohl I 77.

412 Vgl. Marx BA 4/4 (1902) 61; Peiser BV 233. Vereinzelte Ausnahmen Kr 41; 47.

413 Vgl. dazu Koschaker, Bürgschaft 201 ff.

414 Frauen können also Gesellschafter sein (vgl. u. 127 f.), nicht aber Vertragszeugen; als Prozeßzeugen dagegen sind sie zugelassen (vgl. RLA III 104 18).

415 Die Zeugen werden auch hier mit dem Wort ^{h}*mukinnu* „Zeugen" eingeführt; vgl. dazu o. A 294.

tragsparteien selbst. Der Grund dafür liegt nicht in der Schreibunkenntnis der Parteien, sondern darin, daß in neubabylonischer Zeit nach einer fast durchgängig eingehaltenen Regel nur die Partei als Schreiber in der Vertragsurkunde auftreten konnte, die darin eine Verpflichtung übernimmt, auf ein Recht verzichtet oder über den Empfang einer Leistung quittiert[418]. In den vorliegenden *ḫarrânu*-Urkunden mit beiderseitiger Kapitalbeteiligung aber sind beide Vertragsparteien durch das Rechtsgeschäft begünstigt und berechtigt und können deshalb nicht als Schreiber auftreten[419]. Nicht selten wird dagegen die Urkunde von einem Familienangehörigen eines der Beteiligten geschrieben[420].
Hinsichtlich der Zahl der Zeugen (A 416) zeigt sich das gleiche Bild wie oben für die Urkunden des Typs A. Die Zahl der Zeugen nimmt in nachchaldäischer Zeit zu. Alle Urkunden mit zwei oder drei Zeugen datieren aus chaldäischer Zeit (ausgenommen NRV 654), alle mit mehr als drei Zeugen aus persischer Zeit, GCCI I 407 aus dem 15. Jahre Nabonids.

---

416 Die Zahl der Zeugen ist mindestens teilweise von der Bedeutung des Geschäfts abhängig; bei hohen Kapitaleinlagen finden wir oft auch eine größere Zahl von Zeugen (eine auffällige Ausnahme: Pohl I 77). Andererseits spielten bei der Zahl der Zeugen auch andere Umstände des Einzelfalles eine Rolle.
Die Zahl der Zeugen schwankt zwischen 2 und 6:
2: Nbk 58/429; 88; Nbn 601 (mindestens 2); NRV 644 (Nbk); 654 (Dar).
3: Nbp 12; Nbk 300; Nbn 199.
4: Dar 97 (oder 5, teilzerstört); GCCI I 407; Pohl I 77 (ohne die anwesende Frau).
5: App. 5.
6: Dar 280 (davon 2 nach der Datierung).

417 Zu Typ A vgl. o. A 297.

418 Dazu Petschow, Pfandrecht 11 ff. A 28.

419 Anders bei Typ A; vgl. u. 74 f.

420 Vgl. Petschow, Pfandrecht A 28 Unter-A f. Vereinzelt erscheinen auch Familienangehörige eines Vertragsschließenden als Zeugen: Nbk 88; 300.

II. DIE RECHTSNATUR DER *ḫarrânu*-GESCHÄFTE

In der Literatur werden die Begriffe Gesellschaft und Kommenda nicht stets in der gleichen Bedeutung verwendet[421]. Die vorliegende Arbeit gebraucht insoweit die Terminologie von Rehme[422]. Danach ist Kommenda eine Gesellschaft zwischen einem Geld oder Waren gebenden Kapitalisten (dem Kommendator, hier beim Typ A auch Kapital- bzw. Geldgeber[423] und verschiedentlich vor allem in Zitaten auch Gläubiger genannt) und einem Unternehmer (dem Kommendatar, hier beim Typ A auch Kapital- bzw. Geldnehmer und teilweise auch Schuldner genannt), der mit dem Kapital arbeitet. Dabei werden zwei Formen der Kommenda unterschieden; bei der einen ist nur der Kapitalist mit Kapital beteiligt, bei der anderen auch der Unternehmer, dieser oft mit einem kleineren Betrag[424]. Diesen beiden Formen der Kommenda wird als Gesellschaft i. e. S. eine Geschäftsform entgegengestellt, bei der beide kapitalmäßig beteiligten Gesellschafter mitarbeiten[425]. Letztere wird hier als Gesellschaft mit beiderseitiger Kapitalbeteiligung und beiderseitiger Geschäftsführung bezeichnet. Soweit im folgenden der Einfachheit halber von „Gesellschaft" oder „Gesellschaftsverhältnissen" u. ä. allgemein gesprochen wird, werden darunter beide Formen der Kommenda und die (bei A 425 genannte) Gesellschaft i. e. S. umfaßt.

1) Die Bedeutung der *ḫarrânu*-Begründungsurkunden

Rechtsurkunden können verschiedene Funktionen erfüllen. Einerseits dienen sie nur dazu, im Streitfall als Beweisdokumente die Begründetheit eines Rechtsanspruches zu erhärten (Beweisfunktion); andererseits aber kann der Abschluß

---

421 Vgl. dazu Rehme 103 A 53.

422 S. Rehme 101 ff. Um dem Nicht-Keilschriftrechtler das Verständnis nicht unnötig zu erschweren, ist die Benutzung einer modernen juristischen Terminologie unumgänglich. Ebenso erschienen mir vereinzelte Hinweise auf Parallelen in anderen Rechtskreisen durchaus angebracht, einerseits weil sie auch in der bisherigen Literatur zu diesem Thema behandelt wurden, andererseits weil sie manchmal wertvolle Anregungen zum Verständnis unserer neubabylonischen Texte geben können.

423 Der Begriff Geld ist nicht formal zu verstehen, Münzgeld taucht in diesen neubabylonischen Urkunden nicht auf; vgl. RLA III 198 Stichwort „Geld".

424 Entgegen dieser Terminologie wird öfters – vor allem in den romanischen Quellen des Mittelalters – nur erstere Form als „commenda" bezeichnet, letztere als „societas"; beide Begriffe werden aber auch gleichbedeutend für beide Formen der Kommenda verwendet.

425 Die von Rehme 167 f. für solche Gesellschaftsgebilde verwendete Bezeichnung „offene Handelsgesellschaft" wurde vermieden. Vgl. hierzu Silberschmidt, Ar. f. Bürgerl. R. 23 (1904) 42: Die „offene Handelsgesellschaft" Rehmes.

einer Urkunde auch zwingend notwendige Voraussetzung für die Rechtsgültigkeit eines Vertrages sein (Formzwang). Nach dem vorliegenden Material kann nicht eindeutig entschieden werden, ob die Begründungsurkunden nur Beweisfunktion hatten oder ob sie zu einer wirksamen Gründung des Gesellschaftsverhältnisses erforderlich waren[426]. Auffällig in dieser Hinsicht sind die zahlreichen Urkunden von Iddin-Marduk aus der Familie Nûr-Sîn[427], die im Zusammenhang mit dessen Gesellschaften stehen, für die aber bisher keine *ḫarrânu*-Begründungsurkunden veröffentlicht sind. Dies kann aber mit Zufälligkeiten der Überlieferung zusammenhängen. Weiter ist unklar, ob die Gesellschaftsgründung ein Real- oder ein Konsensualvertrag war, d. h. ob die Gesellschaft erst durch die Hingabe der Einlagen oder schon durch den konsensualen Abschluß des Gesellschaftsvertrages rechtswirksam gegründet wurde[428]. War ein schriftlicher Vertrag nicht zur Gründung notwendig, so dürfte die Gesellschaft wohl mit dem Einbringen der Kapitalien entstanden sein. War eine Urkunde notwendig, so konnte die vorherige Einbringung von Kapital die Gesellschaft noch nicht entstehen lassen. Da man nach der Formulierung der Verträge[429] davon ausgehen kann, daß die Einlagen meist vor der Urkundenerrichtung geleistet wurden oder gleichzeitig damit, hat diese Frage wohl nur in Ausnahmefällen Bedeutung gehabt[430].

Auf den ersten Anschein wäre anzunehmen, daß die Begründungsurkunden stets die Neugründung einer Gesellschaft beinhalten[431]. Rechtlich mag dies der Fall sein. Wirtschaftlich gesehen ist es aber nach dem vorliegenden Material unwahrscheinlich, daß alle *ḫarrânu*-Begründungsurkunden stets die Neugründung einer Gesellschaft bedeuten. Des öfteren verbergen sich wohl hinter einer formellen Gründung auch Änderungen in den Rechtsverhältnissen bereits bestehender Gesellschaften. So wurden etwa Kapitalerhöhungen oder -herabsetzungen mangels geeigneter Formulartypen in die Form der üblichen Neugründungsurkunden gegossen. In diesem Sinne könnten jene Urkunden zu verstehen sein, in denen in besonderen Phrasen auf ältere Gesellschaftsverhältnisse hingewiesen wird. In der Begründungsurkunde (Typ B) GCCI I 407, 15 wird erwähnt, daß zwischen den Parteien, Vater und Sohn, bereits ein *ḫarrânu*-Verhältnis besteht, das von der vorliegenden Urkunde unberührt bleiben soll[432]:

---

426 Vgl. zum Kaufvertrag Petschow, Kaufformulare 1 f.
427 Vgl. u. 166 ff.
428 Vgl. dazu Szlechter 75.
429 Dazu o. 54 f., NRV 654.
430 Wäre das Kapital bei Vertragsschluß noch nicht geleistet gewesen, so wäre zu vermuten, daß sich mindestens manchmal Klauseln fänden, in denen man Ort und Zeit der Einlagenleistung festlegte.
431 Diese Frage wurde m. W. bisher in der Lit. nicht behandelt.
432 Vgl. dazu o. 64.

e-lat ḫarrâni šá G_1 *u* G_2
„Abgesehen von dem (bereits bestehenden) Geschäftsunternehmen des G(esellschafters)$_1$ und des G(esellschafters)$_2$."

In der Begründungsurkunde (Typ A) Nbk 216 (30. Jahr Nbk) liegt eine Novation einer bereits sechs Jahre bestehenden *ḫarrânu*-Gesellschaft vor[433]: (Z. 7 ff.)

kaspu re-ḫi-it ú-il-tì šá 11 mana kaspi [šá] ḫarrâni šá šatti 24kâm dnabû-kudurri-ú-ṣur šàr bâbiliki šá ina muḫ-ḫi S
„Das Silber (von 6 Minen) ist der Rest eines Verpflichtungsscheines über 11 Minen Silber [der] Geschäftseinlage vom 24. Jahr des Nbk, Königs von Babylon, das/die zu Lasten des S(chuldners, d. h. Kapitalnehmers) (ist/war)."

In der Begründungsurkunde (Typ A) UET IV 56, 1 ff. wird das Einlagekapital (11 1/2 Minen Silber) als *maḫ-ru-ú u ur-ku-ú* „früheres und späteres" bezeichnet. Auch hier liegt es nahe zu vermuten, daß eine oder mehrere ältere *ḫarrânu*-Einlagen mit normalen Darlehen zusammengefaßt wurden; freilich ist auch nicht ausgeschlossen, daß nur mehrere normale Forderungen aus Verpflichtungsscheinen in eine *ḫarrânu*-Einlage umgewandelt wurden[434]. In Amherst 225 (Typ A) wird das Kapital in der Begründungsklausel (Z 1 f.) als „5 Minen 16 Sekel Silber vom[435] Tašrit des 13. Jahres" bezeichnet. Die Urkunde stammt vom Dumuz des 15. Jahres des Nbp (611 v. Chr.). Möglicherweise bestand hier ein *ḫarrânu*-Verhältnis schon längere Zeit, d. h. daß das Gesellschaftskapital von 5 Minen 16 Sekel Silber (oder auch mehr) bereits im Tašrit 13 Nbp eingebracht worden war. In dem einen oder anderen dieser und anderer Fälle scheint schon vor dem Abschluß des uns vorliegenden Begründungsvertrages eine Gesellschaft zwischen den Parteien bestanden zu haben. In der neuen Begründungsurkunde lag wahrscheinlich ein gesellschaftsrechtlicher Vorgang vor, für den es kein eigenes Urkundenschema gab. Bei Kapitalerhöhungen[436] [437], nach Abrechnungen[438] und ähnlichen Vorgängen werden die Parteien vielfach einen neuen Begründungsvertrag abgeschlossen haben und entweder, wie in GCCI I 407, die weitere Gültigkeit des alten Vertrages durch eine besondere Klausel im neuen Vertrag aufrechterhalten haben oder, wie vielleicht in UET IV 56, das alte und das neue Kapital zusammengerechnet haben[439] [440]. Man wird auch im

---

433 Vgl. dazu o. 45.
434 Ein Teil des Kapitals wird als zinslos bezeichnet; vgl. o. A. 178.
435 *ul-tu.*
436 Rehme ZHR 42, 383 erwähnt, daß im lübischen Recht nicht selten eine weitere, nachträgliche Einlage des Kapitalisten erfolgte.
437 Zu TCL 13, 184 vgl. o. 43; u. 160.
438 Nach Rehme ZHR 42, 383 f. wurde in Lübeck der Gewinn häufig dem Kapital zugeschlagen.

ersteren Falle nicht ohne weiteres davon ausgehen müssen, daß zwischen den Parteien zwei Gesellschaften bestanden. Möglich wäre auch, daß nur eine Gesellschaft vorlag, die durch mehrere Verträge spezifiziert wurde. Bei den Gesellschaften mit zweiseitiger Kapitalbeteiligung[441], bei denen beide Gesellschafter mitarbeiten, ist es schon aus praktischen Erwägungen kaum möglich, dieses einheitliche Unternehmen in mehrere Gesellschaften aufspalten zu wollen. Bei der Kommenda, sowohl der mit einseitiger als auch der mit zweiseitiger Kapitalbeteiligung[442] kam es darauf an, ob die Parteien nur eine Änderung des bisherigen Gesellschaftsverhältnisses beabsichtigten, oder aber ob sie neben der bestehenden eine völlig neue Gesellschaft gründen wollten. Dieser Wille kommt allerdings in den überlieferten Urkunden nicht unmittelbar zum Ausdruck. In den Fällen aber, in denen eine Novation stattfand, d. h. altes und neues Kapital in einer Begründungsurkunde zusammengefaßt wurden, kann man annehmen, daß die Parteien die bisherige Gesellschaft grundsätzlich weiterführen wollten[443]. Aber auch dort, wo die schon bestehende Gesellschaft nur in einer *elat*-Klausel[444] erwähnt wird, kann nicht ohne weiteres angenommen werden, hier handele es sich auch tatsächlich um zwei Gesellschaften. In diesen Fällen müßte wohl auf die uns unbekannten Umstände des Einzelfalls abgestellt werden. Nur dann, wenn wirklich zwei völlig getrennte Geschäftsunternehmen bestanden, wird man auch rechtlich mehrere Gesellschaften annehmen dürfen[445].

---

439 Goldschmidt UG 266 vermerkt für die mittelalterliche Kommenda ebenfalls das häufige Neben- bzw. Nacheinander von Kommendaverträgen zwischen denselben Personen.

440 Vgl. dazu auch Nbn 199; dort ist nur eine Summe für die Kapitaleinlagen beider Gesellschafter genannt; hierbei könnte es sich um einen den beiden Parteien zustehenden Vermögenssaldo einer schon bestehenden *ḫarrânu*-Gesellschaft handeln, der nach einer Abrechnung in einer neuen Urkunde festgehalten werden soll.

441 Vgl. z. B. GCCI I 407 (o. 69 f.).

442 Rehme nimmt für die lübische Kommenda der ersten Hälfte des 14. Jahrhunderts in ZHR 42, 386 an, daß nicht selten zwischen den gleichen Personen sendeve und wedderleginge, also Kommenden mit ein- und zweiseitiger Kapitalbeteiligung, zugleich bestanden. Möglicherweise kam ähnliches auch in neubabylonischer Zeit vor.

443 Nach Rehme 42, 384 lag auch im lübischen Recht bei Kapitalerhöhung eine Neugründung vor; so war es wohl auch im Babylon unserer Zeit, wo man für die Kapitalerhöhung anscheinend ebenfalls das Gründungsformular verwandte.

444 So etwa in GCCI I 407, 15; vgl. o. 69 f.; 64.

445 Soweit es sich – wie in vielen Fällen – um Gesellschaftsverhältnisse von langer Dauer gehandelt hat, wäre allerdings eine Trennung in mehrere Gesellschaften oft wenig praktisch gewesen, so daß die Vermutung im allgemeinen gegen eine solche Trennung spricht. Eher möglich ist eine Trennung bei der Gelegenheitskommenda, z. B. bei zum einmaligen Umsatz bestimmten Warenposten; vgl. dazu Nbn 1013 (o. 47 mit A 289) und für die lübische Gelegenheitskommenda Rehme ZHR 42, 380.

In verschiedenen Urkunden[446] – teilweise auch in *ḫarrânu*-Verträgen vom Typ A[447] – erscheinen Klauseln, in denen festgestellt wird, daß eine in dem Vertrag vorkommende Sache *ša ḫarrâni ša X* „von der Geschäftseinlage des X (bei einem der Vertragspartner)" ist. Bei der Häufigkeit dieser Vermerke wäre für den Fall, daß verschiedene *ḫarrânu*-Einlagen auch unter den gleichen Parteien verschiedene Gesellschaften zur Folge hatten, zu erwarten, daß jene „Herkunftsklausel" in einzelnen Fällen die Zugehörigkeit des Vertragsobjektes zu einer bestimmten von mehreren unter denselben Parteien bestehenden Gesellschaften genauer spezifizieren würde[448]. So wäre etwa daran zu denken, daß ein Vermerk folgendermaßen lautete: „Von der Geschäftseinlage des X vom 10. Ab des 2. Jahres Nebukadnezars." Daß derlei Klauseln nicht erscheinen, ist ein weiteres Indiz dafür, daß mehrere Geschäftseinlagen grundsätzlich eine Einheit bildeten. Eine Unterscheidung zweier Einlagen nach der Vertragsabschlußzeit findet sich dagegen in der Prozeß-Urkunde Camb 412, 1 ff. aus dem 8. Regierungsjahre des Kambyses (521 v. Chr.):

ú-ìl-tì šá 1/2 mana kaspi šá ḫarrâni šá šatti $1^{\text{kám}}$ ^{Id}*nergal*-[*šàr-uṣur*] (2) *šàr bâbili*^{ki} *ù ú-ìl-tì šá 1 1/2 mana kaspi šá ḫarrâni šá š*[*atti* $x^{\text{kám}}$] (3) ^{Id}*nabû-na'id šàr bâbili*^{ki} *šá* N_1 *š*[*á ina muḫḫi*] (4) N_2
„(Betrifft) die Urkunde über 1/2 Mine Silber der *ḫarrânu*-Einlage des Jahres 1 Ner (559 v. Chr.), Königs von Babylon, und die Urkunde über 1 1/2 Minen Silber der *ḫarrânu*-Einlage vom [x. Jahr] des Nbn (555–539 v. Chr.), Königs von Babylon, des N_1, d[ie zu Lasten] des N_2 sind."

Es handelt sich in dieser leider in ihrem Hauptteil völlig zerstörten Prozeßurkunde um zwei zeitlich mindestens mehrere Jahre auseinander liegende *ḫarrânu*-Schuldurkunden, anscheinend – falls die Ergänzung Z. 3 zutrifft – des Typs A. Um diese sachlich wohl zu demselben Geschäftsunternehmen gehörige Urkunden wurde in Camb 412 von den beiden Söhnen der Vertragsparteien als Erben vor dem Priester von Sippar prozessiert, leider nicht mehr erkennbar aus welchem Rechtsgrund[449].

---

446 Z. B. in Verpflichtungsscheinen und Kaufverträgen; vgl. dazu u. 121 f.

447 Vgl. o. 40 f.

448 Freilich könnte man hiergegen anführen, der Vermerk sollte eben nur den eigentlichen Inhaber des Vermögens angeben, nicht aber die Zugehörigkeit zu einer bestimmten von mehreren Vermögensmassen. Indessen hätte für spätere Abrechnungszwecke ein ausdrücklicher Hinweis auf eine bestimmte von mehreren nebeneinander bestehenden *ḫarrânu*-Gesellschaften doch von Wert sein können und wäre daher wenigstens gelegentlich zu erwarten. Das Fehlen solcher Hinweise spricht für die im Text vertretene Auffassung.

449 Im teilzerstörten Verpflichtungsschein Jakob-Rost 12 über 40 Sekel Silber wurde vermutlich am Ende vereinbart, daß die Forderung, wenn sie im Nisan, d. h. im ersten

2) Rechtsnatur des Verhältnisses zwischen Kapitalgeber und -nehmer beim *ḫarrânu*-Geschäft mit einseitiger Kapitalbeteiligung (Typ A)

Für die altbabylonische *tappûtum* nimmt Eilers[450] an, der *ummeânum* sei nur Gläubiger, die Gefahr in Bezug auf das Kapital liege allein beim Schuldner. Lautner[451] spricht sich auf Grund des von Eilers vorgebrachten Materials jedoch gegen eine übereilte Einordnung des *tappûtum*-Geschäftes in das Darlehenswesen aus. Die Ausgestaltung des neubabylonischen *ḫarrânu*-Geschäftes zeigt demgegenüber, daß es sich auch bei einseitiger Kapitalbeteiligung – dem sog. *ḫarrânu*-„Darlehen" – nicht nur um ein zweckbestimmtes, partiarisches[452] Darlehen handelt, sondern daß hier ein gesellschaftsrechtliches Verhältnis vorliegt. Ein deutlicher Hinweis hierauf ist die Regelung der Gewinn- und Verlustbeteiligung beider Parteien: Danach muß der Kapitalgeber grundsätzlich auch Verluste mittragen[453]. Diese Regel, die wir aus den Selbstbürgschaften der Schuldner abgeleitet haben[454], macht einen wichtigen Unterschied zwischen Darlehen und Gesellschaft aus[455]. Die Begründungsurkunde NRV 653 betont andererseits bei der Festlegung einer prozentualen Verzinsung ausdrücklich, der Zins werde *ku-um zitti-šú* „anstelle seines (des Gläubigers) (Gewinn-)Anteiles" gegeben. Es wird also vorausgesetzt, daß Kapitaleinlagen *ana ḫarrâni* „zu einem Geschäftsunternehmen" grundsätzlich eine Gewinnbeteiligung mit sich bringen[456].

Monat des Jahres, nicht bezahlt war, ab dem nächsten (?) Monat keine normale Schuldverpflichtung sondern eine *ḫarrânu*-Einlage sein sollte:
(12) *ul-tu lìb-bi araḫa[j]jar]i (? oder: n[isan]i) ka[s]pu ina pâni(?)* B_1 *a-na ḫarrâni* (13) *[ù?] a(?)-ḫi zitti šá* B_2 *[it-t]i (?)* B_1
„(10 f.) (Wenn B_1 im Ni[san] das Geld nicht an B_2 bezahlt,) (12) (ist) vom Monat A[ja]r (oder: N[isa]n) an das Si[lb]er zur Verfügung (?) des B_1 als Geschäftseinlage (oder: zu einem Geschäftsunternehmen) (13) [und?] ein gleicher (?) Anteil ist des (gehört dem) B_2 [mi]t (?) B_1."

450 Eilers 13 ff. geht davon aus, daß der Schuldner (*tappûm*) gleich einem Darlehensnehmer volles Eigentum an der Einlage erhält und deshalb seine alleinige Gefahrtragung eine „Selbstverständlichkeit" sei.

451 Lautner SZ 53 (1933) 552 ff. räumt ein, daß aus der Verwendung des Schuldurkundenformulars Schlüsse gezogen werden können; aber niemals könne allein daraus gefolgert werden, das *tappûtum*-Geschäft sei eine Form des Darlehens. Zum altbabylonischen Schuldurkundenformular vgl. Pritsch, Bonner Bibl. Beitr. I 172 ff.

452 D. h. ein Darlehen, bei dem der Gläubiger am Gewinn des Unternehmers beteiligt ist.

453 Dazu vgl. o. 34 f.

454 Vgl. o. 29 f.

455 Nach Paulick, Stille Gesellschaft 87 scheidet im modernen Recht die Annahme eines partiarischen Rechtsgeschäfts bei Verlustbeteiligung aus.

456 Wenn der Schuldner durch Selbstbürgschaft allein das Verlustrisiko übernimmt, so ist im Einzelfall wohl eine deutliche Unterscheidung zwischen Kommenda und partiari-

Im mittelalterlichen Italien spricht man auch in solchen Fällen von Kommenda, in denen dem Kommendatar nur ein fester Lohn zustand, er aber am Gewinn nicht beteiligt war[457]. Man sah wohl das Hauptprinzip der Kommenda im Anvertrauen von Kapital an einen anderen, der damit Geschäfte tätigte. Die Art der Entschädigung von Geranten und Kapitalisten trat hinter diesem Gesichtspunkt zurück. Vielleicht wurden auch in Babylonien – ähnlich wie in Italien – mit dem Stichwort *ḫarrânu* gelegentlich Geschäfte bezeichnet, die nach moderner Rechtsauffassung Arbeitsverträge oder Darlehen wären. Nach dem vorliegenden Material sind jedoch die weitaus meisten *ḫarrânu*-Geschäfte auch nach moderner Auffassung gesellschaftsrechtlichen Inhalts[458]. Dem entspricht auch, daß der Kapitalgeber in gewisser Weise[459] Einfluß auf die Geschäftsführung nehmen konnte[460], vielleicht sogar auf die Geschäftsführung in „Tochtergesellschaften".

Des weiteren spricht für das Vorliegen eines gesellschaftsrechtlichen Verhältnisses auch die Klausel *ša ḫarrâni ša K* „(das Vertragsobjekt) ist von der Geschäftseinlage des K(apitalgebers)", durch die die Zugehörigkeit eines Gegenstandes zu einer *ḫarrânu*-Vermögensmasse ausgedrückt wird[461].

Ein Argument gegen die Annahme eines Gesellschaftsverhältnisses könnte prima facie darin gefunden werden, daß mehrfach der oder einer der Schuldner als Schreiber bei Verträgen mit einseitiger Kapitalbeteiligung auftritt[462]. So schreibt der Schuldner in NRV 645 und in TCL 12, 40 die Begründungsurkunde, in NRV 652 und Dar 395–396 einer der beiden Schuldner. Dies würde nach modernem Rechtsdenken, das bei einer Gesellschaft alle Beteiligten als Berechtigte ansieht, der neubabylonischen Regel widersprechen, nach der eine Partei nur dann Schreiber sein kann, wenn sie aus dem Vertrag keine Rechte erwirbt. Trotzdem kann daraus nicht der Schluß gezogen werden, daß eben nur einfache Darlehen vorliegen. Offensichtlich hat bei den *ḫarrânu*-Urkunden mit einseitiger Kapitalbeteiligung die Pflicht des Kommendatars, einen Teil des Ge-

---

schem Darlehen nur auf Grund der Begründungsurkunde nicht möglich; es könnte durchaus sein, daß Schreiber das *ḫarrânu*-Begründungsformular auch für das partiarische Darlehen benutzten, da es für diese Vertragsform kein eigenes Formular gab. Nach Hueck, Gesellschaftsrecht 100 liegt bei Festlegung eines festen Zinssatzes keine Gesellschaft i. S. des modernen Rechts, sondern Darlehen vor.

457 Vgl. Goldschmidt UG 262.

458 Ausnahmen: Sklaven als „Kommendatare" ohne Gewinnbeteiligung: Nbn 572; 653. Vgl. auch o. A 456.

459 Z. B. durch Bestimmung der Höhe der Reisekosten: TCL 12, 40, 7; Nebenerwerbsverbote: Dar 134 und TCL 13, 184.

460 Lehmann, Gesellschaftsrecht 165 nennt für das moderne Recht das Mitverwaltungs- oder Überwachungsrecht ein Kennzeichen für einen Gesellschafter.

461 Einzelheiten dazu u. 40 f.; o. 113 f.; 121 ff.

462 Vgl. o. A 298; 299; sowie o. 66 f.

winns an den Gläubiger abzuführen und insbesondere ihm das Einlagekapital zurückzuzahlen, beherrschend im Vordergrund gestanden. Die Berechtigung des Schuldners auf den anderen Teil des Gewinns stand dagegen im Hintergrund, da er ja automatisch den Gewinn in Händen hielt und den ihm zukommenden Anteil davon wohl einfach behalten konnte, ohne ihn erst vom Vertragspartner einfordern zu müssen. Aus der Urkunde ergeben sich also nur Leistungspflichten des Kommendatars, so daß es durchaus der oben angeführten Regel entsprach, wenn dann und wann der Geldnehmer auch als Schreiber auftrat.
Schon Rehme[463] nimmt an, daß es sich bei den *ḫarrânu*-Urkunden, die nach dem Schema des Verpflichtungsscheines gebildet sind, um die Kommenda mit einseitiger Kapitalbeteiligung handelt. Über die Richtigkeit dieser Feststellung kann es nach dem vorliegenden Material kaum Zweifel geben. Ebenso nimmt auch Szlechter[464] im Anschluß an San Nicolò – Ungnad[465] eine „société en commandite" an[466]. Rehme[467] weist darauf hin, daß die Kommenda in den älteren Rechten unter allen Handelsgesellschaften am meisten verbreitet sei. Sie sei die Gesellschaft zwischen einem Waren oder Geld hingebenden Kapitalisten (commendator, socius stans) und einem Unternehmer (commendatarius, tractator, portator, portitor). Diese Kommenda finde sich im See- und Binnenhandel, aber auch im Lokalbetrieb. Rehme[468] sieht in dieser Kommenda die Keime der heutigen Kommanditgesellschaft[469].
Bei den *ḫarrânu*-Unternehmen mit einseitiger Kapitalbeteiligung scheint es sich durchwegs um kommenda-artige Verhältnisse zu handeln. Theoretisch wäre auch denkbar, daß der geldgebende Gesellschafter im Geschäftsunternehmen mitarbeitet[470]. Das Gegenteil erweist jedoch die mehrfach wiederkehrende Formulierung der Gewinnverteilungsklausel:

---

463 S. 67.
464 S. 72.
465 NRV S. 554 f.
466 So auch bereits Kohler–Peiser BR III 46; vgl. auch die in A 82 und 83 zitierten Stellen.
467 S. 101.
468 S. 102.
469 Lübbert ZHR 58, 465 führt auch die Stille Gesellschaft historisch auf die Kommenda zurück; ebenso Renaud, Stille Gesellschaft 4 ff.
470 Lastig ZHR 24, 409 nimmt an, daß bei der ältesten Form der Kommenda stets Geldgeber und -nehmer mitarbeiteten. Dies ist aber – wenigstens für Babylonien – wohl unzutreffend, da sich bei der Mitarbeit beider Gesellschafter – d. h. bei der Verwendung des Kapitals durch beide – nicht erklären ließe, wieso sowohl alt- als auch neubabylonisch zur Beurkundung des Geschäftes das Formular des Darlehens bzw. Verpflichtungsscheines verwendet wurde. Hätten in irgendeiner „Urform der Kommenda" beide Parteien mitgearbeitet, so wäre kaum verständlich, warum die ältesten uns überlieferten – altbabylonischen – Kommendaurkunden nach den normalen Schuldurkunden stilisiert sind.

mimma mala . . . ippuš[471] */ippušu*
„(An) allem was er (der Schuldner) . . . erarbeitet, (wird er mit dem Kapitalgeber genießen)."

Bei einem Schuldner findet sich – wie zu erwarten – Subjunktiv Präsens 3. Person Singular *ippušu*[472] oder *ippuš*[473] [474] und bei mehreren Schuldnern als Plural *ippušû*[475]. Überdies werden in der Gewinnverteilungsklausel in Nbn 466 ausdrücklich beide Kapitalnehmer namentlich als (allein) arbeitende Gesellschafter genannt[476]. Dem entspricht auch die Begründungsurkunde Nbn 652, in der eine Frau als Kapitalnehmerin zwei Geldgebern gegenübersteht. Demgemäß heißt es im ersten Teil der Gewinnverteilungsklausel *te-ep-pu-uš* „sie erarbeitet". Dagegen kann aus der singulären Abweichung *ip-pu-šu-u'* „sie erarbeiten" in der Begründungsurkunde NRV 646 mit einem Kapitalnehmer nicht mit Sicherheit geschlossen werden, daß hier beide Gesellschafter mitarbeiteten[477]. Aus der Gwinnverteilungsklausel kann also mit hoher Wahrscheinlichkeit gefolgert werden, daß bei der *ḫarrânu*-Gesellschaft vom Typ A fast stets oder sogar immer nur der kapitalnehmende Gesellschafter arbeitet[478].
Keine Kommenda liegt dagegen in den *ḫarrânu*-Begründungsurkunden vom Typ A Nbn 653 und Nbn 572 vor. Die „Kapitalnehmer" sind Sklaven der Gläubiger und erhalten hier – im Gegensatz zu anderen Fällen[479] – keinen Gewinn. Es

471 Zur genauen Schreibung vgl. o. A 134 und demgegenüber A 345.

472 Nbk 261; Dar 359; Moldenke 13; RCT 3. Ob das auslautende Subjunktiv-*u* in diesen Fällen gesprochen wurde, ist jedoch nicht sicher; vgl. die folgenden Formen ohne Endung!

473 Moldenke 15; Dar 134; Nbn 652 *te-ep-pu-uš* „sie erarbeitet".

474 Im Neu- und Spätbabylonischen fällt der kurze Subjunktiv-Auslautvokal immer mehr ab. Vgl. GAG §§ 192 a; 13 c; 83 g. Vgl. auch Hyatts, The Treatment of Final Vowels in Early Neo-Babylonian.

475 -*û* wird in diesen Fällen oft durch das Zeichen *u'* wiedergegeben: Nbn 572; Dar 395; 396; TCL 13, 184.

476 Vgl. o. 20. Ebenso für einen Kapitalnehmer: Dar 359, 5.

477 Vielleicht liegt ein Schreiberversehen vor.

478 Dieses Ergebnis ist auch dann zutreffend, wenn man mit Kohler–Ungnad HAU S. 44 *epêšu* mit „verdienen" (wörtlich: „(Gewinn) machen") übersetzt. Auch in diesem Fall wären die unterschiedlichen Endungen des Verbums im ersten Teil der Gewinnklausel nur dadurch zu erklären, daß sich das „verdienen" nur auf den Kommendatar bezieht. Der Grund dafür könnte dann nur sein, daß er allein es ist, der mit dem Kapital arbeitet.

479 Vgl. u. 129 f.
Daß die Sklaven essen und sich anziehen müssen – dazu o. 26 mit A 179 –, ist eine Selbstverständlichkeit. Eine derartige Bestimmung dient also der Gesellschaft und kann nicht als Gewinnbeteiligung oder Lohn der „Kapitalnehmer" angesehen werden. Im Gegenteil: Diese Regelung kommt den Sklavenhaltern selbst zugute, die auf diese Weise nicht für den Unterhalt ihrer Sklaven zu sorgen brauchen; sie stellt damit im Ergebnis eine Art von Unkostenverteilung unter den Kapitalisten dar.

liegt also wohl, wie auch Rehme[480] annimmt, in Wirklichkeit eine Gesellschaft mit beiderseitiger Kapitaleinlage der beiden Geldgeber vor[481], während die Sklaven nur als Arbeitskräfte verwendet werden, allerdings wohl einen gewissen Spielraum zur Gestaltung ihrer Tätigkeit besitzen, der dann das Vertragsverhältnis vielleicht an eine Kommenda annähert. Dies erklärt wohl, warum nicht das *ḫarrânu*-Formular vom Typ B mit „Einbringung" beider Sklaven als Geschäftskapital, sondern das Formular vom Typ A verwendet wurde. Weiter erhärtet wird die Vermutung, es handle sich hier um keine Kommenda, dadurch, daß in beiden Urkunden weder wechselseitige Bürgschaften noch Selbstbürgschaften vorkommen[482].

Wie bereits oben[483] festgestellt, haftete der Kapitalnehmer für Verluste – wohl abgesehen von bestimmten schuldhaften Kapitalminderungen – grundsätzlich nicht. Er erhielt in solchen Fällen lediglich keinen Gewinn, verlor somit den Wertersatz für seine geleistete Arbeit. Der Kapitalgeber dagegen büßte Gewinn und den verlorenen Teil des Kapitals ein. In denjenigen Unternehmen, in denen mehrere Kapitalschuldner einem oder mehreren Kommendatoren gegenüberstanden, haftete vermutlich grundsätzlich jeder nur für seinen Kopfteil[484] auf Rückzahlung des noch vorhandenen Kapitals und der Gewinnanteile und gegebenenfalls für Verluste, falls eine Haftung in Betracht kam, etwa bei Selbstbürgschaften oder bei durch die Kapitalnehmer verschuldeten Verlusten. Ähnlich ist die Situation auch bei den einfachen Verpflichtungsscheinen mit Schuldnermehrheit. Für diese ist ebenfalls nach Prüfung eines umfangreichen Materials[485] wahrscheinlich gemacht worden, daß grundsätzlich Schuld und Haftung nach Kopfquoten der Kapitalnehmer bestand, eine abweichende Vereinbarung jedoch vertraglich möglich war. Eine gesamtschuldnerische Haftung – d. h. Haftung jedes einzelnen Schuldners auf das Ganze, bis der Gläubiger befriedigt ist – wurde daher meist durch eine in den Vertrag eingefügte wechselseitige Bürgschaft herbeigeführt:

ištên pût šanî našû
„Sie sind einer für den anderen Bürgen[486]"

---

480 S. 67.

481 Vgl. dazu Nbn 199; dort sind die beiden Kapitalgeber aus diesen Urkunden Gesellschafter eines *ḫarrânu*-Unternehmens mit zweiseitiger Kapitalbeteiligung. In Nbn 652 treten beide als Geldgeber in einer Kommenda mit einseitiger Kapitalbeteiligung auf. Vgl. dazu u. 153 f.

482 Waren die Sklaven ohne Vermögen und ohne Einkünfte, so war eine Bürgschaft von ihrer Seite sinnlos und wurde deshalb wohl auch nicht vereinbart.

483 Vgl. o. 28 ff.

484 Vgl. o. 30 f.

485 Vgl. Koschaker, Bürgschaft 84 ff; Petschow, Pfandrecht 77 ff.

486 Vgl. etwa GCCI I 94, 6.

oder

ištên pût šanî ana eṭêri našû
„Sie sind einer für den anderen für das Bezahlen Bürgen[487]."

Zuweilen erscheint auch der Zusatz *ša qerbi iṭṭer* „wer (von ihnen) nahe (anwesend) ist, wird zahlen[488]." Eine der erstgenannten Form entsprechende Klausel findet sich mehrfach[489] auch in den *ḫarrânu*-Geschäften mit einseitiger Kapitalbeteiligung und Schuldnermehrheit. Auch hier wird daher zu vermuten sein, daß ohne diese Klausel grundsätzlich die mehreren Kapitalnehmer gegenüber dem Kapitalisten nur nach Kopfquoten schuldeten und hafteten. Das würde bedeuten, daß die Kommendatare haftungsmäßig ipso iure gegenüber dem Kommendator nicht eine (Gesellschafts-)Einheit, sondern eine Mehrheit bildeten. Erst die Aufnahme der wechselseitigen Bürgschaft führte diese haftungsmäßige Einheit herbei und bewirkte, daß jeder Kapitalnehmer auf das Ganze haftete[490], der Kapitalist aber nur berechtigt war, das Kapital in der im Vertrag fixierten Summe insgesamt einmal zu fordern.

3) Das Rechtsverhältnis zwischen mehreren Kommendatoren bei der Kommenda mit einseitiger Kapitalbeteiligung

Über das Rechtsverhältnis mehrerer Kommendatoren (Kapitalgeber) bei diesen Kommendageschäften lassen die überlieferten Begründungsurkunden kaum näheres erkennen, verständlicherweise, da es sich hauptsächlich um Schuldurkunden zwischen Kapitalgeber einerseits und Kapitalnehmer andererseits handelt[491]. Eine Urkunde offenbar über eine Abrechnung und über Ausgleichszahlungen zwischen zwei Kapitalgebern schon während des Bestehens des Vertragsverhältnisses – also nicht erst bei dessen Auflösung – bietet die Tafel BrM 84 2–11, 128[492]. Sie ist zeugenlos, nennt keinen Schreiber, ist aber da-

487 Ähnlich NRV 285.
488 So in BE IX 17, 11 f.
489 Belege: NRV 652; Nbk 64; TCL 13, 184 (neben einer Selbstbürgschaft). Texte s. o. 30 und A 205.
490 Eilers 15 nimmt dagegen für das altbabylonische *tappûtum*-Geschäft an, daß mehrere Schuldner ipso iure gesamtschuldnerisch haften. Er weist daher der *šalmu-kênu*-Klausel nur deklaratorische Bedeutung zu. Vgl. zu dieser Klausel Eilers 15 f. mit Lit und AHw 481 r o.
491 Für die lübische Kommenda bemerkt Rehme ZHR 42, 380, daß dort häufig dem Unternehmer mehrere Kapitalisten gegenüberstanden, die dann oft ihrerseits eine Gesellschaft bildeten.
492 In Übersetzung und Umschrift veröffentlicht in BR II 61; der Keilschrifttext selbst ist nach HKL 383 bisher nicht publiziert.

tiert vom 5. 10. 17 Dar[493]. Danach hatten die beiden Kapitalisten – wahrscheinlich in Form einer *ḫarrânu*-Einlage vom Typ A – an einen geschäftsführenden Gesellschafter[494] 300 Kur Gerste und 380 Kur Datteln (Wert ca. 650 Sekel = knapp 11 Minen Silber) geliefert. In der vorliegenden Abrechnung[495] wird nun festgelegt, daß der eine der beiden „Geld"geber[496] von dieser Geschäftseinlage je 50 Kur Gerste und Datteln *i-na-aš-ši* „davontragen wird[497]". Weiter hat er von seinem Mit„geld"geber bereits eine ungenannte Silbersumme erhalten und soll weitere 15 1/2 Sekel Silber bekommen[498]. Diese Transaktionen dienten wohl, wie schon Kohler und Preiser[499] feststellten, dazu, die ursprünglich anscheinend ungleichen Quoten der Geldgeber an ihrer Einlage auszugleichen. Deshalb erscheint anschließend eine Klausel, nach der beide Kapitalgeber an der Forderung gegen den geschäftsführenden Gesellschafter *a-ḫa-a-ta šu-nu* „gleichen Anteil haben". Nach dieser insoweit wörtlich mit der Gewinnverteilungsklausel beim *ḫarrânu*-Urkundentyp B übereinstimmenden Phrase wird erwähnt, daß frühere Tafeln – also Urkunden, in denen der frühere Rechtszustand festgelegt war – zerschlagen sind[500].

---

493 Sie trägt den o. 64 f. besprochenen Vermerk *1-en*.TA.ÀM *šá-ṭa-ri ilqûᵘ*. Diese Klausel tritt – wie gesagt – m. W. in *ḫarrânu*-Begründungsurkunden nur bei denen des Typs B auf, aber sonst auch bei anderen Vertragstypen, so u. a. auch bei Teilquittungen; da eine solche sowie eine Abrechnung auch in der vorliegenden Urkunde mitenthalten ist (s. den folgenden Text), ist die Aufnahme dieser Klausel vielleicht auch darauf zurückzuführen.

494 Daß es sich bei dem Verhältnis zwischen den beiden Kapitalgebern und dem Kapitalnehmer nicht um ein einfaches Schuldverhältnis auf Grund eines Verpflichtungsscheines handelt, sondern – wie schon Kohler–Peiser BR II 62 annehmen – um ein Kommendaverhältnis, ist ziemlich sicher, da andernfalls die Transaktionen zwischen den beiden Geldgebern kaum zu erklären wären.

495 Vgl. BR II 61 am Ende der Umschrift:
nikkassu epšu „Die Abrechnung ist gemacht."

496 Vgl. dazu u. A 1045.

497 Der Text lautet wohl:
a-na e-la-ti-šu ul-tu lìb-bi i-na bâbiliᵏⁱ i-na-aš-ši
„wird er als zusätzlichen Anteil davon in Babylon davontragen."

498 BR II 61:
ri-i-ḫi 15 1/2 šiqil kaspi. . . A a-na ta-ši-li-in-di šá zi-it-ti-šu a-na I i-nam-din
„Den Rest von 15 1/2 Sekel Silber. . . wird A zur Ergänzung seines Anteils an I geben." Zu *a-na ta-ši-li-in-di* „zur Ergänzung/Auffüllung (seines Anteils)" s. v. Soden BiOr 11 (1954) 206 r u.

499 BR II 62.

500 Das absichtliche *ḫepû* „Zerbrechen" von Urkunden bedeutet ihre Ungültigkeitserklärung. Die Klausel lautet wohl:
giṭ-ṭa-nu maḫ-ru-tu ḫe-pu-tu šu-nu
„Die früheren Tafeln (Abrechnungen? Quittungen?) sind von ihnen zerschlagen."

Bei den vorliegenden Begründungsurkunden vom Typ A mit „Gläubiger"mehrheit[501] wird in Nbn 652 und 1013[502] für die beiden Geldgeber nur eine gemeinsame Kapitalsumme angegeben[503]. Das dürfte darauf zurückzuführen sein, daß die Einlage aus einem gemeinsamen Gesellschaftsvermögen der beiden Kapitalisten stammt[504]. Dies wird dadurch bekräftigt, daß die beiden Kapitalgeber aus der Begründungsurkunde Nbn 652 auch in anderen Urkunden[505] in gleicher Weise auftreten. Ebenso schließen die beiden Kapitalgeber aus der Begründungsurkunde Nbk 51 in anderen Urkunden gemeinschaftlich – wohl als Gesellschafter – Verträge ab[506]. Allerdings enthält Nbk 51 für jeden der beiden Geldgeber eine getrennte Angabe seiner Kapitaleinlage[507]. Traten zwei Kapitalgeber in einer *ḫarrânu*-Gesellschaft mit einseitiger Kapitalbeteiligung auf, so dürfte zwischen den Kapitalisten in den meisten Fällen ebenfalls eine Gesellschaft bestanden haben, die im allgemeinen wohl auch andere Geschäfte durchführte, als die jeweils vorliegende Kapitalbeteiligung. Möglicherweise war dies sogar stets der Fall, vielleicht abgesehen von der Beteiligung einer familienrechtlichen Gemeinschaft. Ob es gelegentlich auch vorkam, daß zwei bisher gesellschaftlich oder familienrechtlich nicht verbundene Personen einem Dritten gemeinsam eine *ḫarrânu*-Einlage gaben, ist aus dem vorliegenden Material nicht zu entnehmen. Da BrM 84 2–11, 128 nur von einer einzigen Kapitaleinlage handelt, wäre es denkbar, daß der einzige Zweck der Verbindung zwischen den dortigen beiden Kapitalgebern die Kapitaleinlage bei diesem Kommendatar gewesen war. Diese Gemeinschaft hätte dann mehr dem Charakter einer Innengesellschaft entsprochen. Das Fehlen von Zeugen und die Nichtangabe des Schreibers lassen aber eher den Schluß zu, daß es sich hier um ein internes Dokument im Rahmen einer ständigen Zusammenarbeit handelt. Es liegt daher nahe zu vermuten, daß auch hier zwischen den Geldgebern eine Gesellschaft bestand, die auch noch andere Geschäfte tätigte. Die durch eine Kapitaleinlage solcher

501 Vgl. o. 12. Zwei Kommendatoren erscheinen auch in Kr 86,8 (Quittung), s. dazu u. 145 und A 993.

502 Ebenso Nbn 572; 653 mit Sklaven der Kapitalgeber als „Kommendataren".

503 Vgl. Nbn 199, 1 ff. (Typ B):
1 mana kaspa šá G_1 *u* G_2 *it-ti a-ḫa-meš a-na ḫarrâni iš-ku-nu*
„1 Mine Silber, das G_1 und G_2 miteinander zu einem Geschäftsunternehmen eingesetzt haben."

504 Ein besonderer Vermerk – wie etwa bei Tochtergesellschaften einer Kommenda (vgl. u. 125 f.) – war nicht notwendig, da ja beide Gesellschafter namentlich erwähnt wurden.

505 In Nbn 652 handelt es sich wie in Nbn 572; 653 und 199 um dieselben beiden Geldgeber. Einer der beiden erscheint auch in Nbn 1013 zusammen mit einem Verwandten.

506 Vgl. dazu auch u. 163 f.

507 Vgl. dazu o. 14.

Kapitalgeber geschaffene Kommenda wäre nach moderner Terminologie also in den meisten Fällen als eine Art von „Tochtergesellschaft" desjenigen Unternehmens anzusehen[508], das von beiden Geldgebern betrieben wird.

4) Das Rechtsverhältnis zwischen mehreren Kommendataren bei der Kommenda mit einseitiger Kapitalbeteiligung[509]

Wie schon bei der altbabylonischen *tappûtum*[510] erscheinen auch hier des öfteren – s. o. S. 12 f. – auf der Schuldnerseite mehrere Personen. In welchem rechtlichen Verhältnis diese Kommendatare untereinander stehen, ist aus unseren *ḫarrânu*-Urkunden im allgemeinen nicht näher zu ermitteln. An dem Teil des Gewinnes, der nicht dem Kapitalgeber zufiel, hatten die „Geld"nehmer wahrscheinlich normalerweise gleichen Anteil. Dies kann aus den meisten Gewinnverteilungsklauseln allerdings nur indirekt daraus entnommen werden, daß den Kapitalnehmern meist ein pauschaler Anteil zugewiesen wird. So etwa heißt es in der Begründungsurkunde Nbk 64: „(Von) allem, was sie (die Kapitalnehmer) in Stadt und Land erarbeiten, 2/3 des Silbers vom Gewinn(?) werden sie mit (dem Geldgeber) N genießen."[511] Auch in dem zweiten Teil der Gewinnverteilungsklausel von TCL 13, 184 werden die beiden Geldnehmer als Einheit dem Geldgeber gegenübergestellt: „Einen gleichen Teil vom Gewinn werden (die Kapitalnehmer) B und N mit (dem Kapitalgeber) M genießen[512]." Während in Nbk 64 jeder der drei Beteiligten – der Kapitalist und die beiden Unternehmer – offenbar 1/3 erhalten soll, ist in TCL 13, 184 nicht ganz deutlich, ob jeder 1/3 oder ob wie o. S. 25 angenommenen – die Kapitalnehmer B und N 1/2 und M 1/2 erhalten sollen[513]. Jedenfalls sollen aber B und N gleich gewinnbeteiligt sein. Unmittelbar kann die hälftige Gewinnteilung aus Dar 395/396 entnommen werden. In dieser Urkunde erhält der Geldgeber einen festen Betrag, am Gewinn aber haben die Kapitalnehmer U und N *a-ḫa-ta šú-nu* „gleichen Anteil". Das Schweigen etwa in AfO 16, 43 Nr. 9 zur Frage der Gewinnverteilung unter den Geldnehmern könnte darin begründet sein, daß die Teilung in gleiche Anteile kraft Gesetzes oder gewohnheitsrechtlich galt oder daß man in den betreffenden Urkunden als Gläubiger-(Schuldner-)Urkunden nur die Be-

508 Vgl. dazu u. 125 f.

509 Nbn 653 und 572 gehören nicht hierher; die als Kapitalnehmer auftretenden Sklaven können kaum als Kommendatare angesehen werden. Vgl. dazu o. 76 f.

510 Eilers 15 gibt für die altbabylonische Zeit an, daß „mit Vorliebe" zwei Kapitalnehmer dem Gläubiger gegenüberstehen.

511 Zur Umschrift vgl. o. 20 mit A 146; A 149.

512 Zur Umschrift vgl. o. A 149.

513 Ähnlich NRV 652; Amherst 225 und Nbn 466 (?).

ziehungen zwischen Geldgeber und -nehmer regeln wollte. Außerdem ist zu vermuten, daß zwischen mehreren geschäftsführenden Gesellschaftern meist schon durch frühere gemeinsame Tätigkeit oder Bekanntschaft ein Vertrauensverhältnis bestand, so daß es mehrere Kapitalnehmer möglicherweise für nicht erforderlich hielten, die gegenseitigen Rechte und Pflichten zu beurkunden[514]. Es wird wohl nur seltener vorgekommen sein, daß sich zwei Kapitalnehmer zusammenschlossen, die einander vorher nicht bekannt waren.

In der Begründungsurkunde Dar 395/396 wird in der Gewinnverteilungsklausel, die den Gewinn unter die beiden Kapitalnehmer aufteilt, auffälligerweise dieselbe Formulierung *a-ḫa-ta šú-nu* „sie haben gleichen Anteil" gebraucht wie zwischen den Gesellschaftern beim *ḫarrânu*-Geschäft mit zweiseitiger Kapitalbeteiligung. Das weist darauf hin, daß man die Stellung mehrerer Kommendatare zueinander ähnlich sah, wie das Verhältnis zwischen den Mitgliedern einer Gesellschaft mit beiderseitiger Kapitalbeteiligung. Indessen ist schon aus der gemeinsamen auf den gleichen Zweck gerichteten Tätigkeit der Kommendatare zu schließen, daß zwischen ihnen ein Gesellschaftsverhältnis besteht[515] [516]. Darauf deuten auch die oben angeführten Gewinnklauseln[517] hin, die in mehreren Kommendataren eine Einheit gegenüber dem Kapitalgeber sehen.

Zwischen mehreren Kapitalnehmern dürfte aber im Gegensatz zu mehreren Kapitalgebern im allgemeinen nur eine Innengesellschaft bestanden haben. Es wurde bereits festgestellt, daß mehrere Kapitalnehmer grundsätzlich nur nach Kopfteilen für das *ḫarrânu*-Kapital gehaftet haben dürften[518], daß aber wiederholt[519] wechselseitige Bürgschaften der Schuldner aufgenommen wurden, die im Ergebnis eine gesamtschuldnerische Haftung – je auf das Ganze bis zur (einmaligen) Befriedigung des Kapitalgebers – herbeiführten. Das bedeutet, daß, wie gesagt, haftungsmäßig die Kapitalnehmer im Außenverhältnis zu dem Kommendator ipso iure nicht eine (Gesellschafts-)Einheit, sondern eine Mehrheit bildeten; erst die wechselseitige Bürgschaft bewirkte ein Gesamtschuldverhältnis, das dem Gesellschaftsverhältnis der mehreren Mitschuldner zueinander und gegenüber dem Kommendator mehr entsprach. Die wechselseitige Bürgschaft sagt aber nichts darüber aus, wie die Kommendatare im Innenverhältnis

---

514 Auch in Dar 395/396 sollte die angegebene Klausel möglicherweise hauptsächlich festhalten, daß der Kapitalgeber neben seinem festen Zins keinen weiteren Gewinnanteil haben sollte.

515 Durch die gemeinsame Arbeit standen sich mehrere Kapitalnehmer grundsätzlich näher als mehrere Kapitalisten.

516 Ähnlich Goldschmidt UG 264 ff. für die mittelalterliche Kommenda in den romanischen Ländern; ebenso Eilers 15 für das altbabylonische *tappûtum*-Geschäft.

517 Vgl. o. 81.

518 Vgl. dazu o. 30 f.; 77.

519 Vgl. o. 30; A 205.

zueinander die Kapitalrückzahlung zu bewirken und gegebenenfalls etwaige Kapitalverluste zu tragen hatten. Wenn keine anderen Vereinbarungen getroffen waren – Belege dafür liegen nicht vor –, dürften die Kommendatare einander kopfquotenmäßig zum Ausgleich verpflichtet gewesen sein, wenn etwa bei Verlusten der eine von ihnen kraft der wechselseitigen Bürgschaft vom Kapitalgeber auf das Ganze in Anspruch genommen worden war[520].

5) Rechtsnatur der *ḫarrânu*-Geschäfte mit zweiseitiger Kapitalbeteiligung (Typ B)

Das Formular für das *ḫarrânu*-Geschäft mit zweiseitiger Kapitalbeteiligung wurde für zwei sehr unterschiedliche Gesellschaftstypen verwendet: Einerseits für Gesellschaften im engeren Sinne, bei denen die beiden Gesellschafter sowohl Kapital als auch ihre Arbeit einbringen; andererseits für eine Kommenda, bei der – im Unterschied zum Kommenda-Typ A – neben dem Kapitalisten auch der Unternehmer selbst Kapital beisteuerte, so daß also beide Gesellschafter Kapital, aber nur einer zugleich auch seine Arbeitskraft zur Verfügung stellt. Dies erkannte schon Rehme[521], wenn er im neubabylonischen Recht zwischen der Kommenda mit zweiseitiger Kapitalbeteiligung und einer Gesellschaftsart, die nach seiner Meinung unserer Offenen Handelsgesellschaft entspricht[522], unterscheidet. Kohler und Peiser[523] sprechen von einem Übergang zwischen Kommenda und Gesellschaft im engeren Sinne[524].
Da beide Gesellschaftsformen das gleiche Formular verwenden, ist nur aus einzelnen Formularbestandteilen zu bestimmen, zu welcher Kategorie eine bestimmte Urkunde gehört. Ob beide Gesellschafter im Unternehmen mitarbeiten, ist im allgemeinen aus dem ersten Teil der Gewinnverteilungsklausel zu entnehmen[525]. Die Verbform ist dort ein ziemlich sicheres Kennzeichen, wo die eindeutig pluralen Formen *ip-pu-šu-u'*[526] bzw. *ip-pu-uš-šu-u'*[527] „sie werden erarbeiten" erscheinen. Danach dürfte es sich bei den Begründungsurkunden Nbn 199; Dar 97; NRV 654; Pohl I 77 und GCCI I 407 um Gesellschaften handeln, bei denen beide Parteien mitarbeiteten. Erhärtet wird dies für die Ur-

520 Hatte einer der Schuldner die Rückzahlung aus dem *ḫarrânu*-Vermögen beglichen, war sein Partner natürlich nicht zum Ausgleich verpflichtet.

521 S. 67.

522 Vgl. dazu o. A 425.

523 BR IV 78.

524 Vgl. dazu u. 126 f.

525 Vgl. o. 55 f.

526 GCCI I 407; Pohl I 77 (*šu!*); Nbn 199.

527 Dar 97; NRV 654. S. im einzelnen A 345.

kunde GCCI I 407 durch die Klausel Z. 16 über die Anstellung einer Hilfskraft. Von dem Dienstboten heißt es, daß er *it-ti* G_1 *u* G_2 *[i]l-lak* „mit G(esellschafter)$_1$ und G(esellschafter)$_2$ [g]ehen werde[528]". Würde nur ein Gesellschafter das Geschäft betreiben, hieße es wohl, die Hilfskraft werde in dessen Dienste gehen[529]. Auffällig ist, daß ein Teil der Belege nur aus Begründungs- und Gewinnverteilungsklausel besteht[530] oder zusätzlich nur noch eine Klausel über den beiderseitigen Besitz einer Vertragsurkunde[531] oder über die Anwesenheit einer Frauensperson[532] erscheint. Das deutet darauf hin, daß diese Gesellschaftsform wohl weitgehend ohne zusätzliche Vereinbarungen auskam[533]. Dies dürfte darauf zurückzuführen sein, daß beide Gesellschafter zusammenarbeiten, anstehende Probleme also auch noch nach dem Vertragsabschluß ohne weiteres gemeinsam lösen können. Ebenso könnte man vermuten, daß das Formular auf diese Art der Gesellschaft zugeschnitten ist und so ergänzende Klauseln entbehrlich macht, da wohl entsprechende gewohnheitsrechtliche oder gesetzliche Regeln an die Formularart anknüpfen und auch ohne Aufnahme in die Vertragsurkunde gültig sind. Auch bei der Gesellschaft der Begründungsurkunde Nbk 58/429 arbeiten wohl beide Parteien im Geschäft mit, da es von ihnen in der „Gewinn"verteilungsklausel heißt: *i-na-áš-šu-u*[534] „Sie werden davontragen[535]." Die Kapitaleinlagen sind in mindestens der Hälfte, vielleicht sogar den meisten dieser Urkunden gleich hoch[536] oder weisen nur eine geringfügige Differenz auf[537]. Zweifel an der Mitarbeit beider Gesellschafter könnten sich bei NRV 654 ergeben. Dort gibt der an zweiter Stelle erwähnte Gesellschafter nur 5 1/2 Kur Datteln als Kapitaleinlage – 2 Kur weniger als sein Partner[538]. Außerdem sind die Datteln im Hause des minderbeteiligten Genossen eingelegt[539]. Verschieden hohe Kapitalbeteiligung dürfte zwar im allgemeinen ein Zeichen dafür sein, daß der geringer beteiligte Gesell-

528 Vgl. o. 65.

529 Vgl. o. 44 f.

530 Vgl. o. A 311.

531 Dar 97 (und vielleicht eine zerstörte Klausel); NRV 654 (und eine Klausel über die Lagerung des aus Naturalien bestehenden Kapitals).

532 Pohl I 77.

533 Besonders lang ist aber auffallenderweise die Tafel GCCI I 407, leider stark zerstört.

534 Nbk 429: *ú*.

535 Vgl. o. 56; u. 164 mit A 1119.

536 Nbk 58/429; GCCI I 407 je 2 Minen; Dar 97 je 5 Minen. In Nbn 199 ist nur die Gesamtsumme der Einlagen von 1 Mine Silber angegeben, wahrscheinlich gehört sie beiden Parteien je zur Hälfte.

537 Zu Pohl I 77 vgl. o. A 341.

538 Vgl. o. 54; 58.

539 Vgl. o. 55.

schafter allein arbeitet, um den Unterschiedsbetrag durch Arbeit auszugleichen; in unserem Fall kann aber die Bereitstellung eines Lagerraumes sehr wohl als Ausgleich der geringeren Einlage angesehen worden sein[540], so daß wir dann eine gleichhohe Beteiligung annehmen könnten. Die Tatsache, daß sich der Lagerraum im Hause des minderbeteiligten Gesellschafters befindet, bedeutet daher nicht ohne weiteres, daß nur dieser mit den eingelegten Datteln arbeiten soll. Irgendwo müssen die Datteln schließlich lagern und es ist auch bei beiderseitiger Mitarbeit am einfachsten, sie im Hause eines der Gesellschafter aufzubewahren[541].

Über die Art, in der beide Parteien die Geschäfte führen, ist aus den entsprechenden Urkunden kaum etwas zu entnehmen; insbesondere nicht, für welche Geschäftshandlungen Einstimmigkeit der Gesellschafter nötig war. Man wird aber im allgemeinen davon ausgehen können, daß beide Gesellschafter in einem Betrieb zusammenarbeiteten oder gemeinsam Geschäftsreisen unternahmen[542]. Ob es vereinzelt auch vorkam, daß beide für das gemeinsame Unternehmen an verschiedener Stelle arbeiteten – etwa ein Partner in Babylon blieb, der andere eine Geschäftsreise unternahm oder der eine z. B. eine Geschäftsreise nach Uruk, der andere nach Nippur ausführte –, ist aus den Urkunden nicht zu entnehmen.

Eine *Kommenda* mit zweiseitiger Kapitalbeteiligung wird man grundsätzlich dort annehmen müssen, wo aus dem ersten Teil der Gewinnverteilungsklausel zu entnehmen ist, daß nur einer der beiden Gesellschafter im Geschäftsunternehmen tätig ist[543]. Das ist eindeutig dort der Fall, wo einer der Gesellschafter ausdrücklich als Arbeitender genannt ist. Es handelt sich dabei jeweils um den in irgendeiner Form kapitalmäßig minder beteiligten und in der Begründungsklausel an zweiter Stelle genannten Gesellschafter. So in App 5 Z. 7 „(alles was) (der kapitalmäßig minder beteiligte) R“ *ip-pu-šu* „erarbeiten wird“. In Dar 280 wird „er“ *ip-pu-uš* „erarbeiten“; „er“ ist – wie die Nebenklauseln zeigen – ebenfalls der zweitgenannte Gesellschafter. Nach den Nebenklauseln erhält er vom erstgenannten Gesellschafter ein Grundstück und Geräte[544]; beides hat er nach einem Jahr an seinen Mitgesellschafter – es handelt sich um den Chef des bedeutenden Geschäftshauses Egibi[545] – wieder herauszugeben; die-

540 Vgl. o. 61 f. und A 342.

541 War über die Lagerung des Gesellschaftsvermögens im Vertrag nichts bestimmt, so wurden darüber wahrscheinlich besondere Vereinbarungen – oft wohl mündlich – getroffen.

542 Eine wechselseitige Kommenda, bei der jeder Gesellschafter mit dem Kapital des anderen allein arbeitet, ist schon deshalb ausgeschlossen, weil das Kapital ja regelmäßig gleichartig ist und die Gesellschaftsgründung in diesem Fall wirtschaftlich sinnlos wäre.

543 Vgl. dazu auch o. 55 f.; 58 f.; o. A 345.

544 Vgl. o. 62.

545 Vgl. u. 158 ff.

ser hat also das ganze Jahr über mit dem Betrieb praktisch nichts zu tun. Es wäre auch völlig unwahrscheinlich, daß sich der Chef eines so bedeutenden Geschäftshauses mit eigener Hand an diesem Unternehmen – wohl einem Handwerksbetrieb[546] – beteiligen würde. Ebenso wird in Nbk 300 der in der Gewinnklausel allein als arbeitend namentlich genannte, in der Begründungsklausel an zweiter Stelle stehende und kapitalmäßig minderbeteiligte Gesellschafter der Geschäftsührer gewesen sein[547].
Aus Dar 280 und App 5 ergibt sich, daß die in Teil I der Gewinnverteilungsklausel verwendeten Verbalformen *ippuš*[548] und *ippušu* Präsens 3. Person Singular Subjunktiv „er erarbeitet" darstellen. Unklar ist allerdings, inwieweit im Einzelfall (so in NRV 644 und Nbk 88) – wenn nicht besondere Indizien wie etwa in App 5 gegeben sind – die Form *ippušu*[549] neben der eindeutigen Schreibung *ip-pu-(uš-)šu-u'* für die 3. Person Plural „sie erarbeiten" stehen kann[550]. Falls nach dem oben[551] gesagten in NRV 644[552] ein vom Normalformular abweichender *ḫarrânu*-Vertrag Typ B vorliegt, weist die im Vertragstext erscheinende Klausel *mim-ma ma-la it-ti a-ḫa-meš [i]p-pu-šu* auf die Mitarbeit

546 Vgl. dazu u. 142.
547 Zu Nbk 300 vgl. o. 56.
548 Dar 280; NRV 655 (?).
Es handelt sich trotz Fehlens der Endung *u* um Subjunktiv; vgl. o. A 474.
Es gibt noch keine umfassende Arbeit über die neu- bzw. spätbabylonische Grammatik und Schreibung. Von Soden GAG § 193 schreibt über das Spätbabylonische (dieses beginnt nach GAG § 2 h um 625 v. Chr.: d. h. praktisch alle hier verwerteten Urkunden fallen darunter): „Es bedarf als Mischsprache eigentlich einer eigenen Darstellung."
549 Nbk 88; NRV 644; App 5, zum Singular s. A 354.
550 Vgl. A 548.
Hyatts 43 f. gibt folgende Regeln für die Pluralschreibung von Verben an: „we have all three types of writing: loss of the vowel, retention in a final C-V sign (the vowel being the one which was historically justified), and retention in a final vowel – or ÚM UN-sign. We must conclude from the first type of script that the long vowels were sometimes lost, and from the third type that they were sometimes retained. . . The reason for the retention (or restoration) of the final long vowel in this case was also psychological, for the purpose of distinguishing singulars from plurals. . . Our general conclusion, therefore, is that final long vowels were dropped unless there was a psychological reason for retaining (or restoring) them." (Vgl. dazu die beiden Aufstellungen in A 134 und 345.)
Danach ergäbe sich, daß Fälle denkbar sind, in denen es den Beteiligten unnötig schien, den Plural besonders auszudrücken, da für sie die Umstände offensichtlich waren, in denen es uns aber – da wir diese Umstände nicht kennen – zweifelhaft ist, ob es sich um Singular oder Plural handelt. Vgl. auch Kümmel, WdO 5 (1970) 284 ff.
551 Vgl. o. 52 f.
552 Die Höhe der beiderseitigen Kapitaleinlagen bleibt wegen der teilweisen Zerstörung der Tafel unbekannt.

beider Partner hin: „(An) allem, was sie miteinander erarbeiten, (haben sie gleichen Anteil)[553]." D. h. die Schreibung *ip-pu-šu* gibt 3. Person Plural wieder. Das gleiche gilt vielleicht auch für Nbk 88, 6 f. Danach sollen die beiden Gesellschafter mit paritätischen Einlagen an allem, was *ip-pu-šu* „er/sie erarbeitet/n", gleichen Anteil haben[554]. Nimmt man an, nur der zweitgenannte Gesellschafter[555] hätte hier gearbeitet, so erhebt sich die Frage, warum einer der Gesellschafter bei einer gleich hohen Kapitalbeteiligung von je 2 Minen Silber allein die Arbeit leisten sollte, beide am Gewinn aber *a-ḫa-ta šú-nu* „gleichen Anteil haben". Ein Gesellschafter wäre wohl höchstens dann dazu bereit gewesen, wenn der nicht mitarbeitende Partner zusätzlich zum Kapital besondere Verbindungen und Möglichkeiten – etwa einen eingeführten Gewerbebetrieb, Betriebsgerätschaften oder einen festen Kundenkreis – bot und so eine günstige Ertragslage in Aussicht stellte[556]. Etwas derartiges dürfte etwa in Dar 280[557] den geschäftsführenden Gesellschafter dazu bewogen haben, sich bei gleicher Kapitalbeteiligung und gleichem Gewinnanteil darauf einzulassen, die Arbeit allein auszuführen. Ob solche Verhältnisse etwa auch in Nbk 88 vorlagen, ist – von der mehrseitig auslegbaren Mietzinsklausel abgesehen – aus der Vertragsurkunde nicht zu entnehmen[558].

Bei mehreren Urkunden ist wegen des fragmentarischen Textzustandes nicht zu entscheiden, ob eine Gesellschaft i. e. S. oder eine Kommenda vom Typ B vorliegt. In der Begründungsurkunde Nbn 601 beträgt die Einlage des erstgenannten Gesellschafters 2 Minen, die seines Partners – eines Sklaven – 1 Mine Silber. Diese sehr ungleiche Kapitalbeteiligung ist an sich ein Indiz dafür, daß derjenige Gesellschafter, der die kleinere Einlage leistet, dafür zum Ausgleich die Geschäfte allein führt. Da sämtliche folgenden Klauseln zerstört sind, ist nicht zu überprüfen, ob diese Vermutung hier zutrifft[559].

In der Begründungsurkunde Nbp 12 sind die Beträge der Kapitaleinlagen der beiden Gesellschafter nicht mehr leserlich[560]; die fragmentarische Gewinnverteilungsklausel[561] läßt nicht mit Sicherheit erkennen, ob nur einer oder beide Gesellschafter die Geschäfte führen[562] [563].

---

553 Dazu o. 53.

554 Zur Frage, ob Singular oder Plural vgl. auch A 550.

555 Vgl. zu den Personen u. 162 ff.

556 Zur Ertragslage vgl. u. 138 f.

557 Vgl. dazu u. 160 f. und 142; o. 58 f. und 62.

558 Zur Mietklausel vgl. o. 61.

559 Die Gewinnverteilungsklausel (?) beginnt atypisch mit *it-ti a-ḫa-meš* „miteinander" und ist dann zerstört. Die Reste Z. 6 am Anfang sind mir unverständlich.

560 Dasselbe gilt auch für NRV 655, vgl. o. 51 f.

561 Zur Verbform vgl. o. A 345.

562 Die von San Nicolò BR 8/7, 107 gelesene Form [*ip-p*]*u(!)-šu* würde eher auf Singular

Über das Verhältnis zwischen dem geschäftsführenden Gesellschafter und seinen Partnern geben App 5 und Nbk 300 einen gewissen Aufschluß. In beiden Fällen leistet der Geschäftsführer nur eine kleinere Kapitaleinlage[564] und erhält zudem einen Ausgleich für Spesen[565] [566]. In App 5 leistet er eine Selbstbürgschaft, wie sie uns auch aus der Kommenda mit einseitiger Kapitalbeteiligung bekannt ist[567].

Insgesamt sind also bei den neubabylonischen *ḫarrânu*-Geschäftsunternehmen drei verschiedene Typen zu unterscheiden: Die Kommenda mit einseitiger Kapitalbeteiligung, die Kommenda mit zweiseitiger Kapitalbeteiligung[568] und die Gesellschaft mit beiderseitiger Kapitalbeteiligung und beiderseitiger Geschäftsführung. Für diese drei Formen standen den Schreibern nur zwei Formulartypen zur Verfügung, der aus dem Verpflichtungsschein abgeleitete Typ A und der wohl speziell für Gesellschaften entwickelte vom Typ B. Auffällig ist, daß die Trennung bei den Formularen nicht nach dem dogmatischen Gesichtspunkt vorgenommen wurde, ob eine Kommenda vorlag oder nicht, sondern daß es für die Einteilung maßgebend war, ob es sich um eine ein- oder zweiseitige Kapitalbeteiligung handelte. Das Formular vom Typ B wurde also sowohl für die Gesellschaft i. e. S. als auch für die Kommenda mit zweiseitiger Kapitalbeteiligung verwendet, während das Formular vom Typ A nur für die Kommenda mit einseitiger Kapitalbeteiligung benutzt wurde. Diese Einteilung dürfte durch das Formularwesen bedingt gewesen sein; die Kommenda mit einseitiger Kapitalbeteiligung als im wesentlichen einseitiges Schuldverhältnis konnte mühelos an das stereotype, vielfach verwendungsfähige Formular des Verpflichtungsscheins anknüpfen. Für die Fälle einer zweiseitigen Kapitaleinlage war dieses Formular kaum geeignet, es bedurfte deshalb der Entwicklung eines neuen Formulars.

---

hindeuten (San Nicolò übersetzt Plural). Möglicherweise endete die Form aber auf -*šu*-[*u'*], so daß eindeutig Plural vorgelegen hätte.

563 Ebenso bei NRV 655; die Verbalform [*ip-pu*]-*uš* – falls so zu lesen – in der Gewinnverteilungsklausel würde nach dem oben zu Dar 280 Gesagten auf nur einen Geschäftsführer schließen lassen (vgl. o. A 332); San Nicolò–Ungnad NRV S. 566 vermuten allerdings einen Schreibfehler für *ip-pu-šu-u'* und nehmen damit Geschäftsführung durch beide Gesellschafter an.

564 Vgl. o. 54.

565 Vgl. zu App 5 o. 66; A 230.

566 Vgl. zu Nbk 300 o. 66 und 36.

567 Vgl. o. 29 ff.; 59 f.

568 Ein Nebeneinander von Kommenden mit ein- und zweiseitiger Kapitalbeteiligung ist auch anderswo anzutreffen: Pappenheim ZHR 36, 85 ff. und 95 für die skandinavische Kommenda; Rehme ZHR 42, 378 für das lübische Recht (sendeve und wedderleginge); Silberschmidt Archiv für Bürgerliches Recht 23 (1904) 2 für das mittelalterliche romanische Recht.

6) Die Rechtsnatur der Viehpacht „*ana ḫarrâni*"

Für diese Vertragsart liegt m. W. eine Begründungsurkunde nicht vor. Daß es aber eine Vertragsart gab, wonach Vieh *ana ḫarrâni* vergeben wurde, setzt die Protokollurkunde TCL 12, 119[569] des Tempelgerichts von Eanna (17. Jahr Nbn, 539 v. Chr.) voraus. Ein gewisser N_1 gab[570] einem gewissen N_2 – beide waren Hirten[571] – 20 Stück Kleinvieh[572] *ana ḫarrâni*[573]. Welchem Formulartyp die ursprüngliche Begründungsurkunde, über die TCL 12, 119 und die zugehörige Gestellungsbürgschaft Pohl I 28[574] referieren, gefolgt ist, läßt sich nicht sicher ermitteln. Zwei Möglichkeiten bieten sich an; einmal die, daß die Begründungsklausel in dem bereits 10 Jahre zurückliegenden Begründungsvertrag ähnlich der in einem *ḫarrânu*-Geschäftsunternehmen mit einseitiger Kapitalbeteiligung[575] lautete: „20 (Stück) Kleinvieh des N_1, des Viehhüters der Herrin von Uruk, zu Lasten des N_2 *ana ḫarrâni*"[576]. Eine andere Möglichkeit wäre eine Formulierung analog den Viehverstellungsurkunden *ana zitti nadânu*[577] mit dem Unterschied, daß anstelle von *ana zitti* die Worte *ana ḫarrâni* erscheinen müßten[578]. Wörtlich zitiert TCL 12, 119, 4 f. aus dem nicht erhaltenen Begründungsvertrag: *a-di 5-ta šanâte*^meš^ *ina ṣi-e-ni ta*$_5$*-lit-*[*tu*] *ù gi-za-a-ta* N_1 *pu-ut zitti-šú*

---

569 Umschrift und Übersetzung bei Moore 114 f.; vgl. dazu San Nicolò Or 17 (1948) 292; v. Bolla (2. Aufl. 1963) 137 ff.

570 Ob in TCL 12, 119, 3 am Ende *iddin* „er hat gegeben" zu ergänzen ist (so v. Bolla 138 und wohl auch San Nicolò Or 17 (1948) 292 A 5), ist nach der Kopie fraglich; nach den Raumverhältnissen scheint mir nur die Ergänzung *^I^šarru-da-*[*a-nu*] möglich; zu dieser Namensergänzung San Nicolò a. a. O. A 6.

571 Die Stellung der Hirten zum Tempel von Eanna ist aus der Urkunde nicht klar zu ersehen; insbesondere nicht, ob der Versteller das Vieh im Auftrag oder als Pächter des Tempels innehatte. Für ein Auftrags- oder ein dienstähnliches Verhältnis spricht, daß die Gestellungsbürgschaft in Pohl I 28 den Tempelfunktionären geleistet wird; Vieh und Schur sind dem Tempel abzuliefern.

572 *20 ṣi-e-ni.*

573 V. Bolla 138: auf „Gesellschaftspacht", vgl. a. a. O. A 3; Moore 115: for business.

574 Vgl. dazu v. Bolla 157 ff. und San Nicolò Or 17 (1948) 292 A 6.

575 Vielleicht – wenn auch nicht zwingend – deutet darauf die zu TCL 12, 119 zugehörige Gestellungsbürgschaft Pohl I 28 (544 v. Chr.) hin, wo jener Begründungsvertrag in Z. 10 – ebenso wie in TCL 12, 119, 1 und 4 – als *ú-ìl-tì* „Verpflichtungsschein" (oder neutral „Urkunde"?) bezeichnet wird.

576 Vgl. aber Nbk 261, wo in der Begründungsklausel ausnahmsweise die Phrase *ana ḫarrâni nadânu* gebraucht wird.

577 Vgl. Kr 33; BE VIII 63; NRV 98 (S. 704 f. mit rechtsvergleichenden Hinweisen und Lit); Dar 257; 348. Vgl. dazu v. Bolla 129 ff.

578 *ana zitti* übersetzen v. Bolla 130: zum Anteil; Ungnad, Glossar 169: zur Mitbenutzung; vgl. auch CAD Z 146 1 3': *ana z. nadânu* „to give in bailment".

in-<neṭ>-ṭi-ru; v. Bolla[579] [580] übersetzt: „Auf 5 Jahre wird von dem Kleinvieh (an) Jung[en] und Schur N_1 seinen Vorzugsanteil beglichen bekommen[581]." Hierbei handelt es sich wohl um die Gewinnklausel oder um einen Teil davon. Trotz der wenigen Anhaltspunkte in Bezug auf die Viehpacht *ana ḫarrâni* dürfte die Annahme[582], daß bei diesem Vertrag der Geschäftswille der Parteien auf eine Pacht gerichtet sei, zumindest im vorliegenden Fall richtig sein. Es dürfte sich bei dem in TCL 12, 119 erwähnten Rechtsverhältnis um eine partiarische Viehpacht gehandelt haben.

7) Dauer der *ḫarrânu*-Geschäftsunternehmen

Die Begründungsurkunden enthalten bei der Kommenda mit einseitiger Kapitalbeteiligung nur vereinzelt, in den *ḫarrânu*-Geschäften mit zweiseitiger Kapitalbeteiligung aber nie eine ausdrückliche (s. aber unten zu Dar 280) Klausel über den Rückzahlungstermin[583] für die Kapitaleinlagen bzw. über die Dauer[584] oder den Beendigungszeitpunkt des Gesellschaftsunternehmens. Es ist deshalb im allgemeinen nicht feststellbar, ob das jeweilige Gesellschaftsverhältnis für unbestimmt lange oder für eine bestimmte Zeit eingegangen wurde.

In der Rückzahlungsklausel der Kommenda (Typ A) Dar 395/396[585] wird Z. 10–13 vereinbart, daß die beiden geschäftsführenden Gesellschafter die Einlagekapitalien 3 Jahre nach dem Termin der Urkundenausstellung an einem bestimmten Ort *i-na-di-nu-u'* „(zurück-)geben werden". Dies bedeutet das Ende der Kommenda; der Kapitalgeber hat seinen Gewinnanteil[586] bereits am Ende jedes Geschäftsjahres erhalten; der restliche Gewinn wurde zwischen den beiden Kommendataren geteilt[587]. Diese Vertragsdauer ist bereits Gegenstand der in Z. 9 f. vorausgehenden Klausel *a-di 3-ta šanâte*^{meš} *uṭṭatu u suluppû ina pâni U u N* „auf drei Jahre sind Gerste und Datteln (d. h. der zum Umsatz bestimmte Teil des Kommendakapitals) im Besitz (= zur Verfügung) (der geschäfts-

579 S. 138.
580 Zur Emendation vgl. CAD Z 145 r u.
581 CAD Z 145/6 übersetzt: „within five years PN will be paid his share as owner of the sheep, in offspring and in plucked wool." Die Übersetzung von *pût zitti* in „share as owner" mag für den vorliegenden Fall richtig sein, da das Eigentum bei der Viehverstellung möglicherweise beim Viehversteller bleibt. Moore 115 übersetzt *pût zitti* „his portion". Über die umstrittene Bedeutung von *pût zitti* vgl. außerdem Ungnad, Glossar 125; Weingort 37; v. Bolla 138 A 4; Petschow, Pfandrecht 68 und A 200.
582 V. Bolla S. 139.
583 Vgl. o. 32 f.
584 Vgl. zu Dar 359 o. 33.
585 Text o. 32.
586 Vgl. o. 26 und A 173.
587 Vgl. dazu o. 23 und A 160.

führenden Gesellschafter) U und N[588] " und wird Z. 16 f. in der den Vertragskontext abschließenden („negativen") Mietzinsklausel[589] wiederholt. Auch die Kommenda-Begründungsurkunde Dar 359 vermerkt in einer besonderen Klausel, daß der Vertrag auf 3 Jahre abgeschlossen ist[590]. Wahrscheinlich handelt es sich in Dar 395/396 und in Dar 359 jeweils um Handwerksbetriebe[591]; hier ist die Vereinbarung eines festen Zeitraumes weit einfacher als bei Handelsunternehmen[592]. Wegen der Ungewißheit der Dauer einer Handelsreise wurde in GCCI II 84 als Rückgabetermin für das Kapital kein bestimmtes Datum, sondern der Zeitpunkt der Rückkehr des geschäftsführenden Gesellschafters von einer bestimmten (Handels-)Reise festgesetzt[593]. In der landwirtschaftlichen *ḫarrânu*-Begründungsurkunde NRV 645 enthält die Rückgabeklausel[594] die Bestimmung, daß die Gerste nach dem Marktwert eines bestimmten Monats zurückzuzahlen ist. Hier ist die Beendigung des Geschäftsunternehmens wohl durch die Natur selbst gegeben, wahrscheinlich endet die Gesellschaft zum Zeitpunkt der Beendigung der Ernte[595]. Gelegentlich ergibt sich aber auch aus anderen Nebenklauseln, daß die Parteien zur Zeit der Geschäftsgründung eine zeitliche Begrenzung des *ḫarrânu*-Unternehmens ins Auge gefaßt hatten. So soll bei der Kommenda mit zweiseitiger Kapitalbeteiligung Dar 280 der allein geschäftsführende Gesellschafter nach Ablauf wohl eines Vertragsjahres die von seinem Mitgesellschafter zur Verfügung gestellten Gerätschaften (und das Haus) wieder zurückgeben[596].

Teilweise kann die Dauer von *ḫarrânu*-Unternehmen auch anderweitig, insbesondere aus Abrechnungs- oder Auflösungsurkunden entnommen werden. So etwa ergibt die Abrechnungsurkunde NRV651, in der das Gründungsjahr dieses Geschäftsunternehmens mit einseitiger Kapitalbeteiligung angegeben ist,

---

588 Unklar ist, weshalb die eingebrachten Fässer (vgl. o. 46., u. 136., A 288, 926) in dieser die Vertragsdauer fixierenden Klausel (ebenso wie in der Gewinnklausel, dazu A 926) nicht erwähnt werden, dagegen aber – zu Recht – in der darauf folgenden Rückzahlungsklausel. Bei letzterer ist aber allerdings auffällig, daß die zurückzugebenden Einlagekapitalien Gerste und Datteln durch *u* „und" verbunden, die Fässer aber asyndetisch angeschlossen werden. Vielleicht liegen auch für diese beiden formalen Eigentümlichkeiten die in A 926 erörterten Gründe vor.

589 Vgl. o. 46 und A 286.

590 Vgl. o. 33.

591 Vgl. u. 142.

592 Die Belege Dar 395/396; 359 stammen beide vom Egibi-Chef Marduk-nâṣir-apli als Kommendator (vgl. u. 158 f.).

593 Vgl. o. 32.

594 Vgl. o. 32 f.

595 Die Ernte fand nach RLA I 21 1 8 von Ende April bis Ende Mai statt. Die Rückzahlung sollte nach dem Marktwert des Monats Ajar (hier: 29. April–27. Mai) erfolgen.

596 Vgl. o. 62.

daß die Gesellschaft schon mindestens 7 (höchstens aber 19) Monate alt sein mußte[597]. Da es sich aber wahrscheinlich um ein „Tochterunternehmen“ handelt, muß die Muttergesellschaft noch älter sein[598]. Auch aus der Begründungsurkunde Amherst 225 kann entnommen werden, daß diese Kommenda vom Typ A bereits knapp zwei Jahre dauerte und auch in Zukunft weitergeführt werden sollte[599].
Einzelne Auflösungsurkunden zeigen, daß sich solche Gesellschaften über Jahrzehnte erstreckten. So wird in TCL 13, 160 im 3. Regierungsjahr des Kambyses eine Vermögensabrechnung (*e-pu-uš nikkassī*[600]) und -aufteilung vorgenommen über (Z. 1 f.) *kaspi šá ḫarrâni šá N a-na B id-di-nu-ma* „das Silber der Geschäftseinlage, das N an B gegeben hatte“; bei dieser Abrechnung lag der in Z. 3 referierte Tod des Kapitalgebers N(abû-aḫḫê-iddin), des Chefs des Hauses Egibi, schon etwa 16 Jahre zurück[601]. Itti-Marduk-balâṭu, der Sohn des Verstorbenen und neue Chef des Hauses, hatte also die Gesellschaft, die nunmehr in TCL 13, 160 aufgelöst wird, mit B über diesen Zeitraum weitergeführt. Aber selbst jetzt bleibt nach Z. 14 ff. z. B. noch ein Feld gemeinsames Eigentum der Gesellschafter. Es war offenbar auch noch drei Jahre später im gemeinschaftlichen Eigentum beider Parteien, denn nach dem Verpflichtungsschein Camb 317 steht ihnen im 6. Jahr des Kambyses eine aus Datteln bestehende *imittu*-Auflage[602] zu, die am gleichen Ort wie das in TCL 13, 160 erwähnte Feld zu leisten ist. Leider läßt sich aus TCL 13, 160 nicht mit Sicherheit entnehmen, ob diese Auflösung sich auf die in der Begründungsurkunde Nbk 300 vom 36. Jahr des Nebukadnezar – also etwa 42 Jahre vor der weitgehenden Auflösung in TCL 13, 160 – errichtete *ḫarrânu*-Gesellschaft mit beiderseitiger Kapitalbeteiligung bezieht. Zweifel könnten aus dem Wortlaut von TCL 13, 160, 1. ff. hergeleitet werden:

kaspi šá ḫarrâni šá N a-na B id-di-nu-ma
„(Abrechnung über) das Silber der Geschäftseinlage, das N dem B gegeben hatte.“
Diese Formulierung weist mehr auf ein *ḫarrânu*-Geschäft mit einseitiger Kapitalbeteiligung hin. Doch muß dabei andererseits beachtet werden, daß N in Nbk 300 etwa 75 % des Gesamtkapitals beigesteuert und diese Summe dem B übergeben hatte, da dieser, wie aus der Gewinnklausel ersichtlich ist[603], der

597 Die Urkunde NRV 651 stammt vom 21(?). 7. 42 Nbk; die Geschäftseinlage war im 41. Jahr Nbk (Tag und Monat sind nicht angegeben) erfolgt.
598 Vgl. u. A 853 angeführten Belege.
599 Vgl. o. 70.
600 So CAD E 191 r c; 214 l; AHw 231 r o und 789 (1969) s. v. *nikkassu.*
601 Vgl. TCL 12, 120, 11 f.; Ungnad AfO (1941/4) 60. Zu TCL 13, 160 u. 105 f.; 156.
602 Vgl. dazu u. 156 f. und A 1066.
603 Vgl. o. 86; 56.

geschäftsführende Gesellschafter war. Die erwähnte Formulierung könnte sich daher auch auf die Kommenda mit beiderseitiger Kapitalbeteiligung Nbk 300 beziehen[604]. In der zu diesem Urkundenkomplex gehörenden Urkunde Liv 13[605] hatten offenbar 13 Jahre nach Abschluß des Vertrages Nbk 300 beide Vertragspartner einige Vermögensobjekte, insbesondere zwei Sklaven, teilweise wohl als Gewinnanteile aus dem *ḫarrânu*-Vermögen entnommen.

Möglicherweise hat auch das Gesellschaftsverhältnis aus Nbn 199 mehr als 7 Jahre gedauert. Die Urkunde datiert vom 3. 8. 5. Nbn (551 v. Chr.); vielleicht aber bestand die Gesellschaft schon vor diesem Zeitpunkt, da in Nbn 199 nur eine gemeinsame Kapitalsumme für beide Parteien angegeben ist[606]. Wie die Gewinnklausel[607] ergibt, führen beide Gesellschafter die Geschäfte gemeinsam. Hiergegen könnte man einwenden, daß es sich beim erstgenannten Gesellschafter um den bekannten Itti-Marduk-balâṭu aus dem Hause Egibi[608] handelt und es zweifelhaft sei, daß dieser selbst die Geschäfte geführt habe. Dieses Argument ist hier aber nicht durchschlagend, da die Zusammenarbeit zwischen den beiden Gesellschaftern wohl nicht aus einer handwerklichen oder sonstigen manuellen Tätigkeit[609] bestand. Die gleichen Parteien treten auch in Nbn 572 (7. 12. 11 Nbn), Nbn 652 und 653 (beide vom 2. 10. 12 Nbn) gemeinsam als Gesellschafter von *ḫarrânu*-Unternehmen auf. Es ist durchaus möglich, daß es sich hier, was das Verhältnis zwischen diesen beiden Parteien betrifft, um die faktisch gleiche Gesellschaft wie in Nbn 199 handelt. Die Urkunden Nbn 572; 652; 653 sind formularmäßig Kommendaunternehmen mit einseitiger Kapitalbeteiligung durch die beiden Gesellschafter aus Nbn 199; tatsächlich liegt aber wohl nur in Nbn 652 eine Kommenda vor[610]. Zwischen Nbn 199 und 652 bzw. 653 liegt ein Zeitraum von 7 Jahren und 2 Monaten. Die Gesellschaft kann aber noch wesentlich länger gedauert haben, da sie vielleicht schon vor dem 3. 8. 5 Nbn bestand und sicher auch nach dem 2. 10. 12 Nbn noch weiterging. Zu diesem Termin schlossen ja die beiden Gesellschafter aus Nbn 199 zwei neue Verträge über die weitere Tätigkeit der Gesellschaft ab, von denen zumindest Nbn 652 als Gründung einer „Tochtergesellschaft"[611] angesehen werden muß.

Das in Nbk 116 (8. 11. 18 Nbk; 586 v. Chr.) aufgelöste[612] Geschäftsunter-

---

604 Dazwischen mag freilich so manche Novation gelegen haben. Vgl. dazu o. 69 ff.
605 Vgl. u. 101.
606 Vgl. dazu o. A 440.
607 Vgl. o. 83 f.
608 Vgl. dazu u. 153 ff.
609 Zu den Tätigkeitsbereichen der *ḫarrânu*-Gesellschaften vgl. u. 139 ff.
610 Vgl. dazu o. 76 f.
611 Vgl. dazu u. 125 f.
612 Vgl. dazu u. 104 f.

nehmen bestand vom (3) *šatti 18^{kám} ^{Id}nabû-ápla-úṣur šàr bâbìli^{ki}* (4) *a-di šatti 18^{kám} ^{Id}nabû-kudurri-úṣur šàr bâbíli^{ki}*[613] „18. Jahr des Nabû-apla-uṣur (Nabopolassar), des Königs von Babylon, bis zum 18. Jahr des Nabû-kudurri-uṣur (Nebukadnezar), des Königs von Babylon"; die Gesellschaft dauerte also 21 oder 22 Jahre lang[614].

Auch dort, wo die Gesellschaftseinlagen Agrarprodukte[615] sind, kann nicht ohne weiteres angenommen werden, daß diese nur zum einmaligen Umschlag bestimmt gewesen seien[616]. Das Gegenteil ergibt sich in zwei Einzelfällen sogar unmittelbar aus dem Urkundentext. In Dar 359, 9 heißt es: „Auf 3 Jahre ist (das Geschäftsunternehmen) miteinander abgeschlossen[617]." Hier sollen also die 51 Kur Datteln 3 Jahre als Kommendaeinlage dienen; das Kapital ist also ganz sicher zum mehrmaligen Umsatz bestimmt. Noch klarer ist dies in Dar 395/396. Dort stehen den Kommendataren drei Jahre lang 100 Kur Datteln, 50 Kur Gerste und 60 leere Fässer zur Verfügung. Nach dieser Zeit sollen sie diese Naturalien an den Kapitalgeber wieder zurückgeben[618]. Die Einlage ist also nicht als einmaliges Verkaufsobjekt gedacht, sondern als Kapital mit dem die geschäftsführenden Gesellschafter vermutlich einen Handwerksbetrieb, vielleicht zur Herstellung von Bier und Dattelwein[619], führen sollten. Man wird aber nicht nur in den Fällen, in denen eine Rückzahlungsklausel vorliegt, annehmen können, daß das Einlagekapital wieder in Naturalien zurückzugeben ist. Die Begründungsklausel selbst enthält ja einen Rückgewähranspruch auf das Einlagekapital; wurden in der Begründungsklausel Naturalien genannt, so sollten auch grundsätzlich Naturalien zurückgewährt werden. Man kann also wohl davon ausgehen, daß in allen Fällen, in denen Gerste oder Datteln in die Gesellschaft eingebracht wurden, die gleiche Menge davon bei Vertragsende – noch vor der Gewinnauszahlung – zurückzugeben war. Wollte man Naturalien einlegen, aber Silber zurückhaben, so bot sich die in der Begründungsurkunde Nbn 1013[620] verwendete Lösung an. Obwohl wahrscheinlich Wein das eigent-

---

613 Bemerkenswert ist die verschiedenartige Schreibung von Babylon im gleichen Satz.

614 Vgl. AfO 14, 58.

615 Vgl. u. 137.

616 Szlechter 67 nimmt dagegen für NRV 655 an, es handle sich um eine Gesellschaft „unius rei". Er geht davon aus, daß die Datteln nur zum einmaligen Verkauf bestimmt seien. Indessen gehört in NRV 655 auch Silber zum Geschäftsvermögen.

617 Text s. o. 33.

618 Vgl. o. 32; 90.

619 Vgl. u. 142. Eigenartig erscheint prima facie, daß die Rohstoffe – Gerste und Datteln – und nicht Silber bei Vertragsende zurückzugeben sind. Da man aber annehmen kann, das der nichtgeschäftsführende Gesellschafter den Betrieb anschließend sogleich weiterbetreiben ließ, war es äußerst sinnvoll, daß dazu die Rohmaterialien sofort zur Verfügung standen.

620 Vgl. o. 46 f.

liche Einlagekapital war, setzte man in die Begründungsklausel eine Silbersumme ein und vermerkte in einer besonderen Klausel, daß es sich bei dieser Summe um „den Kaufpreis von 70 Krügen Wein" handle. Der Kapitalgeber wollte also Silber und keinen Wein zurück. Deshalb ist es ausnahmsweise möglich, daß das Geschäftsunternehmen Nbn 1013 nur dazu diente, die eingebrachten 70 Krüge Wein (wohl im Einzelhandel) zu vertreiben[621]. In allen anderen hier behandelten Fällen wäre ein bloß einmaliger Verkauf sinnlos gewesen, da man ja eine gleiche Menge Naturalien[622] bei Beendigung der Gesellschaft wieder zurückgeben mußte[623].
Wie die Abrechnungsurkunde TCL 13, 160[624] zeigt auch der Verpflichtungsschein NRV 413 (5. 3. 13 Nbn; 543 v. Chr.), daß Gesellschaften auch nach dem Tode des Kapitalgebers weitergeführt werden konnten. Aus der Schlußklausel der Urkunde ergibt sich, daß der bekannte Geschäftsmann Ṭâbija einem gewissen Nabû-gâmil eine *ḫarrânu*-Kapitaleinlage gegeben hatte. Nunmehr – nach dem Tode des Ṭâbija – sind dessen Söhne Gläubiger in ungeteilter Erbengemeinschaft[625]. Jener Nabû-gâmil arbeitete anscheinend bereits vor dem Monat Tašrit des 37. Jahres des Nabû-kudurri-uṣur (568 v. Chr.) in einer Gesellschaft mit Ṭâbija zusammen[626]. Handelte es sich in NRV 649 und 413 um

---

621 Vgl. u. 141 f.

622 Der geschäftsführende Gesellschafter hätte also, nachdem er die Datteln verkauft hatte, mit dem Erlös wieder die gleiche Menge Datteln kaufen und an den Kapitalgeber abliefern müssen. Ein Gewinn hätte zwar auch dann entstehen können, wenn der Verkauf – etwa im Einzelhandel – mehr eingebracht hätte als der Einkauf en gros. Aber auch in diesem Fall wäre weit eher zu erwarten, daß der geschäftsführende Gesellschafter das eingenommene Silber an den Kapitalgeber abliefern mußte und dieser dann den Einkauf im Großhandel durchführte. Da der Kapitalgeber im allgemeinen der wirtschaftlich Mächtigere war, hätte er wohl auch einen Einkauf en gros günstiger durchführen können.

623 Die lange Dauer der Geschäftsunternehmen läßt den Schluß zu, daß es sich dabei zum weitaus größten Teil um Gesellschaften handelt, die nicht nur den einmaligen Umsatz ihrer Kapitalien betreiben; anders Szlechter 67 für NRV 654 und NRV 655; diesen Urkunden stellt Szlechter Nbn 199 als Gesellschaft „alicuius negotiationis" gegenüber.

624 Vgl. o. 92; A 708; TCL 13, 160, 3:
ár-ki mi-tu-tu šá N I u B it-ti a-ḫa-meš i-pu-šu-u'
„(Das *ḫarrânu*-Unternehmen, das) nach dem Tode des N I und B miteinander gemacht haben (d. h. weitergeführt haben)."
Möglicherweise bedurfte es einer Willenserklärung der Erben, um die Gesellschaft nach dem Tode eines Gesellschafters weiterzuführen. (Moore 159 dagegen nimmt an, was ebenfalls möglich wäre, *i-pu-šu-u'* beziehe sich auf „Abrechnung".)

625 Vgl. u. 182.

626 Vgl. die undatierte Rechnungstafel NRV 649, die über Silberabhebungen aus dem 37. und 38. Jahr Nbk berichtet.

die gleiche Gesellschaft[627], so muß diese über 24 Jahre gedauert haben, da sie möglicherweise schon vor dem 37. Jahr des Nabû-kudurri-uṣur gegründet und auch durch NRV 413 nicht in ihrem Fortbestand beeinträchtigt worden wäre. Auch nach der Teilungsurkunde[628] TCL 12, 43 scheinen eine oder beide der dortigen Parteien zunächst das Geschäftsunternehmen ihres (bzw. ihrer) verstorbenen Vaters (bzw. Väter) fortgeführt zu haben. In TCL 12, 43 wird nun der größte Teil des Geschäftsunternehmens verteilt; ein anderer Teil wurde wahrscheinlich in Gemeinschaft belassen[629]. Auch die leider sehr zerstörte Prozeß(?)-Urkunde Camb 412 aus Sippar berichtet über eine beiderseitige Vererbung[630] eines Kommendaverhältnisses[631]. Die im 1. Jahr des Neriglissar gegründete Kommenda wurde unter Nabonid wohl durch eine weitere Kapitaleinlage erheblich vergrößert und war anscheinend im 9. Jahr des Cyrus[632] – also 29 Jahre nach der Gründung – auf die Söhne der Gründer übergegangen. 37 Jahre nach ihrer Gründung war es wahrscheinlich zu dem in Camb 412 vom 8. Jahr des Kambyses beurkundeten Prozeß gekommen. Die Kommenda hatte also damit anscheinend mindestens drei, vielleicht sogar vier Thronwechsel und den Einmarsch der Perser in Babylonien[633] überdauert. Ein weiteres Indiz für die lange Dauer der *ḫarrânu*-Geschäfte ist auch das Vorliegen zahlreicher „Tochtergesellschaften", deren Mütter sowohl Geschäftsunternehmen mit ein- als auch mit zweiseitiger Kapitalbeteiligung sind[634].
Die neubabylonische Kommenda war auf weit längere Dauer berechnet als das altbabylonische *tappûtum*-Geschäft, für das Eilers[635] eine Vertragsdauer von wenigen Monaten annimmt. Eilers[636] selbst weist schon auf die weit längere

627 In NRV 649 erscheint freilich noch eine dritte Person; diese aber könnte zwischenzeitlich aus der Gesellschaft ausgeschieden sein.

628 Vgl. u. A 743.

629 Vgl. u. 108 f.

630 Vgl. Petschow, Pfandrecht A 107.

631 Es handelt sich ziemlich sicher um eine Kommenda mit einseitiger Kapitalbeteiligung; man muß wohl am Ende von Z. 3 *ina muḫḫi* „zu Lasten" entsprechend dem Anfang von Z. 6 ergänzen:
(1) *ú-ìl-tì šá 1/2 mana kaspi šá ḫarrâni šá šatti 1*^{kám} ^{Id}*nergal* [-*šàr-uṣur*] (2) *šàr bâbìli*^{ki} *ù ú-ìl-tì šá 1 1/2 mana kaspi šá ḫarrâni šá š*[*atti x*^{kám}] (3) ^{Id}*nabû-na'id šàr bâbìli*^{ki} *šá* N_1 *š*[*á ina muḫḫi*] (4) N_2
„(Betrifft) die Urkunde über 1/2 Mine Silber der *ḫarrânu*-Einlage des Jahres 1 Ner. . . und die Urkunde über 1 1/2 Minen Silber der *ḫarrânu*-Einlage vom [x. Jahr] des Nbn. . . des (Kommendators) N_1, d[ie zu Lasten] (des Kommendatars) N_2 sind."

632 Vgl. Camb 412, 4 f.

633 Die Urkunde stammt nach der Kopie vom 27. 11. 8 Camb; vgl. zu diesem Datum Parker–Dubberstein 14.

634 Vgl. dazu u. 125 f.

635 S. 18.

636 S. 19 f.

Vertragsdauer der neubabylonischen Kommenda gegenüber dem altbabylonischen *tappûtum*-Geschäft hin. Auch in den Fällen, in denen wir aus den Urkunden nichts über die Dauer des Geschäftsunternehmens entnehmen können, dürfte die Kommenda häufig auf mehrere Jahre berechnet gewesen sein. Mehrjährige Dauer ist für neubabylonische Rechtsverhältnisse im Gegensatz zur altbabylonischen Zeit auch bei anderen Vertragstypen, etwa Miet- und Pachtverträgen und gewöhnlichen Schuldurkunden, durchaus nichts ungewöhnliches. Der Grund für diese – im Gegensatz zur altbabylonischen Zeit – sehr lang andauernden Schuldverhältnisse ist wohl in den fortgeschrittenen wirtschaftlichen Verhältnissen zu sehen, die in dieser Zeit in Babylonien herrschten[637].

8) Abrechnungen

Die lange Dauer der *ḫarrânu*-Gesellschaften machte es erforderlich, daß schon vor der Auflösung und Endabrechnung von Zeit zu Zeit zwischen den Geschäftspartnern Zwischenabrechnungen vorgenommen wurden[638]. Hauptziele dabei dürften die Gewinnfeststellung und die Gewinnentnahme gewesen sein. Die Parteien werden meist eine stetige Auszahlung der Überschüsse beabsichtigt haben[639]. So wird in der Begründungsurkunde Dar 395/396 festgelegt, daß der Kapitalgeber trotz der dreijährigen Dauer der Gesellschaft seinen hier festbezifferten Gewinnanteil[640] jährlich erhalten soll. Die Fixierung der jährlichen Gewinnauszahlung im Vertragstext geschah hier zwar nicht, um die Abrechnung selbst festzulegen, sondern einzig um den Zeitraum zu begrenzen, für welchen die Geschäftsführer die feststehende Gewinnrate zu zahlen hatten. Trotzdem kann daraus mit großer Wahrscheinlichkeit geschlossen werden, daß der Gewinn für alle Beteiligten nicht nur pro Jahr berechnet, sondern auch – vielleicht von Vorschüssen abgesehen – jährlich ausbezahlt werden sollte. Man kann wohl auch für die Begründungsurkunden, die keine Bestimmungen über Zwischenabrechnungen enthalten, annehmen, daß der Gewinn von Zeit zu Zeit errechnet und meist auch ausbezahlt wurde.

Die vorliegenden Urkunden geben uns kaum Aufschluß darüber, wie die „Buch"-führung in den *ḫarrânu*-Geschäftsunternehmen gehandhabt wurde. Vor allem dort, wo nicht alle Gesellschafter die Geschäfte führten, war es notwendig, die nicht mitarbeitenden Genossen vor unrichtiger Rechnungsführung

637 Vgl. dazu Oppenheim, Mietrecht 135 A 1; Petschow, Pfandrecht 147 f.

638 Nach Rehme ZHR 42, 386 fanden auch bei der lübischen Kommenda von Zeit zu Zeit Abrechnungen statt.

639 Eine ständige Kapitalakkumulation ohne Gewinnausschüttung hätte aus einer Kommenda mit einseitiger Kapitalbeteiligung eine solche mit zweiseitiger Kapitalbeteiligung entstehen lassen.

640 Vgl. o. A 173.

zu schützen. Wahrscheinlich gab es bestimmte Grundsätze, nach denen die Einnahmen und Ausgaben festgehalten wurden. Aus diesen Angaben konnten dann die Hauptabrechnungen von Zeit zu Zeit[641] bewerkstelligt werden, die ihrerseits als Grundlage einer Gewinnausschüttung dienten. Verschiedentlich sind uns Urkunden erhalten, die zwischen der Gründung der Gesellschaft[642] und ihrer Auflösung[643] als Geschäftsurkunden errichtet wurden. Hierbei sind Schriftstücke bezüglich des Außenverhältnisses[644] und des Innenverhältnisses zu unterscheiden. Von den internen Urkunden sind uns natürlich nur *Ton*täfelchen erhalten, andere benutzte Schriftträger wie Wachstafeln usw. hatten kaum Aussicht, die Zeiten zu überdauern. Die Zerschlagung von Urkunden bei Beendigung von Gesellschaften[645] wurde verschiedentlich schriftlich festgehalten; da wir aber über den Umfang dieser Zerstörungen nichts wissen, ist es kaum möglich festzustellen, in welchem Verhältnis die überlieferten Urkunden zu den absichtlich zerstörten stehen.

Wiederholt werden in den erhaltenen Urkunden verschiedene Typen von Urkunden – teilweise nebeneinander – erwähnt, die offenbar im Verlaufe der Geschäfte der *ḫarrânu*-Unternehmungen angefertigt wurden: *lê'u*[646], *u'iltu*[647] und *giṭṭu*[648]. Diese verschiedenen Tafeltypen dienten offensichtlich im Geschäftsablauf als Verpflichtungsurkunden der Parteien untereinander (*u'iltu*, insbesondere wohl die novierenden *ḫarrânu*-Begründungsurkunden) oder als Aufzeichnungen über Geschäftsvorfälle oder Abrechnungen (*lê'u; giṭṭu).*

---

641 Die vorliegenden Abrechnungsurkunden sind auffällig häufig um den 20. eines Monats datiert:

Nbn 787:	19. 6. 14 Nbn
NRV 649:	20. 11. 38 Nbk
Liv 13:	20. 6. acc Nbn
NRV 651:	21. 7. 42 Nbk
Moldenke 14:	23. 2. 6 Nbn

Möglicherweise wurden die Abrechnungen im allgemeinen zu diesem Termin vorgenommen. Vereinzelt erscheinen jedoch auch andere Termine, so z. B. in BrM 84 2–11, 128 der 5. 10. 17 Dar.

642 Zu beachten ist hierbei, daß auch ein Teil der Begründungsurkunden Zwischenabrechnungen darstellen; vgl. o. 69 ff.

643 Vgl. dazu u. 102 ff.

644 Vgl. vor allem die u. 121 ff. behandelten Urkunden.

645 Vgl. z. B. u. 106.

646 AHw 546/7 spätbab. Holz-, (bes. Register-), Wachstafeln; CAD Ḫ 171 r u „wax tablets"; G 112 r b) und E 404 r o „ledgers"; RCT 3; TCL 12, 43, 29; 13, 160, 12.

647 „Verpflichtungsscheine"; CAD G 112 r b) „promissory notes"; TCL 12, 43, 29; 13, 160, 12, vgl. dazu u. 106.

648 AHw 294 „längliche Tafel, Quittung, Bescheinigung"; CAD G 112 r b) und E 404 r o „receipts"; Ḫ 171 r u „(clay) tablets"; TCL 13, 160, 13 (dazu s. u. 120 f.); [12, 43, 29 (?)]; vgl. BrM 84–2–11, 128 (BR II 61): *giṭ-ṭa-nu maḫ-ru-tu ḫe-pu-tu* s. A 500.

Eine Urkunde, die über eine Gewinnausschüttung berichtet, dürfte die Rechnungstafel NRV 649 sein. Die Abrechnung umfaßt den Zeitraum vom 7. Monat des 37. Jahres Nbk (568 v. Chr.) bis zum 20. 11. 38 (566 v. Chr.), also nicht ganz 1 1/2 Jahre. Die drei Gesellschafter hatten offenbar laufend, wahrscheinlich nach Bedarf, kleinere Beträge aus dem Geschäftsvermögen entnommen: Ṭâbija[649] 25 3/8, Bêl-erîba 13 13/24 und Nabû-gâmil 7 13/24 Sekel Silber. Diese Entnahmen wurden wohl laufend notiert und dann gelegentlich zusammengerechnet. Im Zuge der Abrechnung in NRV 649 wurden auch noch andere geschäftliche Vorgänge festgehalten, so ein Anspruch der Gesellschaft bezüglich Vieh[650]. Nabû-gâmil hatte wohl außerdem seinerseits einem Dritten aus dem Gesellschaftsvermögen eine *ḫarrânu*-Einlage gegeben oder geben lassen[651]; davon dürfte am Ende der Urkunde NRV 649 (= VS IV 30, 14 ff.) die Rede sein, wo es heißt:

1/3 1 šiqil kaspu ina ḫarrâni šá ul-tu ^{âl}*ur-ku i-ḫi-is š[á] ḫarrâni-šú šá N*
„1/3 (Mine) 1 Sekel Silber vom Geschäftsunternehmen, das aus ^{âl}*ur-ku*[652] zurückgezogen worden (?) ist[653], geh[ört] zur Geschäftseinlage des Nabû-gâmil."

Vielleicht sollte der Vermerk festhalten, daß jene Geschäftseinlage (oder ein Teil davon, nämlich 21 Sekel Silber) nicht zum Privatvermögen eines der Gesellschafter, sondern in das gemeinsame, vielleicht von Nabû-gâmil als Kommendatar geführte Geschäftsunternehmen gehört[654] [655].
Zu diesem Geschäftskomplex des Ṭâbija gehört wohl auch die Tafel NRV 651. Im 41. Jahr des Nabû-kudurri-uṣur (564/563 v. Chr.) erhielten N[656] und B Datteln „vom (aus dem) Geschäftsunternehmen des M" *ana ḫarrâni* „zu einem Geschäftsunternehmen". Es handelt sich wohl um die Gründung eines „Tochterunternehmens"[657]; die Struktur der Muttergesellschaft ist aber unklar[658],

---

649 Zu Tâbija vgl. u. 178 ff.
650 Vgl. NRV 649 = VS IV 30, 17 f. (am Rande).
651 Möglich wäre allerdings auch, daß es sich nur um eine normale Forderung der *ḫarrânu*-Gesellschaft handelte.
652 Die Lage des Ortes ist m. W. bisher unbekannt.
653 So San Nicolò-Ungnad in NRV 649; AHw 713 l u (zur Stelle): „(in den Fiskus) zurückfließen".
654 Die Formulierung *ḫarrâni-šú šá N* ist ein Aramaismus; vgl. Ungnad–Matouš § 104c.
655 Die Urkunde hat den Vermerk *ina ušuzzu*^{zu} *šá B* „in Gegenwart (als Zeuge) des B"; vgl. NRV S. 562; AHw 409 l u. Möglicherweise war B ein Beauftragter des Kapitalgebers.
656 Wohl der schon in NRV 649 vorkommende Nabû-gâmil.
657 Vgl. dazu u. 125 f.
658 Vielleicht war Ṭâbija Kapitalgeber und M Kapitalnehmer.

ziemlich sicher ist aber auch hier der Geschäftsmann Ṭâbija daran beteiligt. Am 21. Tašrit des 42. Jahres (Oktober 563 v. Chr.) wird nun in NRV 651 eine Aufstellung über den Verbleib der Datteln angefertigt[659]. Ziel der Urkunde dürfte es gewesen sein, die Eigentumsverhältnisse klar zu stellen und den nicht geschäftsführenden Gesellschaftern einen Überblick über den Stand des Gesellschaftsvermögens zu vermitteln. Eine weitere Rechnungstafel aus den Geschäftsunternehmen des Ṭâbija stellt NRV 647 dar[660].
Andere einschlägige Texte bieten die Unternehmen des Hauses Egibi. Im Jahre 552 v. Chr. (22. 7. 4 Nbn) gründete R mit B eine Kommenda mit einseitiger Kapitalbeteiligung; B war Geschäftsführer[661]. Das Kapital stammte aus der Kommenda zwischen dem Egibi-Chef N (abû-aḫḫê-iddin) und R; auch hier handelte es sich also um die Gründung einer „Tochtergesellschaft"[662]. Sowohl die Muttergesellschaft als auch die Tochter bestanden offenbar auch noch über 1 1/2 Jahre später, wie die Abrechnungsurkunde Moldenke 14 (23. 2. 6 Nbn; 550 v. Chr.) erkennen läßt. Um die Tochtergesellschaft deutlich vom Stammunternehmen zu unterscheiden, wurde letzteres als (Z. 17) (*. . . kaspu šá*) *ḫarrâni šá N u R ina pâni R* „(. . . Silber des) Geschäftsunternehmens des N und des R zur Verfügung des R" bezeichnet. Es dürfte sich hier um eine Vermögensaufstellung der Muttergesellschaft handeln. Das Geschäftsvermögen besteht aus Fässern[663], aus einer Dattelforderung[664], aus der Beteiligung an dem in Moldenke 13 gegründeten „Tochterunternehmen"[665], verschiedenen metallenen und hölzernen Gegenständen[666] und Sklaven(?)[667] [668]. Wahrscheinlich diente diese Urkunde dazu, den nicht geschäftsführenden Gesellschafter über den Vermögensstand seiner Gesellschaft zu unterrichten. In Nbk 300 hatte derselbe Gesellschafter, der Egibi-Chef Nabû-aḫḫê-iddin, im Jahre 569 v. Chr. (1. 5. 36 Nbk) mit einem gewissen B eine Kommenda mit zweiseitiger Kapitalbeteiligung

659 Die Datteln befinden sich teilweise im Speicher und in einem Verkaufsstand, der auf einer Straße steht. Vgl. dazu u. A 1000.

660 Unklar ist, ob die gesamte Rechnungstafel oder nur der letztgenannte Posten ein *ḫarrânu*-Unternehmen betrifft.

661 Moldenke 13; vgl. dazu u. 122; 151 f.

662 Vgl. dazu u. 125 f.

663 Darunter 40 leere Fässer und 10 Fässer mit Bier.

664 Es handelt sich hier um eine normale Forderung und nicht wie im folgenden Posten um die Beteiligung an einer *ḫarrânu*-Tochtergesellschaft.

665 Zur Frage, warum die Beteiligung hier 18 Sekel Silber hoch ist, in Moldenke 13 aber 20 Sekel, vgl. u. 122.

666 Darunter ein kupfernes Heizöfchen, ein eisener Spaten und Stühle.

667 Zweifelhaft; es werden weder Zahl noch Namen der Sklaven angegeben.

668 Alle Naturalien und sonstigen Sachen werden jeweils in ihren „buch"-mäßigen Silberkapitalwert umgerechnet und Z. 17 zu einem Gesamtbetrag von 70 Sekeln Silber zusammengerechnet.

gegründet[669]; B war Geschäftsführer. Darauf bezieht sich vielleicht die zwischen beiden vorgenommene Abrechnung Liv 13[670] (20. 6. acc Nbn; 556 v. Chr.). Nach Z. 1–4 hatte wohl Nabû-aḫḫê-iddin 1 1/2 Minen Silber *ul-tu ḫarrâni-šú* „aus seinem Geschäftskapital" abgehoben; in Anrechnung darauf hatte er die Z. 20–23 aufgeführten, anscheinend zum Kommendavermögen gehörigen zwei Forderungen aus Verpflichtungsscheinen gegen zwei Drittschuldner übernommen. In Z. 4 ff. erscheinen drei Rechnungsposten: eine Forderung über 30 Sekel Silber, ein Sklavenkaufpreis über 20 Sekel Silber und 40 weitere Sekel Silber, von denen es heißt, sie seien *ul-tu ḫarrâni* „aus dem Geschäftsunternehmen". Diese 3 Posten erhält B, d. h. er wird Gläubiger der Forderung über 1/2 Mine Silber und Eigentümer der Sklavin[671] (vgl. Z. 17). Die restlichen 40 Sekel Silber hatte er vielleicht schon früher bar entnommen. Jene drei Posten zusammen ergeben Z. 9 f. dieselbe Summe von 1 1/2 Minen Silber[672], wie sie N abgehoben hatte. Der Egibi-Chef erhält Z. 16 einen anderen Sklaven im Wert von 67 1/2 Sekel Silber, für den er anscheinend den Kaufpreis zum Geschäftsvermögen gegeben hatte (Z. 12–15). Das *ḫarrânu*-Vermögen bestand hiernach also aus Geldforderungen gegen Dritte[673], Sklaven und wohl Barkapital.

Eine weitere Abrechnungsurkunde von einem *ḫarrânu*-Geschäftsunternehmen Typ A enthält die oben S. 78 f. eingehend besprochene Tafel BrM 84 2–11, 128[674] [675].

Eine interne Vereinbarung anscheinend zwischen mehreren Gesellschaftern enthält TCL 12, 26 (2. 11. 2 Nbk; 602 v. Chr.). Offenbar hatte ein Sklave – wohl eines Gesellschafters – vielleicht mit anderen Leuten einen Diebstahl gegenüber dem Z. 8 genannten *ḫarrânu*-Vermögen begangen. Nach Z. 2 f. soll *a-ḫu zitti* „ein gleicher Anteil" (vom Gestohlenen) drei weiteren Personen gehören. Was „er" (vielleicht der Eigentümer des Sklaven) von den Dieben zurückerlangt, daran sollen sie *a-ḫa-meš šú-nu* „gleichen Anteil haben"[676]. Die Abgaben (*têlîtu*[677]) oder die Unkosten für die Ergreifung des Täters, die der Sklaven-Eigentümer zu zahlen hat, darf er *ul-tu ḫarrâni i-na-áš-ši* „aus dem Geschäftskapital

---

669 Vgl. u. 150.
670 Vgl. o. nach A 604.
671 Die in der Urkunde verteilten Sklaven werden namentlich genannt.
672 (Z. 9) *napḫar 1 1/2 mana kaspu* „zusammen 1 1/2 Minen Silber".
673 Z. 4 f.; 20 ff.
674 BR II 61.
675 Die *ḫarrânu*-Geschäftsurkunden des Iddin-Marduk aus dem Hause Nûr-Sîn werden u. 167 ff. behandelt; s. Nbk 269; 271 (169); 309 (172 f.); 387; 402 (173). Zu Nbn 787 (Egibi) vgl. u. 154 f.
676 Vgl. CAD A I 166 r u.

davontragen"[677]. Weiteres ist aus der knapp stilisierten Urkunde leider nicht zu ersehen[678].

9) Auflösung der *ḫarrânu*-Gesellschaften[679]

Wie die angegebenen Urkundenschemata zeigen, enthalten die Begründungsverträge in der Regel keine Bestimmungen über Zeitpunkt und Form der Auflösung[680]. Gesetzliche oder gewohnheitsrechtliche Regelungen oder die Umstände des Einzelfalls bzw. vertragliche Auflösungsvereinbarungen werden daher die Beendigung der Gesellschaft bestimmt haben. War im Begründungsvertrag über die Dauer der Gesellschaft nichts vereinbart, so konnte möglicherweise die Auflösung jederzeit von jeder Partei verlangt werden. Dies galt wahrscheinlich dort nicht, wo sich eine Mindestdauer aus der Natur der Gesellschaft ergab, wie etwa bei Handelsreisen und landwirtschaftlichen Arbeiten. Nach dem vorliegenden Material kann davon ausgegangen werden, daß bei der Auflösung der *ḫarrânu*-Gemeinschaften zuerst die Einlagen – soweit vorhanden in Natura oder in Silber berechnet – zurückerstattet wurden oder mangels „Bargeld" das vorhandene Vermögen wertmäßig berechnet und dann zunächst auf die Einlagen zugeteilt wurde. Die verbleibenden gemeinsamen Vermögensobjekte teilte man anschließend unter die Gesellschafter auf und führte sie ebenfalls in deren Alleineigentum oder Alleingläubigerschaft im Wege der Forderungsabtretung über[681]. Miet- oder leihweise eingebrachte Gegenstände wurden zurückgegeben[682]. Verbliebene Schulden der Gesellschaft wurden, falls sie nicht im Zuge der Auflösung bezahlt wurden, von den oder von einer der Parteien übernommen[683]. Unklar muß bei dem geringen vorliegenden Urkundenmaterial[684] bleiben, ob und welche Unterschiede zwischen Auflösungsurkunden von Geschäftsunternehmen mit ein- und zweiseitiger Kapitalbeteiligung bestanden. Bei den mei-

677 Vgl. CAD E 129 r m.

678 Vielleicht darf vermutet werden, daß hier der Eigentümer für seinen Sklaven nicht haftete, wenn letzterer etwa für die Gesellschaft tätig wurde. Denn andernfalls wäre zu erwarten, daß das Diebesgut dem Eigentümer des Sklaven als Gewinnauszahlung oder Kapitalrückzahlung zugewiesen worden wäre und er dann selbst auf eigene Kosten hätte sehen können, wie er sein Gut zurückbekäme.

679 Über die Auflösungsurkunden altbabylonischer Kommenden vgl. Eilers 27 ff. und die Serie *ana ittišu* MSL I 75, 9 ff.

680 Zu den Urkundenschemata vgl. o. 9 f. und 49 f.

681 Zu den Eigentumsverhältnissen vgl. u. 117 ff.

682 Vgl. dazu die Rückgabeklausel in Dar 280 (o. 62).

683 So etwa in Nbk 356; vgl. dazu u. 111, 170 f. und A 1152.

684 Die im Verhältnis zu den Begründungsverträgen geringe Zahl von Auflösungsurkunden ist wohl als weiterer Beweis dafür zu werten, daß nicht mit jeder Begründungsurkunde die Neugründung einer Gesellschaft verbunden war. Vgl. dazu o. 76 f.

sten Auflösungsurkunden ist nicht zu ersehen, um welchen Gesellschaftstyp es sich bei dem aufgelösten Geschäftsunternehmen gehandelt hat. Terminus technicus für die Durchführung der Auseinandersetzung ist *epûš nikkassî/â ... epêšu*[685] „(die Durchführung der) Abrechnung ... durchführen[686]"; der Ausdruck selbst ist allerdings nicht auf die Vermögensauseinandersetzung bei *ḫarrânu*-Verhältnissen beschränkt, sondern auch bei sonstiger Vermögensauseinandersetzung geläufig[687]. Diese Phrase wurde schon beim altbabylonischen *tappûtum*-Geschäft[688] für die Erstellung der Abrechnung verwendet. In Nbk 116, 5 fand die Abrechnung *ina pâni dajjânê* „vor den Richtern" statt, die eine Entscheidung dahin fällen, daß die eine Partei – Vater und Sohn – (noch) 50 Sekel Silber an die zwei weiteren Beteiligten schuldet. Da in den übrigen Belegen ein Verfahren vor den Richtern nicht erwähnt wird, ist zu vermuten, daß eine Abrechnung und Auseinandersetzung vor den Richtern nur im Streitfalle stattfand; auch ein Abrechnungsverfahren etwa vor dem Gotte Šamaš wie in altbabylonischer Zeit[689] ist hier nicht bezeugt.

Im folgenden werden die wenigen vorhandenen Auflösungsurkunden eingehender behandelt, vor allem auch im Hinblick auf die zur Verteilung kommenden Gegenstände. Aus ihnen ergeben sich eine Reihe von Anhaltspunkten dafür, welche Geschäftsarten die *ḫarrânu*-Gesellschaften betrieben.

Die Auflösungsurkunden beginnen mit einer Abrechnungsklausel[690], auf die dann die Vermögensverteilung[691] folgt. Anschließend erscheinen – mehr oder weniger regelmäßig[692] – Klauseln über Nichtanfechtung[693], die Gesellschaftsauflösung[694], Eidleistung[695], die Abrechnungsbeendigung[696] und Zerstörung früherer Urkunden[697], eine Klausel über Gegenstände, die weiter gemeinschaftlich bleiben sollen[698] und eine Klausel über den beiderseitigen Besitz einer Ver-

---

685 Vgl. CAD I/J 169/170 und o. A 600.

686 Belege: TCL 13, 160, 1; Nbk 116, 5 f.

687 Beispiele dazu Ungnad, Glossar 108 s. v. *nikkassu* und die o. A 685 angegebenen Stellen.

688 Vgl. Eilers 27: *nikkassam epêšum* „die Abrechnung vollziehen."

689 Vgl. dazu Eilers 33 (bezüglich des Innenverhältnisses mehrerer Kapitalnehmer).

690 Nbk 116, 1–6; TCL 12, 43, 1–3; 13, 160, 1–4.

691 Nbk 116, 6–7; TCL 12, 43, 4–43; 13, 160, 5–10.

692 Die wenigen vorhandenen Urkunden können natürlich über die Häufigkeit von Klauseln nur sehr beschränkte Aussagen machen.

693 Nbk 116, 8.

694 Nbk 116, 9.

695 Nbk 116, 10; TCL 12, 43, 43 f.

696 Nbk 116, 10 f.; 356, 6 f.; TCL 13, 160, 11.

697 Nbk 116, 11 f.; TCL 13, 160, 12 f.

698 TCL 13, 160, 13–16; TCL 12, 43, 23 f.

tragsurkunde[699]. Den Schluß bilden regelmäßig Zeugen, Schreiber, Ort und Datum.

Eine Auflösungsurkunde einer aus vier Personen[700] bestehenden Gesellschaft liegt uns in der eben erwähnten Tafel Nbk 116 vom 8. 11. 18 Nbk[701] vor. Die Auseinandersetzungsforderungen waren wohl streitig, so daß man vor Gericht ging. Die Urkunde beginnt mit einer Abrechnungsklausel[702], dann folgen je eine Klausel über den zu einer gerechten Verteilung notwendigen (richterlichen) Vermögensausgleich[703], Nichtanfechtung[704], Bekräftigung der Auflösung bzw. Aufhebung eines Nebenerwerbsverbotes[705] sowie noch einer Eidesformel[706], Klauseln über die Beendigung der Abrechnung[707] und über die Zer-

---

699 TCL 12, 43, 44 f.; 13, 160, 16.

700 Je zwei Personen bilden eine der beiden Parteien.

701 Zu dieser Urkunde vgl. o. 94 f.

702 Nbk 116:
(1) *ḫarrânu šá* N_1 *u* N_2 *mârî-šú (!) ù (?!) šá* (2) N_3 *u* N_4 (3) ^{h}*šu-ta-pe-e šá ul-tu šatti 18*^{kám} Nbp (4) *a-di šatti 18*^{kám} Nbk *it-ti a-ḫa-meš* (5) *il-lik-ú nikkassâ ina pâni* ^{h}*dajjânê*^{meš} (6) *it-ti a-ḫa-meš i-pu-šu*
„(Bezüglich) des Geschäftsunternehmens der Genossen N_1 und N_2, seines (!) Sohnes, und (?!) N_3 und N_4, das sie vom 18. Jahr Nbp bis zum 18. Jahr Nbk miteinander betrieben haben (wörtlich: gegangen sind), haben sie vor den Richtern miteinander die Abrechnung getätigt."

703 Nbk 116:
(6) *50 šiqil kaspa ina muḫ-ḫi* (7) N_2 *u* N_1 *abî-šú ip-ru-su*
„50 Sekel Silber zu Lasten des N_2 und N_1, seines Vaters, haben sie (die Richter) entschieden."

704 Nbk 116, 8:
ta-a-ri u da-<ba>-a-bu ina bi-ri-šú-nu i̯a-a-nu
„Zurückkommen (d. h. auf die Angelegenheit) und Klagen zwischen ihnen gibt es nicht."
CAD B 248 l u „there will be no renewing of any claim by any of them". Vgl. auch CAD D 9 l m; AfO 14, 58.

705 Nbk 116, 9:
pâṭ-rat
„Es ist aufgelöst."
Damit wird die Auflösung des *ḫarrânu*-Unternehmens festgestellt; die folgende Klausel stellt wohl eine weitere Bekräftigung dessen dar, könnte aber auch als Aufhebung eines etwaigen Nebenerwerbsverbotes aufgefaßt werden:
(9) *man-nu ḫarrâna (!) šá rama-ni-šú il-lak*
„Jeder bzw. jede (Partei) (zu *man-nu* vgl. AHw. 603 r 4b) wird sein/ihr eigenes Geschäftsunternehmen (vgl. Ebeling, Glossar 197 s. v. *râmânu*) betreiben."

706 Nbk 116, 10:
nîš^{meš} *ilâni*^{meš} *iz-za-kar*
„Bei (!) den Göttern haben sie (!) geschworen."

707 Nbk 116, 10:
e-pu-uš nikkassî-šú-nu (11) *it-ti a-ḫa-meš qa-tu-ú*
„Ihre Abrechnung haben sie miteinander beendet."

störung früherer Urkunden[708]. Am Ende erscheinen neun Zeugen, der Schreiber, Ort und Datum. Wahrscheinlich war bereits vor dem Rechtsgang der größte Teil des Vermögens dieser über 20 Jahre dauernden Gesellschaft[709] unstreitig verteilt, so daß nur noch über den streitigen Rest zu befinden war[710].
Die Auflösung einer möglicherweise über 40 Jahre dauernden Gesellschaft[711] enthält TCL 13, 160. Die Abrechnung bezieht sich auf ein Gesellschaftskapital, das der Egibi-Chef N(abû-aḫḫê-iddin)[712] *a-na B id-di-nu-ma* „an B gegeben hatte". Nach dieser Formulierung handelte es sich bei der aufgelösten Gesellschaft offenbar um eine Kommenda, bei der B der Geschäftsführer war und der Egibi-Chef im Unternehmen nicht mitarbeitete. Die Urkunde beginnt mit der Abrechnungsklausel[713], es folgt wie in Nbk 116 die Vermögensauseinandersetzung[714], anschließend eine Abrechnungsbeendigungsklausel[715] und eine Klausel über die Zerstörung früherer Urkunden[716]. Hierauf wird Gesellschaftsvermögen erwähnt, das vorläufig ungeteilt bleiben soll[717]. Zum Schluß vor den drei Zeugen, dem Schreiber, Ort und Datum erscheint eine Klausel über den beiderseitigen Besitz einer Ausfertigung dieser Auflösungsurkunde. Der Chef des Hauses Egibi, Itti-Marduk-balâṭu, erhielt 6 Minen 16 Sekel Silber[718] – wohl in bar – und drei Sklaven (darunter eine Mutter mit ihrem Sohn) im Werte von 4 1/2 Minen Silber; dies ergibt eine Summe von 10 Minen 46 Sekel Silber. Seinem Mitgesellschafter wurden für Datteln, die wohl von einem Grund-

---

708 Nbk 116, 11:
ú-ìl-tì ana šumi-šú-nu (12) *maḫ-re-e-ti ḫu-up-pa-a'*
„Frühere Urkunden (!) auf ihre Namen sind zerstört."

709 Von 608/7 v. Chr. bis 586 v. Chr.; vgl. o. A 614.

710 Möglich wäre freilich auch, daß das gesamte Vermögen vor den Richtern verteilt wurde, aber in die Urkunde nur die Restforderung aufgenommen, das übrige aber sofort den Parteien ausgehändigt wurde.

711 Vgl. dazu und zum folgenden o. 92 f.

712 Vgl. u. 149 ff.

713 TCL 13, 160:
(1) *e-pu-uš nikkassí šá kaspi šá ḫarrâni šá N* (2) *a-na B id-di-nu-ma* (3) *ár-ki mi-tu-tu šá N I* (4) *u B it-ti a-ḫa-meš i-pu-šu-u'*
„Abrechnung über das Silber der Geschäftseinlage, das N an B gegeben hatte, und (das) (d. h. wohl das Geschäftsunternehmen; vgl. o. A 624; vergleiche aber Nbk 116, 1 ff.) nach dem Tode des N I und B miteinander gemacht haben (d. h. weitergeführt haben)."

714 TCL 13, 160, 5–10; vgl. Moore 159.

715 Text u. 106; vgl. auch zu Nbk 116 o. A 707.

716 Vgl. u. 106.

717 Ungeteilt sollen ein Feld und die entlaufenen Sklaven bleiben. Vgl. u. 106 ff.

718 (Z. 5) *6 mana 16 šiqil kaspa šá I ul-tu ḫarrâni iš-šu-ú*
„6 Minen 16 Sekel Silber, welches I aus dem Geschäftsunternehmen herausnahm."
CAD Ḫ 111 r m übersetzt *iš-šu-ú* dagegen mit „they drew". Nach dem Zusammenhang liegt aber Subjunktiv Singular vor.

stück der Gesellschaft stammten und diesem Gesellschafter übereignet wurden, 4 Minen Silber angerechnet[719]. Außerdem erhält er drei Sklaven, die jedoch nicht in Silber bewertet werden[720]. Nimmt man, da es sich wohl um drei Erwachsene handelt, für sie einen Wert von ca. 5 Minen Silber[721] an, so hatte der geschäftsführende Gesellschafter mit 9 Minen etwas weniger erhalten als der Egibi-Chef. Möglicherweise wurde so eine höhere Kapitaleinlage der Familie Egibi berücksichtigt[722]. Von beiden Parteien heißt es, daß sie das ihnen zugewiesene Vermögen anstelle „ihres gleichen Anteils[723]" übernehmen. Nach dieser Vermögensaufteilung folgen – wie erwähnt – die Abrechnungsbeendigungs- und Auflösungsklauseln: (Z. 11–13)

epûš^{uš} *nikassî-šú-nu*[724] *ma-la ba-šu-ú it-ti a-ḫa-meš qa-tu-ú ú-il-tì*^{meš}*-šú-nu*
e-eṭ-ra-a' ^{iṣ}*lê'âni*^{meš}*-šú-nu pu-uš-šu-ṭu giṭ-ṭa-ni-šú-nu ḫu-up-pu-ú*
„Ihre Abrechnung (über) alles, was vorhanden ist[725], haben sie miteinander beendet. Ihre Verpflichtungsscheine sind bezahlt[726]; ihre (Wachs-)Tafeln[727] sind ausgelöscht; ihre Belege[728] sind zerbrochen[729]."

Diese Klauseln haben die Bedeutung, die völlige Auflösung der Gesellschaft als *ḫarrânu*-Unternehmen zu beurkunden und festzustellen, daß wechselseitig keinerlei Ansprüche mehr unter den bisherigen Gesellschaftern bestehen, von dem im folgenden Vertragstext ausdrücklich erwähnten noch ungeteilten Vermögensrest abgesehen. Dieser Rest soll aber nicht mehr Vermögen der aufgelösten Gesellschaft sein, sondern beiden Partnern in schlichter Rechtsgemeinschaft zustehen. Zu diesem unverteilten Rest gehören dubiose Rechte und Forderungen:

---

719 Z. 8: *4 mana kaspa šîm ebûri šá suluppî*
„4 Minen Silber, Kaufpreis der Dattelernte."

720 Z. 10: *ku-um a-ḫi zitti-šú a-na muḫ-ḫi i-te-lu*
„. . . hat (B) anstatt seinem halben Anteil für sich erhalten." Ebenso Z. 7 für I.
Vgl. AHw 207 f.

721 Vgl. dazu Meissner, Warenpreise 36.

722 In der Begründungsurkunde Nbk 300 liegt tatsächlich eine geringere Kapitaleinlage vor; allerdings dürfte der damalige Unterschied auch bei angenommener Identität der Gesellschaften wegen der zahlreichen Zwischenabrechnungen, die in der Zwischenzeit erfolgt sein dürften, kaum noch relevant sein.

723 Vgl. TCL 13, 160, 7 und 10. Text s. A 720.

724 Vgl. o. A 600.

725 Vgl. Ungnad, Glossar 46 s. v. *bašû.*

726 Vgl. o. A 647.

727 Vgl. o. A 646.

728 Vgl. o. A 648.

729 Es ist nicht ganz sicher, ob die beiden Arten von Tafeln nach ihrer äußerlichen Beschaffenheit (Wachs oder Lehm) oder nach ihrer Funktion unterschieden wurden.

(13) *amêlûtu*[tú] *ḫa-liq-tú u mim-ma šá ḫarrâni-šú-nu*
(14) *šá il-la-a ina ka-re-šú-nu*
„(Die) entlaufene(n) Sklaven und alles von ihrem Geschäftsunternehmen, was auftaucht, (ist) noch nicht verrechneter gemeinsamer Besitz[730] [731]."

Wie daraus und aus der Urkunde TCL 12, 26[732] zu entnehmen ist, war das Entweichen von Sklaven[733] und das Abhandenkommen von Geschäftsvermögen offenbar nicht allzu selten. Oft ließ wohl, wie TCL 12, 26 zeigt, ein entlaufener Sklave zugleich auch anderes Vermögen „mitgehen". Daneben bezog sich obige Klausel aber auch auf – etwa auf Handelsreisen – verschollenes Vermögen oder z. B. noch nicht eingezogene oder dubiose Außenstände. Die Klausel bedeutet aber im Gegensatz zu den nachfolgenden Vertragsbestimmungen nicht, daß wirtschaftlich gesehen etwas im Miteigentum verbleiben soll; denn taucht etwas von dem verlorenen Vermögen auf, so soll es sehr wahrscheinlich sofort unter die Gesellschafter verteilt werden. Insofern mag es sich um eine für einen Auflösungsvertrag typische Klausel handeln. Eine wirkliche Weiterführung von gemeinsamem Eigentum bringen die folgenden Klauseln[734], nach denen an einem bestimmten landwirtschaftlichen Grundstück die Parteien weiterhin *a-ḫa-<ta> šú-nu*[735] „gleichen Anteil haben". Bis zu einer etwaigen späteren Teilung[736] werden die Parteien den Ertrag des Feldes *it-ti a-ḫa-meš ik-ka-la* „miteinander genießen[737]". Prima facie ist unklar, warum das Feld noch nicht geteilt wurde; Camb 317 – dazu S. 156. – läßt aber vermuten, daß es anscheinend an einen Dritten – vielleicht auf einige Jahre – verpachtet

---

730 Vgl. Ungnad, Glossar 74 s. v. *karû* II 2).

731 CAD Ḫ 111 r u: „the runaway slavess and whatever of their business capital turn up (belongs) to them in common." CAD Ḫ 50 r o: „slaves at large and all (goods en route in) their business ventures which turn up (later on) belong to them jointly." Vgl. auch CAD A II 62 l o.

732 Vgl. o. 101.

733 Vgl. auch TCL 12, 43, 16, wo ebenfalls in einer Auflösungsurkunde von entlaufenen Sklaven die Rede ist.

734 Der Aufbau dieses Urkundenteiles ähnelt einer *ḫarrânu*-Begründungsurkunde vom Typ B. Erst wird festgestellt, daß das Feld gemeinsames Eigentum bleibt, darauf folgt die Gewinnverteilungsklausel.
Die jeder Partei ausgehändigte Vertragsausfertigung (Z. 16) diente zum Nachweis ordnungsgemäßer Auseinandersetzung, als Beleg für den ordnungsgemäßen Erwerb an den zugeteilten Vermögensobjekten und als Beweis des Miteigentumsrechts an dem gemeinschaftlichen Restvermögen.

735 Vgl. CAD A I 170 r u. Dazu u. 156.; A 1064.

736 Vgl. TCL 13, 160, 15 f.; Moore 158 f.

737 Hier erscheinen also die Termini *aḫâta šunu* und *akâlu* für das gleiche Rechtsverhältnis.

war und man erst den Ablauf der Pachtzeit abwarten wollte[738]. Nach diesen Bestimmungen folgt am Ende des Vertragstextes ein Vermerk, daß beide Parteien je eine Ausfertigung dieser Auflösungsurkunde erhalten haben[739]:

1-en .TA . ÀM *šá-ṭa-ri il-te-qu-ú*
„Je ein Schriftstück haben sie an sich genommen[740]".

Eine weitere Teilungsurkunde über ein sehr bedeutendes, aus großem Silberkapital, Grundstücken, Sklaven und Vieh bestehendes *ḫarrânu*-Vermögen bietet TCL 12, 43[741]. Die Urkunde ist durch Trennungsstriche in 4 Abschnitte unterteilt und beginnt im ersten Abschnitt (Z. 1–3) mit einer Teilungsklausel[742]:

tup-pi zitti šá M_1 *ù* M_2 *šá ḫarrâna šá abî-šú-nu it-ti a-ḫa-meš i-zu-zu*
„Tafel über die Anteile[743] des M_1 und des M_2, die die Gesellschaft ihrer Väter[744] miteinander geteilt haben[745]."

Darauf folgt die Vermögensverteilung[746]. Im zweiten Abschnitt der Tafel (Z. 4–7) erhält zunächst M_1 14[747] Feldruten bebautes Grundstück im Stadtbezirk von Kumari[748] in Babylon[749]; außerdem bekommt er[750] 3 Minen

---

738 Waren die Grundstücke verpachtet, so bezog sich „Teilung der Ernte" nur auf den Pachtzins.

739 Vgl. o. A 734.

740 Vgl. dazu o. 64 f.

741 Wohl aus dem 20[+ x?]. Jahr Nbk (585/4 v. Chr. oder etwas jünger).

742 Ähnlich auch Nbk 116 (o. 104 f.) und TCL 13, 160 (o. 105 ff.); in diesen beiden Fällen spricht man aber statt von „Teilung" von „Abrechnung".

743 Möglicherweise wurde *ṭuppi zitti* auch im Sinne von „Erbteilungsurkunde" verwandt, obwohl juristisch keine Erbteilung vorliegt, da ja kein gemeinsames Erbe verteilt wird, sondern die jetzigen Gesellschafter durch zwei voneinander unabhängige Erbfälle jeweils ihren Anteil an der Gesellschaft geerbt haben. Nach volkstümlicher Anschauung mag aber auch in diesem Fall eine „Erbteilung" vorgelegen haben.

744 Zur Vererbung vgl. auch o. 95 f.

745 Vgl. CAD Z 147 l m.

746 Die gleiche Reihenfolge findet sich auch bei Nbk 116 und TCL 13, 160 (vgl. o. A 742).

747 So wohl mit Rücksicht auf Z. 13 zu lesen. Vgl. Moore 51.

748 Stadtteil von Babylon, in der Neustadt (jenseits des Euphrat) gelegen; vgl. RLA I 343 r § 28.

749 (4) *14 (!) qanâte*^{meš} *bîta ép-šu erṣeti ku-ma-ri šá qé-reb ba-bi-lu*$_4$^{ki} (5) *šá ṭâḫ bît D* (6) *ù ṭâḫ bît* M_3 *ṭâḫ sûqi qatni a-ṣu-ú*
„14 (!) Feldruten bebautes Hausgrundstück im Bezirk Kumari in Babylon, das neben dem Hausgrundstück des D und dem des M_3 (möglicherweise ein entfernterer Verwandter von M_2) (und) an der engen (Geschäfts-)Straße mit einem Ausgang (vgl. CAD A II 384 r 2) (liegt)."

750 Es fehlt zwar ein „und", aber mit Rücksicht auf Z. 12 ff ist nicht anzunehmen, daß die Summe der Wert des vorher genannten Grundstückes ist.

48 Sekel Silber[751]. Im dritten Tafelabschnitt (Z. 8 ff.) werden dem M_2 12+x[752] Feldruten 15 Quadratzoll verfallenes Hausgrundstück[753] im Wert von 3 Minen 49 Sekel Silber[754] und ein Sklave für 18 Sekel Silber[755] zugeteilt. Zum Ausgleich für das an M_1 überwiesene bebaute Grundstück erhält M_2 weiterhin 5 Minen 10 Sekel Silber[756]. M_2 erhält also insoweit Werte von 9 Minen 17 Sekel Silber; wahrscheinlich bekam M_1 im voraufgegangenen zweiten Abschnitt eine wertmäßig gleich hohe Vermögensmasse. Die folgende Vermögensverteilung ist wegen einiger Zerstörungen nicht einwandfrei zu rekonstruieren. 30 Sklaven[757], 300 Stück Kleinvieh[758], 41 Stück Großvieh[759], einen Gesellschaftsanteil an einer Tochtergesellschaft[760], 4 Esel und verschiedene Gerät-

---

751 (7) *3 mana 2/3 mana 8 šiqil kaspu pa-ni M_1 id-dag-gal*
„(Das Grundstück) (und) 3 Minen 48 Sekel Silber gehören M_1 (vgl. CAD D 24 l 2')."

752 Es sind alle Zahlen zwischen 12 und 19 möglich.

753 (8 f.) *12[+ x] qanâte^{meš} 15 ubânû bîta ab-ta šá ṭâḫ bît N u ṭâḫ sûqu qatnu^{nu} la a-ṣu-ú*
„12[+ x] Feldruten 15 Quadratzoll verfallenes Grundstück, das neben dem Hausgrundstück des N und neben der engen (Geschäfts-)Straße ohne Ausgang (vgl. CAD A II 384 r 2) (liegt)."

754 (10) *ki-i 3 mana 2/3 mana 9 šiqil kaspi*
„entsprechend 3 Minen 49 Sekel Silber;"

755 (10) *B* (11) *ki-i 18 šiqil kaspi pa-ni M_2 id-dag-gal*
„(Das Grundstück) (und der Sklave) B im Wert von 18 Sekel Silber gehören M_2." Der Wert von 18 Sekel ist sehr gering, wohl für einen alten Sklaven.

756 (11) *ù* (12) *5 mana 10 šiqil kaspu ul-tu ḫarrâni-šú-nu M_2 ul-tu* (13) *ḫarrâni a-na tar-ṣi 14 qanâte^{meš} bîti ép-šu zitti ù ni-si-iḫ-tu$_4$* (14) *šá M_1 ul-tu ḫarrâni il-qu-ú pa-ni* (15) *M_2 id-dag-gal*
„(Grundstück und Sklave gehören M_2) und 5 Minen 10 Sekel Silber aus ihrem Geschäftsvermögen gehören M_2 aus dem Geschäftsunternehmen im Hinblick auf die 14 Feldruten bebautes Hausgrundstück Anteil und Abhebung (AHw 795 l m), die M_1 aus dem Geschäftsvermögen genommen hat;"

757 (15) *30 ^{h}a-me-le-tu$_4$ rabû^{ú} ṣiḫrû* (16) *ḫal-qa maš-ka-na-a-ta*
„30 Sklaven, alt (und) jung, flüchtig (oder) verpfändet;"
So auch CAD A II 62 l 4' (anders AHw 627 „*maškattu*" a. E., wonach *maškanātu* = Plural von *maškattu* „Depot" also „flüchtig oder zu Depot"); Ṣ 184 l u.

758 (16) *300 ṣi-e-ni a-di enzi* (17) *ù pu-ḫa-lu$_4$ šá ^{arah}ajjari ul-tu gi-iz-zi ú-ṣa-ni*
„300 (Stück) Kleinvieh, einschließlich Geißen und Böcke, die im Monat Ajar vom Scheren kamen;" Vgl. CAD Ṣ 129 l 2; G 116 r u b; E 181 r u f.

759 (18) *41 alpê^{meš} a-di um-man-na-a-ta ù bu-ra-a-ta*
„41 (Stück) Rindvieh, einschließlich Arbeitstiere und Kühe."
Vgl. CAD A I 371 r u: cows; B 334 r b) 2': young animals.

760 (19) *2 mana 15 šiqil <kaspu> šá ina pa-ni N a-na ḫarrâni*
„2 Minen 15 Sekel <Silber>, das zur Verfügung des N als Geschäftseinlage (vom Typ A) (ist);"

schaften[761], sowie Knoblauch[762] wird M_1[763] [*ultu*][764] *ḫarrâni in-niṭ-ṭir* „[aus] dem Geschäftsvermögen erhalten[765]". Ein Feld soll wahrscheinlich nicht geteilt werden, sondern weiter beiden gehören, wohl M_1 zu 3/4, M_2 zu 1/4[766]. Möglicherweise bestand die Gesellschaft früher aus 3 Personen, den Vätern von M_1 und M_2 und einem gewissen B_1[767]; die Zeilen 26–37 wären dann als weitere Abwicklung der Vermögensauseinandersetzung mit dem schon früher aus der Gesellschaft ausgeschiedenen B_1 aufzufassen[768], bei der die einzelnen Posten auf M_1 und M_2 aufgeteilt wurden[769]. In Z. 43 schwören beide Parteien bei den Göttern, nicht gegen die Abrechnung zu verstoßen[770]. Abschließend folgen der Vermerk, daß jede der Parteien eine Ausfertigung der Teilungsurkun-

---

761 (20) *4 imêrû*^{meš} *13* ^{iṣ}*marrû*^{meš} *3 qul-lu-ú 1 na-am-*[*x*]*-tu₄* (21) *2* ^{erû}*sikkatu*^{meš} *3 ap-pa(!)-a-tú šá* ^{iṣ}*epinni-šú*
„4 Esel, 13 Spaten, 3 Krüge (AHw 926 s. v. *qullû*: Ton- oder Bronzekrug), 1. . ., (21) 2 (bronzene) ‚Dübel' (Moore a. a. O.: bolts), 3 ‚Spitzen' (? Moore a. a. O.: handles) für seinen Pflug;"
vgl. CAD A II 183 r; AHw 59 s. v. *appatu*; Salonen, Agricultura 75 und 100 *appu*. Die Bedeutung einzelner Posten ist noch nicht oder nur ungenau bekannt.

762 (21) *ù 100 g*[*id-di*]*l (?)* (22) *šûmi šá Ḫ i-ri-šu*
„und 100 Sch[nür]e (?) Knoblauch, die Ḫ gepflanzt hat."

763 ^{I}*mu-še-zib-*[^{d}*marduk*]

764 So ergänzt auch CAD E 406 r m.

765 (22 f.) *gi-mir* M_1 [*ul-tu*] *ḫarrâni in-niṭ-ṭir*
„All dies wird M_1 [aus] dem Geschäftsvermögen erhalten."
Vgl. CAD Ẹ 406 r m.

766 (23) ^{še}*zêru me-ri-šu šá ina ṣêri* (24) [*x*]*-nu-ú nikkassû šá* M_1 *u* M_2 [*la*] (so ergänzt wohl zutreffend CAD Z 145 l m) *i-'u-ú-zu* (nach CAD a. a. O. *izuzzu* oder *zu'uzu*) *4-ú zitti šá* M_2
„Das kultivierte (Getreide-)Feld, das auf dem (offenen) Land. . ., ist Besitz, den M_1 und M_2 [nicht] geteilt haben; ein Viertel ist Anteil des M_2."
CAD Z 145 l m versteht Z. 15 (s. o. A 757) bis Z. 25 als eine Klausel und übersetzt: „a one-fourth share in the thirty slaves (and in) the field (which is) the undivided common property of PN and PN_2 belongs to PN_2."

767 Bêl-aḫḫê-ušabši, vgl. Z. 27; 32.

768 (26) [*re-*] *ḫi-it kaspi šá* B_2 *šá ḫarrâni šá* B_1 *šá ina ú-ìl-*[*tì*]
Möglicherweise zu übersetzen:
„[R]est des Silbers des B_2 von der Geschäftseinlage des B_1, das in einer Ur[kunde] (beurkundet ist)."
Aus dieser Formulierung läßt sich die Beziehung zwischen B_1 und B_2 nicht eindeutig entnehmen.

769 Vgl. dazu CAD B 13 r.

770 (43) *nîš ilâni*^{meš} *a<-na> ? {ina} (?) muḫḫi nikkassî x*^{meš}*-šú-nu a-na a-ḫa-meš i-zak-ka-ru*
„Bei den Göttern in Bezug (?) auf die Abrechnung. . . haben sie einander jeweils (?) geschworen."
Die Lücke ist mir unverständlich; vgl. CAD A I 164 l m.

de erhalten hat[771] und – wie üblich – Zeugen[772], Schreiber[773], Ort und Datum.

Auch in Nbk 356 ist die Auflösung eines *ḫarrânu*-Geschäftsunternehmens beurkundet. In dieser Urkunde erscheint nach einer etwas beschädigten Zahlbürgschaftsklausel[774] nur noch die Abrechnungsbeendigungsklausel[775]:

e-púš[776] *nikkassî-šú-nu šá ḫarrâni-šú-nu x[(x)]itti a-ḫa-meš qa-tu-u*
„Ihre Abrechnung über ihr Geschäftsunternehmen haben sie miteinander beendet."

Vielleicht war die Gesellschaft tatsächlich schon etwas früher aufgelöst worden, d. h. es war bei Abschluß der Urkunde Nbk 356 kein Geschäftsvermögen mehr zu verteilen, sondern nur noch über die Zahlung einer Restverbindlichkeit zu befinden[777].

10) Name und Rechtspersönlichkeit der *ḫarrânu*-Geschäftsunternehmen

Es fehlt bisher jeglicher Beleg, daß die *ḫarrânu*-Unternehmen einen besonderen Namen gehabt hätten[778]. In vielen Urkunden[779], in denen Rechtsgeschäfte über Gegenstände eines *ḫarrânu*-Gesellschaftsvermögens abgeschlossen werden, erscheint der Vermerk:

kaspu ša ḫarrâni ša X
„Das Silber (bzw. ein anderer Vertragsgegenstand) ist das/von der (gehört zur) Geschäftseinlage bzw. vom/zum Geschäftsunternehmen des X."

Hier wird stets der sonst nicht im Vertragstext erscheinende Gesellschafter genannt[780]. Ob sich diese Klausel stets nur auf Kommendatoren bezieht, die ja

---

771 (44) *a-na la e-nê-e* (45) *ṭup-pi 1-en.*TA.ÀM *il-qu-ú*
„Um eine Veränderung der Tafel nicht (zu ermöglichen), hat jede (Partei) eine (Tontafel) genommen."

772 Die Zeugen werden eingeführt mit:
(46) *ina* *^{tit}ṭuppi zitti šuati*
„Beim (Schreiben) dieser Teilungstontafel (waren Zeugen)."
Vgl. CAD Z 147 l.

773 Schreiber ist möglicherweise der Teilungspartner M_1.

774 Dazu u. 170 f. und A 1152.

775 Vgl. dazu auch o. 106 (TCL 13, 160).

776 Vgl. Oppenheim Or 9 (1931) 26.

777 Vgl. dazu o. 102.

778 Nach Rehme ZHR 42, 388 fehlt auch der lübischen Kommenda ein Firmenname.

779 Vgl. dazu o. 40 f., sowie u. 121 ff. und als Beispiel den u. 194 gebrachten Verpflichtungsschein Ner 26, 7 f.

780 Ähnlich dürfte in verschiedenen Rechnungstafeln der Vermerk *ḫarrânu ša X* bedeuten, daß der Abrechnende damit die Gesellschaft meint, die zwischen ihm und X vorliegt.

wohl fast nie bei einem derartigen Vertragsabschluß anwesend gewesen sein werden, oder gelegentlich auch auf Gesellschafter in einer Gesellschaft mit zweiseitiger Kapitalbeteiligung und beiderseitiger Geschäftsführung, ist nicht mit Sicherheit zu ermitteln. Trotz der Häufigkeit dieser Klausel kann man diese Bezeichnung nicht eigentlich als Name der Gesellschaft auffassen, da man bei der Nennung von nur einem Personennamen in dieser Klausel davon ausgehen konnte, daß sich der Name des anderen Gesellschafters ohne weiteres aus dem gegenwärtigen Vertrag ergab. Wo Mißverständnisse auftreten konnten, ist dieser Vermerk genauer gefaßt, so in der Vermögensaufstellung und -abrechnung[781] über ein *ḫarrânu*- Geschäftsunternehmen in Moldenke 14, 17 ff.:

kaspu šá ḫarrâni šá N u R ina pâni R
„Silber des Geschäftsunternehmens des N und des R zur Verfügung des R.“

Hier wird eine Kommenda mit wohl einseitiger Kapitalbeteiligung bezeichnet, bei der N der Kommendator und R der Kommendatar ist[782]. Auch im Verpflichtungsschein NRV 413[783] heißt es in einer Vorbehaltsklausel:

ḫarrâni šá Ṭ šá ina pâni(?) N
„Geschäftseinlage des Ṭ, die zur Verfügung(?) des N ist.“

Oft aber – wohl vor allem oder ausschließlich bei Geschäftsunternehmen mit zweiseitiger Kapitalbeteiligung und beiderseitiger Geschäftsführung – wird die Gesellschaft einfach unter dem Namen beider Gesellschafter tätig[784]. Dies ist ein deutlicher Beweis dafür, daß die Gesellschaft keinen eigentlichen Namen besaß[785].

Das Fehlen eines Gesellschaftsnamens läßt zu dem Schluß kommen, daß die neubabylonischen Handelsgesellschaften auch nicht die Eigenschaften einer juristischen Person hatten, da dies ohne eigenen Namen nur schlecht vorstellbar ist. „Juristische Personen“ dürfte es in dieser Zeit – die Tempel und vielleicht die *âlû* „Städte“ ausgenommen – im Handelsleben kaum gegeben haben. Dafür spricht hinsichtlich der *ḫarrânu*-Unternehmen, daß solche nirgends in Schuldurkunden gegenüber Dritten (anders im Innenverhältnis zwischen den Gesellschaftern in Ner 8, dazu u. S. 115 f.) unmittelbar als Gläubiger oder Schuldner

---

781 Vgl. o. 100.

782 Moldenke 14 bezieht offensichtlich auf Moldenke 13; dazu o. 100 und u. 122; vgl. auch Petschow, Pfandrecht A 71.

783 Es handelt sich um die Schuldübernahme des Restes einer *imittu*-Pachtauflage.

784 Z. B. Nbn 652; vgl. dazu u. 154.

785 Ähnlich ist es nach Oppenheim JNES 6, 117 A 4 bei neubabylonischen Goldschmiedegesellschaften, die in Verträgen nur mit dem Namen eines Gesellschafters zeichnen und hinzufügen „und (seine) Goldschmiede.“

bezeichnet werden, sondern regelmäßig der Umweg über den oben genannten *ḫarrânu*-Vermerk gewählt werden mußte.

11) *ḫarrânu*-Geschäftsvermögen

Aus den uns vorliegenden Urkunden ergibt sich, daß die *ḫarrânu*-Einlagen ein Sondervermögen bildeten, das vom Vermögen der beteiligten Gesellschafter sowohl bei der Gesellschaft mit einseitiger als auch mit zweiseitiger Kapitalbeteiligung getrennt war. Den deutlichsten Hinweis auf diese Vermögenstrennung bietet die schon oben wiederholt angeführte Klausel *kaspu*[786] (bzw. *suluppû*[787])[788] *ša ḫarrâni ša X* „das Silber (bzw. die Datteln) gehört (gehören) zur Geschäftseinlage des X." Sie erscheint am Vertragsende in allen jenen Verträgen, in denen einer der Gesellschafter[789] über Teile von *ḫarrânu*-Vermögen einen Vertrag[790] mit Dritten abschließt. Jener in der Klausel namentlich genannte X ist der sonst nicht im Vertragstext als Vertragspartei erscheinende (beim Vertragsschluß nicht geschäftsführende) Mitgesellschafter des Vertragsschließenden. Mit dieser Klausel soll offenbar expressis verbis festgestellt werden, daß das Vertragsobjekt aus dem fraglichen *ḫarrânu*-Vermögen stammt bzw. zu ihm gehört. Sie findet sich in einer ganzen Anzahl von Verträgen verschiedenster Art, in Begründungsurkunden[791] für Gesellschaften mit einseitiger Kapitalbeteiligung[792], in Verpflichtungsscheinen[793], in Quittungen als Zitat aus Verpflichtungsscheinen[794] und in Kaufurkunden[795] [796]. In ihnen verfügt jeweils ein geschäftsführender Gesellschafter der betreffenden *ḫarrânu*-Gesell-

---

786 So in Nbk 32; 258; 272; Ev-M 11; Ner 26; Nbn 112; 123; 282; Dar 440; 447; NRV 97; 170; 297; Liv 15; Moldenke 13; RCT 3; TCL 12, 40; BRM I 50; in Ner 67; Nbn 107 und NRV 292 ist die Klausel teilweise zerstört. Der Vermerk folgt manchmal erst nach der Datierung, so in Nbk 32; NRV 297; Nbn 282. Als Beispiel s. u. 194: Ner 26. Textvariante ohne *ša* vor *ḫarrâni*: Ev-M 12, 9 f. Zu Nbk 271 s. u. 169 f.

787 So Ner 21; Nbn 34; für Gerste vgl. Ner 67; Nbn 19; für Knoblauch vgl. Nbn 107.

788 Ähnlich in Nbn 666, 21 f., wo ein Sklave dem Geschäftsunternehmen gehört.

789 Der geschäftsführende Gesellschafter der Kommenda (sowohl bei ein- als auch bei zweiseitiger Kapitalbeteiligung); vgl. dazu o. 111 f.

790 Meist einen Verpflichtungsschein.

791 In Nbk 271 in einer Abrechnungsurkunde.

792 So: Nbk 261 (s. u. 193); RCT 3; TCL 12, 40; Moldenke 13.

793 So: Nbk 32; 258; 272; Ev-M 11; 12; 20; Ner 21; 26 (s. u. 194); 67; Nbn 107; 112; 123; 282; Liv 15; NRV 170; 292; BRM 1 50. S. auch u. 166; A 1133.

794 Dar 440; 447.

795 NRV 97; Nbn 666.

796 Eine Parallele zu dieser Klausel ist vermutlich der Zusatzvermerk *kaspu nudunnû ša X* „das Silber ist Mitgift der X". Vgl. Nbk 386 und NRV 298; dazu Petschow RIDA 3/1 (1954) 150 und 156.

schaft über Bestandteile des *ḫarrânu*-Vermögens: Teile davon werden ausgeliehen oder zu Ankäufen verwendet oder es werden zum *ḫarrânu*-Vermögen gehörige Objekte verkauft. Mit unserer Klausel wird festgestellt, daß es sich jeweils um Bestandteile des *ḫarrânu*-Vermögens handelt.
Eine verkürzte Variante zu jenem Vermerk findet sich wiederholt bei Naturalien als Vertragsobjekten – seltener dagegen bei Silber[797] (zu diesem s. die obige Klausel). Sie wurde – im Gegensatz zu obiger Phrase – meist[798] nicht erst am Schluß des Vertragstextes angefügt, sondern bei Verpflichtungsscheinen unmittelbar in die Schuldklausel eingefügt, wie z. B. in dem Verpflichtungsschein Nbk 290, 1 ff.:

1200 gid-dil šá šûmi šá S šá ḫarrâni šá I ina muḫḫi N[799]
„1200 Gebinde Knoblauch des/gehörig dem S, der/gehörig zur Geschäftseinlage des I zu Lasten des N."

Hier erscheint also der Herkunfts- oder Zugehörigkeitshinweis auf die *ḫarrânu*-Gesellschaft unmittelbar auf der Gläubigerseite der Schuldklausel des Verpflichtungsscheines, ein Indiz für die wirtschaftliche (wenn auch vielleicht nicht juristische) „Gläubigerstellung" des *ḫarrânu*-Vermögens[800].
Eine gewisse Bestätigung für die hier vertretene Interpretation beider Klauseln bietet die Urkundengruppe Dar 269 und 395/396. Nach dem oben teilweise wiedergegebenen Verpflichtungsschein Dar 269 ist die Forderung *ša* (oder: *ana*) *ḫarrâni* des Egibi-Chefs Marduk-nâṣir-apli; er müßte also nach unserer Interpretation seinem Sklaven N und dem Freien U zusammen eine *ḫarrânu*-Einlage gegeben haben, aus der beide nun einen Kredit von 22 Kur Gerste gewähren. Nun liegt in Dar 395/396 eine solche Kommendaurkunde vor, in der die beiden u. a. 50 Kur Gerste von M bekommen; allerdings ist Dar 395/396 4 Jahre nach Dar 269 datiert. Stimmt unsere Interpretation, so müssen M, U und N schon mehr als 4 Jahre früher einen ähnlichen Vertrag wie Dar 395/396 abgeschlossen haben; möglicherweise stellt Dar 395/396 eine Novation oder eine Kapitalerhöhung jener oder einer anderen schon länger bestehenden Gesellschaft dar[801].

797 Ev-M 18; NRV 171; 172; BE VIII 1 Nr. 20.
798 Als besonderer nachgestellter Satz aber z. B. in Nbn 19 bei Gerste und in Nbn 34 bei Datteln.
799 Hier handelt es sich um die Schuldklausel. So noch bei: Ner 15 bei Knoblauch,
NRV 234; 294 bei Gerste,
Ner 35; 38 bei Silber und Knoblauch,
Nbn 4 bei Silber, Gerste und Datteln.
In Dar 269 (Gerste) ist *šá* durch *ana* ersetzt; Schreib- oder Kopierfehler für *šá*?
800 Vgl. auch u. A 811.
801 Vgl. dazu auch u. 160.

Wäre allerdings in Dar 269, 4 am Anfang der senkrechte Keil als *ana (ḫarrâni)* ernst zu nehmen, so wäre die Gersteschuld „für das *ḫarrânu*-Unternehmen des Marduk-nâṣir-apli" bestimmt, obwohl als Gläubiger N und U fungieren; auch in diesem Falle wäre wohl mit Rücksicht auf Dar 395/396 anzunehmen, daß das *ḫarrânu* eine Geschäftseinlage des Egibi-Chefs und ein Sondervermögen in den Händen der (Kommendatare) N und U bildete[802].
Das Auftreten der hier behandelten Klausel zeigt auch den Unterschied zwischen dem einfachen Darlehen und dem *ḫarrânu*-„Darlehen" auf. Während man – z. B. in Verpflichtungsscheinen – keine Klauseln findet, in denen festgestellt wurde, daß die kreditierte Summe aus einem anderen normalen Darlehen stammt, treten zahlreiche solche Hinweise auf *ḫarrânu*-Geschäftsunternehmen auf. Die Klausel kann daher kaum nur in deklaratorischer Absicht aufgenommen worden sein, um zu zeigen, daß das Kapital aus fremden Mitteln stammt. Auch deshalb muß man annehmen, daß die Mittel aus der *ḫarrânu*-Einlage nicht mit den Eigenmitteln von Geldgeber oder -nehmer verschmolzen waren, sondern eine Sonderstellung innehatten[803]. Die Klauseln gehen deutlich von einer Vermögensmasse aus, die neben dem unmittelbaren Eigenvermögen der beteiligten, insbesondere auch der geschäftsführenden Gesellschafter besteht. Aufschlußreich ist dazu auch der Verpflichtungsschein Ner 8, in dem es Z. 1 ff. heißt:
x kaspu šá I ina muḫḫi N ù ḫarrâni šá I ina arahN . . . i-nam-din e-lat y kaspi šá muḫ-ḫi ḫarrâni ù e-lat z kaspi šá ḫarrâni
„(2 2/3 Minen[804]) Silber des I zu Lasten des N und der Geschäftseinlage des I.

802 Unklar ist, ob Nbk 235 betreffend eine Gerste-Schuldverpflichtung mit (formell) I(ddin-Marduk) als Gläubiger und Ḫ und B als zwei Schuldner sich auf ein *ḫarrânu*-Unternehmen oder eine andere Gemeinschaft bezieht, da hier das Stichwort *ḫarrânu* fehlt. Nach Z. 4–6 soll *a-ḫi zitti šá N it-ti I* „ein gleicher Anteil des N (abû-aḫḫê-iddin/Egibi) mit I" sein. An den Entnahmen an Gerste bei den beiden Schuldnern sollen I und N *a-ḫa-a-tú šú-nu* „gleichen Anteil" haben. Nach beiden Phrasen könnte es sich um eine Gesellschaft zwischen I und N mit zweiseitiger Kapitalbeteiligung handeln. Zur ebenfalls darauf deutenden Schlußklausel Z. 10–13 vgl. CAD A II 225 r c); AHw 64 l. Zum Text s. auch u. 150 mit A 1022.

803 In NRV 292 kreditiert der aus späteren Urkunden als reicher Geschäftsmann bekannte Ṭâbija in einem *šupêltu*-„Kredittausch" – Datteln gegen Gerste – zusammen mit einem anderen Geschäftsmann Gerste. Nach der Ergänzung des beschädigten Textes durch San Nicolò-Ungnad in NRV 292 gehört diese Forderung zur *ḫarrânu*-Geschäftseinlage eines Dritten. Ṭâbija müßte also zusammen mit seinem Partner ein Kommendakapital angenommen haben; dies wäre aber zunächst bei einem reichen Geschäftsmann wohl kaum denkbar. Es handelt sich aber um einen der ersten Texte von diesem in den folgenden 30 Jahren häufig auftauchenden Mann. Man kann daher annehmen, daß er hier mit geringen Mitteln am Anfang seiner offensichtlich sehr gewinnbringenden Unternehmungen stand und deshalb damals auf fremde Mittel angewiesen war.

804 Die Zahl ist leicht beschädigt; vgl. Tallqvist ZA 7 (1892) 271.

Im Monat N wird er . . . (zurück-)zahlen. Abgesehen von (5 5/6 Minen 2 Sekel) Silber, das zu Lasten des Geschäftsunternehmens ist und abgesehen von (3 1/2 Minen) Silber des Geschäftsunternehmens."
Es handelt sich hier um eine Kommenda zwischen dem Kommendator I und dem Kommendatar N[805]. Geschäftskapital sind wohl die letztgenannten 3 1/2 Minen Silber, von denen es heißt, sie seien *šá ḫarrâni* „des Geschäftsunternehmens". Diese Summe reichte aber offenbar nicht aus. I erhöhte aber trotzdem die Kommendaeinlage nicht[806], sondern gewährte nur Darlehen[807]. Welche eigentums- und haftungsrechtlichen Unterschiede zwischen einer *ḫarrânu*-Einlage und einem Darlehen durch den Kommendator an die Kommenda bestanden, ist bisher nicht zu klären[808]. I gewährte nun zunächst ein Darlehen von 5 5/6 Minen 2 Sekel Silber[809]. Als auch dies nicht reichte, gab er in dem Verpflichtungsschein Ner 8 an N und die Gesellschaft weitere 2 2/3 Minen Silber[810]. Ner 8 zeigt deutlich, daß der Schreiber unterscheidet zwischen dem Kommendatar N und dem Kommendavermögen, das er mit *ḫarrânu šá I* „Geschäftseinlage des I" bezeichnet[811].
Wie die Abrechnungs-[812] und Auflösungsurkunden[813] zeigen, konnten zu ei-

---

805 Vgl. dazu auch Ev-M 11; Ner 15; Nbn 4; Nbk 402, dazu BR IV 60. Zum Verhältnis IM – N s. u. 173 f.

806 Es wäre zwar auch denkbar, daß in Ner 8 für eine Kapitalerhöhung nur die Form eines Verpflichtungsscheines gewählt wurde, um dem Mangel an entsprechenden Formularen zu entgehen. Dies ist aber unwahrscheinlich; es handelt sich um einen kurzfristigen Kredit von ca. 2 Monaten Laufzeit; hierfür war wohl die Ausgestaltung als Darlehen rechnerisch einfacher und die Festlegung eines genauen Termins zur Rückzahlung üblicher.

807 Nach Rehme ZHR 42, 385 konnte im lübischen Recht der Kommendator dem Unternehmer ein Darlehen „extra societatem" oder auch „ad/in societatem" geben, das wie Ner 8 zu einem bestimmten Termin zurückzuzahlen war.

808 Dies hängt einerseits davon ab, ob der Kommendatar für die Forderungen gegen die Kommenda persönlich haftete oder nicht. In Ner 8 ist der Kapitalnehmer aber außerdem wohl noch selbst unmittelbar Schuldner, so jedenfalls nach dem Wortlaut der Klausel.

809 Ob der Verpflichtungsschein über 5 5/6 Minen 2 Sekel Silber nur zu Lasten der Kommenda oder – wie in Ner 8 – zugleich zu Lasten des Kapitalnehmers gelautet hat, läßt die *elat*-Klausel nicht erkennen.

810 Nach den *elat*-Klauseln erscheint in Z. 8 noch die Schlußklausel:
1000 gíd-lu šá šûmi nu-up-tu₄ ina muḫ-ḫi i-nam-din
„1000 Gebinde Knoblauch wird er darauf als Zugabe (vgl. Ebeling, Glossar 160; AHw 804) geben."

811 In Ner 35 kreditieren 2 Kommendatare des Iddin-Marduk demselben N, der u. a. oben in Ner 8 (s. auch A 805) als Kommendatar des Iddin-Marduk auftritt, aus ihrem Kommendavermögen für 10 Monate Knoblauch und Silber, rückzahlbar an Iddin-Marduk.

812 Vgl. o. 97 ff.

813 Vgl. o. 102 ff.

nem *ḫarrânu*-Geschäftsvermögen Gegenstände aller Art gehören: Silber, Gerste, Datteln, Knoblauch, Wein, Fässer, Klein- und Großvieh, Esel, Sklaven, Felder und Ackergeräte, Häuser, Forderungen und Beteiligungen an „Tochtergesellschaften". Daneben konnte das Geschäftsunternehmen auch gemietete oder geliehene Sachen verwenden[814]. Entlaufene Sklaven und gestohlenes oder sonst abhanden gekommenes Vermögen blieben weiter Bestandteil des Gesellschaftsvermögens[815]. Die Gesellschaft konnte mittelbar durch die oder einen der Gesellschafter ihr Vermögen verpfänden(?)[816] und als Pfandgläubiger auftreten[817]. Besonders bemerkenswert ist aber, daß offensichtlich der oder die Kapitalisten Kapitalien in das *ḫarrânu*-Vermögen beitragen konnten, die nicht als Kapitaleinlagen sondern etwa als Darlehen der „Gesellschaft" gegeben wurden, wie Ner 8 recht deutlich zeigt. Ähnlich dürfte die Situation in Nbk 47 (599 v. Chr.) – dazu u. S. 163 – gewesen sein, wo der Gläubiger von 3 2/3 Minen Silber – also eines recht beachtlichen, übrigens teilweise normal verzinslichen Kaptialbetrages – zugleich auch mit einer anderen Person Schuldner ist: . . . *kaspu ša K ina muḫḫi Š u K* „. . . Silber des K zu Lasten des Š und des K"; hier dürften die beiden Schuldner für eine von ihnen gebildete Gesellschaft handeln, obwohl der Terminus *ḫarrânu* in der Urkunde nicht erscheint (anders in Ner 8: *ina muḫḫi N u ḫarrâni ša I* [= Gläubiger]).

12) Eigentumverhältnisse[818] am Vermögen der *ḫarrânu*-Geschäftsunternehmen

a) Kommenda mit einseitiger Kapitalbeteiligung (Typ A)

Ein nach einem gewöhnlichen Verpflichtungsschein gegebenes Darlehen geht in das Eigentum des Darlehensnehmers über. Er hat die gattungsmäßig bestimmte

---

814 Die Gesellschaft konnte sowohl von Dritten als auch von ihren Gesellschaftern etwas mieten.

815 Vgl. z. B. TCL 13, 160, 13 (o. 107).

816 Vgl. TCL 12, 43, 16 (vgl. Moore 52 f.); strittig s. A 757.

817 Vgl. Nbk 258, 5 f.; Nbn 4, 12 f.

818 Das Problem des Eigentums-„Begriffs" im babylonischen Recht ist umstritten. Nach Cardascia, RIDA 3/6 (1959) 19 ff. sind die Babylonier über einen undifferenzierten Begriff der Herrschaft über Sachen nicht hinausgekommen (S. 25); „Eigentümer", Pfandgläubiger und Mieter würden danach im Grunde eine gleichartige Herrschaft ausüben, die sich nur in den Modalitäten unterscheidet. Aus diesem Grunde hätte der „Eigentümer" einer verpfändeten oder vermieteten Sache diese während der Pfand- oder Mietdauer nicht weiterveräußern können (S. 26; 27 f.). Auf das Problem kann hier nicht näher eingegangen werden. Es sei nur darauf hingewiesen, daß nach § E CH ein Hausvermieter den Mieter auch während der Mietzeit vertreiben darf und nur die bereits empfangene (Jahres-)Miete verliert. Im neubabylonischen Bereich scheint die Urkundengruppe NRV 54/55 und 515/516 mit San Nicolò-Ungnad NRV S. 455 auf einen Grundsatz „Kauf bricht Pacht" hinzudeuten.
Vgl. auch San Nicolò, Or 18 (1949) 297; Petschow, Pfandrecht A 406.

Forderung unabhängig vom Schicksal des erhaltenen Kapitals zu erfüllen. Wegen der Verwendung des abgewandelten Formulars des Verpflichtungsscheines auch für das *ḫarrânu*-Geschäft mit einseitiger Kapitalbeteiligung[819] könnte man zunächst vermuten, daß auch dort die Einlage in das Eigentum des Kapitalnehmers übergeht.[820] Gegen ein Alleineigentum mit unbeschränkter Verfügungsbefugnis des Empfängers spricht jedoch zunächst bereits die Formulierung der Begründungsurkunde, wonach das Schuldobjekt zweckbestimmt ist *ana ḫarrâni* „zu einem Geschäftsunternehmen". Daraus ergibt sich, daß die Verfügungsbefugnis des Schuldners über die *ḫarrânu*-Einlage beschränkt ist auf Rechtsgeschäfte, die innerhalb des Rahmens *des* (beabsichtigten) Geschäftsbetriebes, allenfalls *eines* (beliebigen?) Geschäftsbetriebes liegen. Das Kapital ist also zur Gewinnerzielung bestimmt; dadurch sind andere – private – Verfügungen ausgeschlossen. Damit ist eine Abgrenzung gegenüber dem normalen Darlehen gegeben; darüber hinaus drängt sich daraus die Vermutung auf, daß der Geldgeber gewisse Rechte etwa auf Überwachung der Verwendung des Kapitals nur für Geschäftszwecke gehabt haben könnte und er auch eigentumsrechtlich besser gestellt war als bei einem normalen Darlehen.

Diese Vermutungen werden durch die Begründungsurkunde NRV 653 erhärtet. Hier soll der Kommendator keinen eigentlichen Gewinnanteil, sondern nur die für Kredite üblichen Zinsen von jährlich 20 % bekommen[821]. Durch die Selbstbürgschaft des Schuldners war dieser Vertrag auch haftungsmäßig einem gewöhnlichen Darlehen angeglichen. Wenn der Geldgeber trotzdem ein *ḫarrânu*-„Darlehen" bevorzugte, so könnte dies daran gelegen haben, daß er dann noch weiterhin gewisse Eigentums- oder eigentumsähnliche Befugnisse gegenüber der Kommendaeinlage und allen mit Kommendamitteln erworbenen Gegenständen, also auch am Gewinn, hatte. Darauf könnte auch hinweisen, daß bei keinem Kommendavertrag Pfandbestellungen durch den Kapitalnehmer und nur ganz selten eine Bürgenstellung[822] zur Sicherung des Kapitals erfolgte, ob-

---

819 Vgl. o. 7 ff.

820 Dies nimmt Eilers 13 für die altbabylonische *tappûtum* an; ähnlich Lübbert ZHR 58, 473 f. für die mittelalterliche Kommenda in Italien. v. Amira II 821 bemerkt, der Kommendator habe im westnordischen Recht das alleinige Eigentum; ebenso Pappenheim ZHR 36, 95 für die skandinavische „Beigütergemeinschaft" (= hjáfèlag); ebenso Rehme ZHR 42, 387 für die lübische sendeve; Schmidt, Handelsgesellschaften 91 für die mittelalterliche Kommenda in Deutschland; ebenso entgegen Lübbert a. a. O. Silberschmidt 85 für die mittelalterliche Kommenda in Italien. Goldschmidt UG 265 nimmt für die mittelalterliche romanische Kommenda an, der Kommendator sei in der Regel der Geschäftsherr; bei Geld sei der Kommendatar Eigentümer und bei Waren als Einlagekapital seien die Eigentumsverhältnisse unklar. Endemann 365 ff. ist auch für Waren der Meinung, daß diese Eigentum des Kommendatars werden.

821 Vgl. o. A 173.

822 Moldenke 15. S. o. A 224.

wohl es sich dabei teilweise um sehr erhebliche Kapitalien handelt, bei denen sonst Pfandbestellungen häufig sind. Auf eine Art von Miteigentum könnte auch Moldenke 14, 17 ff. hinweisen, wenn dort das in Silber bewertete Gesellschaftsvermögen als *kaspa šá N u R ina pâni R* „Silber des N und des R zur Verfügung/im Besitz/zu Lasten des R" bezeichnet wird[823]. Auch die Bezeichnung *kaspu ša ḫarrâni ša X* „Silber von der Geschäftseinlage des X", die in vielen Verträgen[824] auftritt, in denen die Mittel, über die darin verfügt wird, aus einem Geschäftsunternehmen stammen, spricht dafür, daß dem namentlich genannten Kapitalgeber noch eigentumsähnliche Rechte an seiner Kapitalanlage zustehen.

Ob es sich bei der Kommenda mit einseitiger Kapitalbeteiligung um Bruchteils-[825], Gesamthands- oder um sog. funktionell geteiltes Eigentum handelt, ist aus dem vorliegenden Material nicht sicher zu ersehen. Es kann aber als ziemlich feststehend angenommen werden, daß weder Kommendator noch Kommendatar ein alleiniges Eigentum am Kommendavermögen haben. Ein Alleineigentum des Kapitalgebers an seiner Einlage würde allzu sehr dem Wesen einer Kommenda widersprechen, vor allem bezüglich der Umsatzkapitalien, die zum mehrmaligen Umsatz bestimmt waren. Lag, was wahrscheinlich ist, funktionell geteiltes Eigentum vor, so stand jedem Gesellschafter ein Anteil an der Sachherrschaft zu. Diese Teile waren aber qualitativ ungleich, d. h. jeder hatte einen funktionell verschiedenen Teil der Sachherrschaft[826]. Diese Eigentumsform hätte der Verschiedenheit der Funktionen der Gesellschafter in der Kommenda am besten entsprechen können. Möglicherweise gestattete eine Art „Obereigentum" dem Kapitalgeber einen leichteren Zugriff auf das Vermögen der Gesellschaft[827] oder eine Abwehr der privaten Gläubiger des geschäftsführenden Gesellschafters, falls diese in das Geschäftsvermögen vollstrecken wollten. Der „Untereigentümer", d. h. der Kommendatar, unterschied sich vom Volleigentümer dadurch, daß er nur funktionell beschränkt befugt war, im Rahmen des oder eines Geschäftsbetriebes mit dem Zweck der Gewinnerzielung über die *ḫarrânu*-Einlage und das übrige *ḫarrânu*-Vermögen zu verfügen.

---

823 Ausführlich dazu Petschow, Pfandrecht A 71.

824 Vgl. dazu o. 111 f., 113 f.

825 Ist unwahrscheinlich.

826 Vgl. dazu Petschow, Pfandrecht 133 und A 400 mit Lit.; ferner RIDA 3/1 (1954) 164 f.

827 In NRV 648 (VS VI 43) heißt es von einem Sklaven:
(Z. 17 f.) *ù K* ^{h}*qal-la šá a-na ḫarrâni-šú-nu im-nu-ú*
„auch K, der Sklave, den sie (die Gesellschafter) zu ihrem *ḫarrânu* gerechnet haben, (ist Pfand des Ṭâbija)."
Der Sklave wird also danach zu einem *ḫarrânu*-Vermögen „gerechnet", d. h. wohl, er gehört zu ihm. Anscheinend gehört der Sklave zu einem *ḫarrânu*-Unternehmen vom

b) Geschäftsunternehmen mit zweiseitiger Kapitalbeteiligung (Typ B)

Nach der Formulierung der Begründungsklausel[828] kann kaum ein Zweifel bestehen, daß die Kapitaleinlagen eine gemeinsame Vermögensmasse der Parteien werden. Der Zweck der Gemeinschaft dürfte fast stets auf den mehrmaligen Umsatz des Geschäftskapitals gerichtet gewesen sein[829]; schon dies erforderte, daß das gesamte Geschäftsvermögen nach außen den gleichen rechtlichen Status hatte. Auch ist nirgends eine Andeutung davon zu finden, daß die beiderseitigen Einlagen getrennte Vermögensmassen gebildet hätten. Im Gegenteil wird in der Gewinnverteilungsklausel stets von dem Gewinn des Gesamtvermögens ausgegangen; so ausdrücklich in Dar 97; 280 und NRV 654. Bestätigt wird diese Auffassung durch die allerdings nur hier belegte Formulierung der Begründungsklausel in Nbk 58 mit Duplikat Nbk 429:

2 mana kaspu šá M 2 mana kaspu šá K napḫar 4 mana kaspu ummi ḫarrâni-šú-nu

„2 Minen Silber des M, 2 Minen Silber des K, insgesamt 4 Minen Silber ist die Mutter ihres Reisegeschäftes[830] (d. h. ist ihr Geschäftsvermögen)."

Hier werden also die beiden Kapitalbeträge ausdrücklich als ein den Vertragsparteien gemeinschaftliches Geschäftskapital zusammengefaßt. In diesem Sinne wird auch Nbp 12 zu ergänzen sein[831]. Dort wird wohl nach der Angabe der Kapitalanteile die Summe des Gesamtkapitals gebildet. In einigen Begründungsklauseln wird sogar nur die Gesamtsumme der Einlagen genannt, während die Anteile der Gesellschafter nicht einmal angegeben werden[832]. In einigen Fällen, in denen sich Gesellschaften mit zweiseitiger Kapitalbeteiligung an Rechtsgeschäften beteiligen[833], werden ihre Mittel durch eine gemeinsame Summe angegeben, was ebenfalls für ein gemeinsames Geschäftskapital spricht.

Typ A; Kommendator ist Ṭâbijas Schuldner B, dem zwei Kommendatare gegenüberstehen. Ṭâbija nimmt nun in NRV 648 für seine Forderungen gegen B gewisse Gegenstände des B zum Pfand, darunter auch den zum Kommendavermögen gehörigen Sklaven (ebenso San Nicolò-Ungnad NRV S. 561). Nach einer weiteren Klausel darf dieser Sklave nicht veräußert werden, solange die pfandgesicherte Forderung Ṭâbijas nicht getilgt ist.

Trifft diese Interpretation der leider teilweise zerstörten Tafel zu, so ergibt sich daraus, daß der Kommendator anscheinend berechtigt ist, Kommendavermögen für eigene private Schulden zu verpfänden. Leider ist nicht erkennbar, ob dazu die Zustimmung der Kommendatare erforderlich war; als Zeugen beim Vertrag erscheinen sie nicht. Vgl. zu NRV 648 auch Petschow, Pfandrecht 91 f.

828 Vgl. dazu o. 51 ff.

829 Zur Dauer der Gesellschaften vgl. o. 90 ff.

830 Eilers 37 A 2.

831 Vgl. o. 51 und A 327.

832 Vgl. z. B. Nbn 199.

833 Vgl. z. B. Nbn 652; vgl. dazu u. 154.

Die Beziehungen der Parteien zu dem Geschäftsvermögen sind aber verschieden je nachdem, ob es sich um eine Kommenda oder um eine Gesellschaft mit beiderseitiger Geschäftsführung durch die Gesellschafter handelt. Bei der Kommenda verwaltet nur der eine Teil das gemeinsame *ḫarrânu*-Vermögen[834], während sonst beide Partner das Unternehmen gemeinsam verwalten und in ihm arbeiten. Bei letzteren lag jedenfalls wohl Gesamthands- oder – was weniger wahrscheinlich ist – Bruchteilseigentum vor[835]. Bei der Kommenda mit zweiseitiger Kapitalbeteiligung hing die rechtliche Ausgestaltung wohl davon ab, ob die beiderseitige Beteiligung oder aber die einseitige Geschäftsführung als wichtigeres Element betrachtet wurde[836]. Möglicherweise hatten die Gesellschafter auch bei der Kommenda mit zweiseitiger Kapitalbeteiligung eine Art von geteiltem Eigentum inne, ähnlich wie wir es für die Kommenda mit einseitiger Kapitalbeteiligung vermuteten[837]. Dem Kommendatar gehörte auch beim *ḫarrânu*-Unternehmen vom Typ A, sobald Gewinne erzielt waren, wirtschaftlich gesehen ein Teil des Gesellschaftsvermögens, so daß zumindest wirtschaftlich zu jenen Fällen, bei denen der Kommendatar beim Typ B nur mit einer geringeren Einlage beteiligt war, kein großer Unterschied bestand.

13) Surrogation im Kommendavermögen

Die Sonderstellung des Vermögens der *ḫarrânu*-Geschäftsunternehmen war wirtschaftlich nur dann gesichert, wenn auch die Surrogate in dieses Sondervermögen fielen. Verschiedentliche Anzeichen lassen nun erkennen, daß das Surrogationsprinzip bei den *ḫarrânu*-Geschäftsunternehmen Geltung hatte[838]. Die schon wiederholt behandelten Klauseln[839], nach denen ein bestimmtes Vertragsobjekt *ša ḫarrâni ša X* „das/von der Geschäftseinlage des X“ ist, sollten kenntlich machen, daß – etwa bei einem Verpflichtungsschein – das fragliche Kapital aus einem *ḫarrânu*-Vermögen stammte und daher die Forderung zu einem *ḫarrânu*-Sondervermögen und nicht zum unmittelbaren Vermögen des Darlehensgebers gehörte. Bei den Kaufurkunden hatte die Klausel den Zweck

---

834 Vgl. hierzu o. 83 ff.

835 Vgl. dazu auch Kohler–Peiser BR II 62, die annehmen, das Gesellschaftsvermögen sei Miteigentum der Gesellschafter. Verschieden hohe Einlagen würden nur obligatorisch berücksichtigt. Vgl. dazu auch Friedrichs 193 f., der die Argumentation von Kohler–Peiser a. a. O. übernimmt.

836 Beim Formular der Urkunden war die beiderseitige Kapitalbeteiligung das bestimmende Element.

837 Vgl. o. 117 ff.

838 Zum Surrogationsgedanken im neubabylonischen Recht ausführlich Petschow RIDA 3/1 (1954) 125, besonders 156 ff.

839 Vgl. o. 113 ff.

anzuzeigen, daß der gekaufte Gegenstand (bzw. der Erlös) zu einem Gesellschaftsvermögen gehörte. Eine Bestätigung des Surrogationsprinzips könnte auch in der Urkundengruppe Moldenke 13 und 14 zu finden sein[840]. In Moldenke 13 gibt R dem B 20 Sekel Silber als *ḫarrânu*-Einlage. In Z. 12 wird vermerkt, daß dieses Kapital wiederum aus einem *ḫarrânu*-Unternehmen stammt, dessen Kommendator N(abû-aḫḫê-iddin) aus dem Hause Egibi ist. In Moldenke 14 folgt 1 1/2 Jahre später eine Vermögensaufstellung und -abrechnung zwischen N und R. Nach der Aufführung von teilweise in Silber bezifferten Gegenständen – darunter auch zwei Forderungen gegen Dritte – heißt es in Z. 17 ff.: *napḫar 1 mana 10 šiqil kaspu šá ḫarrâni šá N u R ina pâni* R „Insgesamt 1 Mine 10 Sekel Silber des Geschäftsunternehmens des N und des R im Besitz (zur Verfügung) des R."

Aus der Tatsache, daß sich die Sachen im Besitz des R befinden, und aus der Formulierung in Moldenke 13, 12 kann als sicher angenommen werden, daß N der Kapitalgeber und R der -nehmer ist. Einer der in Moldenke 14, 5 ff. aufgeführten Aktivposten über eine Forderung von allerdings nur 18 Sekel Silber lautet:

(7) *18 šiqil kaspu ú-ìl-tì šá ina muḫḫi B šá na-áš-par-tu₄ šá ḫarrâni il-la-ku*
„18 Sekel Silber Schuldverpflichtung, die zu Lasten des B (ist), der den Dienst des Geschäftsunternehmens geht (= verrichtet)."

Der letzte Teil dieser Klausel erscheint wörtlich auch in Moldenke 13, 10[841]. Ziemlich sicher handelt es sich trotz des zeitlichen Unterschiedes von etwa 1 1/2 Jahren bei dieser Forderung um die in Moldenke 13 von R an B gegebene *ḫarrânu*-Einlage von 20 Sekel Silber. Dann muß allerdings in der Zwischenzeit, etwa aus Anlaß einer Gewinnausschüttung, R bzw. die Muttergesellschaft auch 2 Sekel Silber Kapital zurückerhalten haben[842]. Der Zeitunterschied von 1 1/2 Jahren spricht nicht gegen diese Annahme, da bei anderen Kommendaverhältnissen teilweise eine weit längere Dauer nachzuweisen ist. Danach wäre also die Einlage in die Tochtergesellschaft Moldenke 13 unmittelbar in das Kommendavermögen des N und des R als Muttergesellschaft gefallen.
Man wird also davon ausgehen dürfen, daß alles, was mit Mitteln eines *ḫarrânu*-Unternehmens erworben wird, in das Gesellschaftsvermögen fällt. Diese Annahme wird auch durch die Auflösungsurkunden gestützt, aus denen deutlich wird,

840 Vgl. dazu o. 100.
841 Vgl. o. 44.
842 Da der Gewinn häufig nicht bar ausbezahlt wurde, sondern die Gesellschafter Sachen oder Forderungen übereignet bzw. übertragen erhielten, ist es leicht möglich, daß, falls der Gegenstand die Gewinnhälfte etwas an Wert überstieg, das Kapital selbst angegriffen wurde.

daß während der Gesellschaftsdauer im Unternehmen erworbene Gegenstände Vermögen der Gesellschaft werden.
Es ist zu vermuten, daß die Surrogation automatisch eintrat. Möglich wäre freilich auch, daß es dazu, falls nicht alle Gesellschafter gemeinsam auftraten, bei gewissen Geschäften notwendig war, einen Vermerk über die Zugehörigkeit des Gegenstandes zu einem Gesellschaftsvermögen in der Vertragsurkunde anzubringen. Wahrscheinlich dienten solche Vermerke aber vor allem zu Beweiszwecken. Daß solche Vermerke besonders häufig bei Verpflichtungsscheinen und beim Kommendageschäft auftreten, könnte darauf hinweisen, daß dies hier besonders zweckmäßig war, da der Kommendator durch eine derartige Klausel unmittelbar feststellen konnte, ob es sich um eine Forderung seines Geschäftsunternehmens handelte und nur so seine etwaigen Rechte als Geschäftsherr oder einer Art von Eigentümer wahrnehmen und überdies nur so seinen Gewinnanteil aus den vorhandenen Urkunden selbst feststellen konnte. Der Vermerk könnte daneben aber auch im Interesse des Kommendatars gelegen haben zum Nachweis, daß z. B. bei Uneinbringlichkeit der *ḫarrânu*-Forderung oder Tod des erworbenen Sklaven oder Viehs der Verlust die Kommenda traf; ebenso zum Nachweis des Verbleibs des Kommenda-Vermögens. Daß es so wenige (Nbn 666; NRV 97) bzw. überhaupt keine Urkunden über Sklaven-, Vieh- und Grundstückskäufe gibt, die einen *ḫarrânu*-Vermerk tragen, könnte damit erklärt werden, daß die *ḫarrânu*-Unternehmen vielleicht relativ selten solche Verträge abschlossen. Für die meisten Käufe bzw. Verkäufe – nämlich von „fungiblen Sachen" – (z. B. bei Gerste, Datteln, Wein, Knoblauch) brauchten (so bei Barkauf) und konnten wohl auch aus formalen Gründen keine schriftlichen Kaufverträge abgeschlossen werden.

14) Geschäftsherrschaft im Innenverhältnis

Bei der Gesellschaft mit zweiseitiger Kapitalbeteiligung, bei der beide Parteien mitarbeiteten, ist wohl sicher, daß beide auch als Geschäftsherren die Führung des Unternehmens bestimmten. Rechtsgeschäfte, vor allem wohl solche von größerer Bedeutung, dürften hier im allgemeinen unter dem Namen beider Gesellschafter abgeschlossen worden sein[843]. Kein Aufschluß ist nach dem vorliegenden Material darüber zu gewinnen, zu welchen die Gesellschaft betreffenden Rechtshandlungen ein Gesellschafter im Innenverhältnis die Zustimmung seines Partners brauchte und welche Folgen es im Außenverhältnis hatte, wenn er ein Rechtsgeschäft ohne eine etwa erforderliche Zustimmung vornahm.
Noch schwieriger ist es, die Geschäftsherrschaft für die Kommenda mit ein- und zweiseitiger Kapitalbeteiligung zu klären und festzustellen, ob sich die Geschäftsherrschaft aus dem Eigentumsrecht unmittelbar ableitet oder ob sie sich

---

843 So in Nbn 652, s. dazu o. bei A 833 und u. 154.

aus der Stellung der Parteien in der Gesellschaft ergibt. Insbesondere problematisch ist hinsichtlich des Umfangs der Geschäftsherrschaft, ob der Kommendator – außerhalb etwaiger bei Vertragsschluß vereinbarter oder zu Grunde gelegter Bestimmungen über die Unternehmensart und ihre Durchführung – dem Kommendatar weitere Anweisungen geben konnte[844] oder selbst bestimmte Tätigkeiten[845] in Bezug auf das Vermögen des Unternehmens vornehmen konnte. Möglicherweise mußte der geschäftsführende Gesellschafter zu bestimmten Rechtsgeschäften die Einwilligung des Kapitalgebers einholen.

In Liv 15 hatte eine Kommendatarin A, deren Kommendator N war, der T und deren Sohn ein Darlehen über 2/3[846] Minen Silber gegeben. Diese Forderung tritt nun die A zusammen mit einer weiteren Forderung in Nbn 1025 an den Sohn des bekannten Kaufmannes Iddin-Marduk zusammen mit den pfandrechtlichen Sicherheiten ab. Da in Nbn 1025 nicht erwähnt wird, daß die Forderung bzw. das erhaltene Silber *ḫarrânu* „Geschäftseinlage" des N seien, könnte es sich zur Abtretungszeit bei der Forderung aus Liv 15 vielleicht um eine private Forderung der A gehandelt haben, etwa weil die A die Forderung z. B. anläßlich einer Gewinnausschüttung erhalten hatte. Möglich wäre aber auch, daß die Kommenda zwischen N und A ein „Tochterunternehmen" der Unternehmen der Familie des Iddin-Marduk war und es sich hier um eine interne „Abrechnung" handelte, bei der es nicht nötig war, besonders auf die rechtliche Zugehörigkeit der Forderung hinzuweisen, da diese den Beteiligten offenkundig war. Eine dritte – für unser Problem der Geschäftsherrschaft in Betracht kommende – Möglichkeit ist, daß die Kommendatarin diesen Forderungsverkauf ebenso wie wohl den Einzug der Forderung ohne Zustimmung des N vornehmen konnte und daß ein Hinweis auf das *ḫarrânu*-Geschäftsunternehmen nicht notwendig war, vielleicht deswegen, weil es sich hier für die Kommenda um ein Bargeschäft handelte[847].

Das vorliegende Material reicht nicht aus, um mit einiger Sicherheit ermitteln zu können, inwieweit der Kommendator Geschäftsherr gewesen ist[848] [849].

---

844 So vielleicht im Falle von NRV 651.

845 Vielleicht die Verpfändung in NRV 648; s. A 827.

846 So mit Z. 14 – vgl. auch Nbn 1025, 1 – gegen Z. 1 der Kopie, wo 5/6 Minen zu lesen ist; vgl. dazu Petschow, Pfandrecht A 113. Der Zins Z. 15 beträgt, wenn man von 2/3 Minen Silber ausgeht, genau den neubabylonischen Normalzinssatz von 20 %.

847 Über die Geschäftsherrschaft bei der Verpfändung von Sklaven vgl. Petschow RIDA 3/1 (1954) 163.

848 Möglicherweise wird beim *ḫarrânu*-Vertrag vom Typ A sprachlich auch ein solches Subordinationsverhältnis zwischen Kapitalgeber und -nehmer durch die Formulierung der Gewinnklausel *S itti G ikkal* „der S(chuldner) genießt mit dem G(läubiger)" ausgedrückt. Dazu o. 58.

849 Eilers 7 nimmt beim altbabylonischen *tappûtum*-Geschäft ein Über- und Unterordnungsverhältnis zwischen Gläubiger und Schuldner an.

Aber er bestimmte wohl die grundsätzliche Art der Verwendung seiner Kapitalien[850]. In diesen Grenzen aber dürfte der Kommendatar schon aus seiner Stellung als Geschäftsführer meist einen breiten Spielraum gehabt haben; dieser vergrößerte sich wahrscheinlich noch bei der Kommenda mit gleichhoher zweiseitiger Kapitalbeteiligung.

15) Tochtergesellschaften

Nicht selten war bei den neubabylonischen *ḫarrânu*-Gesellschaften die Vergabe von Kapital *ana ḫarrâni* „zu einem Geschäftsunternehmen" an Dritte. Dadurch entstanden Gebilde, die wir nach moderner Terminologie etwa als Tochtergesellschaften bezeichnen könnten. Nach dem vorliegenden Urkundenmaterial sind drei Typen von Tochtergesellschaften zu unterscheiden. Bei der einen Art wendet der geschäftsführende Gesellschafter einer Kommenda einen Teil des Gesellschaftsvermögens einem Dritten als Kommendaeinlage zu[851]. Wir besitzen – wie schon oben S. 40 f. bemerkt – einige Gründungsurkunden solcher Tochtergesellschaften[852], aber auch aus Abrechnungsurkunden kann verschiedentlich das Bestehen solcher Gesellschaften entnommen werden[853]. Jene Begründungsurkunden enthalten den schon wiederholt angeführten auch aus anderen Urkunden der Gesellschaften bekannten Vermerk[854]:

kaspu šá ḫarrâni šá X
„Das Silber ist das/von der (gehört zur) Geschäftseinlage des X (d. h. des Kommendators der Muttergesellschaft)."

Formal erscheint im Begründungsformular solcher Tochtergesellschaften jeweils der geschäftsführende Gesellschafter der Muttergesellschaft selbst als Geldgeber und damit als Kommendator der Tochtergesellschaft. Prima facie scheint dies auch der tatsächlichen rechtlichen Lage zu entsprechen. Immerhin wäre denkbar, daß die eben zitierte *ḫarrânu*-Klausel nicht nur die Herkunft des Kapitals aus einem *ḫarrânu*-Vermögen feststellen wollte, sondern implicite auch bewußt beinhaltete, daß die Muttergesellschaft selbst, zumindest wirtschaftlich, Kommendator der Tochtergesellschaft war. Unwahrscheinlicher ist, daß darüber hinaus damit sogar auch rechtlich die Muttergesellschaft Kommendatorin der

---

850 Fast immer wird hierüber schon bei Vertragsschluß Einigkeit geherrscht haben.

851 Über solche Erscheinungen berichtet Goldschmidt UG 266 für die mittelalterliche Kommenda in den italienischen Seestädten; ähnlich Rehme ZHR 42, 382 für die lübische Kommenda; vgl. auch Schmidt, Handelsgesellschaften 91.

852 TCL 12, 40; Moldenke 13; RCT 3; Nbk 261.

853 So z. B. NRV 651, dazu o. 91 f., 115; NRV 649, dazu o. 99.; Moldenke 14, dazu o. 100.

854 Vgl. o. 113 ff.

Tochtergesellschaft werden sollte, zumal jene nach unseren früheren Feststellungen[855] keine Rechtspersönlichkeit und keinen eigentlichen „Firmennamen" besessen hatte.
Welche Stellung der Kommendator der Mutter- zur Tochtergesellschaft hatte, darüber geben die Urkunden keine Auskunft. Es wäre sowohl möglich, daß er Rechte an der Einlage direkt gegenüber dem Kommendatar der Tochtergesellschaft geltend machen konnte, aber auch, daß keine unmittelbaren Beziehungen zwischen beiden bestanden. Bis jetzt kaum zu klären ist auch die wirtschaftliche Funktion der Tochterkommenda im Rahmen des Geschäftsunternehmens[856].
Eine zweite Art von Tochtergesellschaft entstand dann, wenn eine Gesellschaft mit zweiseitiger Kapitalbeteiligung einem Dritten eine Kommendaeinlage gab[857]. Hier erschienen als Geldgeber zwei Personen, ohne daß angegeben wurde, es handle sich bei ihnen um eine Gesellschaft. Aus den Umständen ergibt sich aber gelegentlich[858], daß die Geldgeber als Gesellschafter für ihre gemeinsame Gesellschaft auftreten.
Eine dritte hierher gehörige Gesellschaftsform lag wohl der Auflösungsurkunde Nbk 116 zugrunde. Das dort aufgelöste Unternehmen, eine Gesellschaft mit zweiseitiger Kapitalbeteiligung, hatte seinerseits als Gesellschafter wohl wieder zwei *ḫarrânu*-Unternehmen, beide anscheinend ebenfalls Gesellschaften mit zweiseitiger Kapitalbeteiligung[859]. Trifft diese Auslegung zu, so hätten wir hier einen der ersten Ansätze einer „Konzern"-bildung vor uns. In diesem Falle hätte die später gegründete „Dachgesellschaft" die Funktion der Muttergesellschaft gehabt, während die beiden „fusionierten" Gesellschaften – freilich wohl nur im Innenverhältnis – als Tochtergesellschaften anzusehen wären.

16) Die Stellung der neubabylonischen *ḫarrânu*-Urkunden in der Entwicklung des Gesellschaftsrechtes

Die neubabylonischen *ḫarrânu*-Verhältnisse lassen sich, wie oben ausgeführt, gliedern erstens in die Kommenda mit einseitiger Kapitalbeteiligung, für die stets die aus dem Verpflichtungsschein oder – seltener – aus der *ina pâni*-Krediturkunde entwickelten Formulare verwendet werden, sodann in die Kommenda mit beiderseitiger Kapitalbeteiligung und schließlich in eine Gesellschaft

---

855 Vgl. o. 111 f.
856 Vgl. u. 146 f.
857 So z. B. in Nbn 652; vgl. dazu u. 127 f. (mit A 866); 154.
858 Dies ist etwa für Nbn 652 anzunehmen, da sich aus Nbn 572 und 653 ergibt, daß zwischen beiden Geldgebern eine Gesellschaft besteht.
859 Vgl. o. 104 f.

mit gleichartiger Stellung der Gesellschafter, die hier sämtlich geschäftsführend sind[860]. Während sich die Kommenda mit einseitiger Kapitalbeteiligung bereits im altbabylonischen Recht in Form des *tappûtum*-Geschäfts – freilich dort für wesentliche kürzere Laufdauer berechnet – vorfindet, sind die oben genannten beiden anderen Gesellschaftsformen bisher erst in neubabylonischer Zeit bezeugt. Das altbabylonische *tappûtum*-Geschäft diente offensichtlich der Verbindung von Kapital und Arbeit; demgegenüber trugen die beiden neuen neubabylonischen Gesellschaftsformen auch zur Konzentration von Kapital bei.
Die lange Dauer der Kommendaverhältnisse und ihr Übergang in Gesellschaften, in denen sämtliche Gesellschafter die Geschäfte führen, zeigt – soweit man wegen der unterschiedlichen historischen Epochen überhaupt vergleichen kann –, daß das Kommendawesen in neubabylonischer Zeit keineswegs weniger entwickelt war als die mittelalterliche Kommenda in Italien und Deutschland, ja diese vielfach dadurch übertraf, daß Silber, d. h. also Geld, in der Mehrzahl der vorliegenden Urkunden als Einlagekapital verwandt wurde.
Aus der spätpersischen und seleukidischen Zeit sind bisher keine *ḫarrânu*-Urkunden bekannt; wir wissen nichts über die Umstände, die etwa das Ende der *ḫarrânu*-Verhältnisse herbeiführten. Ebensowenig ist uns bekannt, woraus sich die beiden neuen Gesellschaftsformen entwickelten und was nach dem Verschwinden der *ḫarrânu*-Geschäftsunternehmen an ihre Stelle trat.

17) Beteiligung von Frauen an *ḫarrânu*-Unternehmen

Im allgemeinen treten in unseren Urkunden nur Männer als *ḫarrânu*-Gesellschafter auf; nur selten finden sich auch Frauen als Vertragspartner[861]. Nach den vorliegenden Belegen konnten sie anscheinend aber doch in jeder möglichen Rolle als Gesellschafterinnen erscheinen. So etwa in Pohl I 77 als anscheinend mitgeschäftsführende Gesellschafterin einer Gesellschaft im engeren Sinne; in dieser Urkunde begründen ein gewisser B, der als Sohn der A bezeichnet wird[862], und eine gewisse Nûptâ ein *ḫarrânu*-Geschäftsunternehmen. B gibt 4 Sekel Silber, Nûptâ 5 Sekel[863]. In Nbn 652[864] ist eine andere[865] Nûptâ Kommendatarin einer Kommenda vom Typ A. Sie erhält von zwei Geldgebern 2/3 Minen Silber als *ḫarrânu*-Einlage. Vom Gewinn soll ihr ein Drittel zuste-

860 Vgl. dazu o. 73 ff., 83 ff.
861 Über die Beteiligung von Frauen an der lübischen Kommenda im 14. Jahrhundert vgl. Rehme ZHR 42, 379.
862 Nach Petschow BR 6, 121 ein vorehelicher Sohn der A.
863 S. dazu aber A 341.
864 Vgl. schon V. Marx BA 4 (1902) 56.
865 Die Filiationen zeigen, daß die beiden Kommendatarinnen nicht identisch sind.

hen[866]. Ebenfalls Kommendatarin einer Kommenda mit einseitiger Kapitalbeteiligung ist nach Liv 15, 19 eine Ehefrau[867]. In dem Verpflichtungsschein gibt sie einer anderen Ehefrau und deren Sohn ein Darlehen. Auffällig ist, daß von beiden Schuldnern die Frau zuerst genannt wird, wahrscheinlich weil nur sie in Z. 14 eine Selbstbürgschaft leistet, so daß sie für das gesamte Darlehen haftete, ihr Sohn aber wohl nur für seinen Bruchteil. Schließlich tritt in Nbn 466 ein Sklave der Ehefrau des bekannten Geschäftsmannes Iddin-Marduk[868] als Kommendator einer Kommenda Typ A[869] auf.

Diese Urkunden zeigen, daß zwar das Geschäftsleben in chaldäischer und frühpersischer Zeit weitgehend in männlicher Hand war, daß aber Frauen davon nicht ausgeschlossen waren und sie noch einen bedeutenderen Platz im Rechtsleben einnahmen als später in islamischer Zeit.

18) Beteiligung von Sklaven an *ḫarrânu*-Unternehmen

In unseren Urkunden erscheinen Sklaven als Gesellschaftsvermögen, als Hilfskräfte und auch als Gesellschafter[870]. Allerdings finden sich nirgends Sklaven in der Begründungsklausel als Geschäftseinlage[871]. Daß aber Sklaven in größerer Anzahl zu bestimmten Geschäftsvermögen gehörten, wissen wir aus Abrechnungs- und Auflösungsurkunden. In der Auflösungsurkunde TCL 13, 160 werden 6 Sklaven unter die Gesellschafter verteilt; entlaufene Sklaven bleiben trotz der Auflösung gemeinsames Eigentum[872]. In TCL 12, 43, 15 dagegen werden auch die flüchtigen Sklaven in die Vermögensverteilung mit einbezogen:

---

866 Nach der Ergänzung in A 150 wird über die Verteilung der restlichen 2/3 nichts erwähnt. Z. 8–10 sind leider teilweise zerstört; nach den Zeichenresten folgt auf die Gewinnklausel die Selbstbürgschaft der Nûptâ. Ob Z. 10 noch eine Bestimmung über den 2/3-Rest des Gewinns enthielt, muß wegen der Textzerstörung offen bleiben. Fehlte eine solche, so spräche das für die Interpretation o. 126 mit A 857, nach der die „Gläubiger" selbst eine Gesellschaft bildeten. Ihr Gewinn wurde nicht geteilt, sondern gelangte in ihr *ḫarrânu*-Vermögen. Daher gibt es über ihren Gewinnanteil in Nbn 652 keine Gewinnverteilungsklausel. Die Urkunde wäre so ein weiterer Beleg dafür, daß die babylonischen Schreiber in der Lage waren, ihre Vertragsformulare den individuellen Verhältnissen anzupassen.

867 Vgl. o. 124.

868 Zu diesem s. u. 166 ff.
Später wird der Kommendator aus Nbn 466 direkt als Sklave des Iddin-Marduk bezeichnet; vgl. Nbn 613 und die anderen bei Tallqvist 162 angegebenen Urkunden.

869 In der Begründungsklausel fehlen allerdings die Worte *ana ḫarrâni* „zum Geschäftsunternehmen". S. dazu jedoch o. 17.

870 Sklaven als Rechtssubjekte vgl. Kohler–Peiser BR I 1 f., II 6 und 57 f.; Petschow, Pfandrecht 59 A 172.

871 Unklar die fragmentarische Tafel Camb 31; vgl. dazu u. A 1077. Zu Nbk 409 s. u. 151.

872 Vgl. dazu o. 107.

30 ^{h}a-me-lu-tu$_4$ rabûú ṣiḫrû (16) *ḫal-qa maš-ka-na-a-ta*
„30 Sklaven, alt (und) jung, flüchtig (oder) verpfändet[873]."

In NRV 648 wird ein Sklave verpfändet[874], in Nbn 666 ein Sklave aus einem Gesellschaftsvermögen verkauft[875]. Wahrscheinlich dienten die meisten dieser Sklaven nicht als Handelsware sondern als Arbeitskräfte. Daneben wurden auch Sklaven als Arbeitskräfte verwendet, die selbst nicht zum *ḫarrânu*-Vermögen gehörten. Diese Sklaven werden meist im Eigentum eines Gesellschafters (so z. B. Nbn 1013, 10) oder eines seiner Angehörigen gestanden haben. Sie blieben wohl auch während ihrer Beschäftigung im alleinigen Eigentum ihres bisherigen Sklavenhalters; ihr Arbeitsertrag aber kam dem Gesellschaftsvermögen zu. So war der Sklave, der in TCL 12, 26 Gesellschaftsvermögen gestohlen hatte, wohl nicht Bestandteil des Vermögens der Gesellschaft[876].
In Nbn 572 und 653 sind Sklaven zwar formularmäßig als Kapitalnehmer behandelt, sachlich aber dürften sie nur Arbeitskräfte der Gesellschaft ihrer Herren gewesen sein[877]. Daher ist es verständlich, daß das Gesellschaftsunternehmen wie ein Personenmieter (Dienstgeber)[878] auch für Kost und Kleidung aufzukommen hatte[879] [880].
Sklaven erschienen aber nicht nur als Rechtsobjekte sondern auch als Subjekte der Gesellschaftsbildung[881]. Sie traten sowohl in Gesellschaften mit zweiseitiger Kapitalbeteiligung[882] als auch in Kommendaunternehmen mit einseitiger Kapitalbeteiligung – als Kommendator[883] und Kommendatar[884] – auf. Allerdings ist nicht völlig sicher, inwieweit die Sklaven hierbei in allen Fällen wirklich selbständige Gesellschafter waren oder ob sie zumindest wirtschaftlich als Stellvertreter ihrer Herren fungierten. Gegen eine wirtschaftliche Selbständig-

---

873 Vgl. o. A 757. Sklaven in einem *ḫarrânu*-Vermögen erwähnt auch die Abrechnung in Liv. 13; dazu o. 93; 101.
874 Vgl. o. A 827.
875 Vgl. Petschow, Pfandrecht A 172 (S. 61 Nr. 6).
876 Er wird als Sklave eines der Gesellschafter bezeichnet.
877 Vgl. o. 26 f., 44, 76 f.
878 Vgl. Belege und Lit. bei Petschow, Pfandrecht 111 mit A 347.
879 Vgl. o. A 179; 479 und u. 44.
880 Trotzdem man die Rechtsverhältnisse zwischen Sklaven und Eigentümern in Nbn 572 und 653 kaum als Gesellschaften ansprechen kann, so sind doch auch diese Verträge formal kommendaähnliche Gebilde.
881 Vgl. M. A. Dandamayev, The Economic and Legal Character of the Slaves' peculium in the Neo-Babylonian and Achaemenid Periods (in: Abh. d. Bayer. Akademie d. Wissenschaften, phil.-hist. Kl. NF 75, 1972 S. 35 ff.).
882 Vgl. Dar 97.
883 Vgl. GCCI II 84 *qalla* eines *^{h}rêš šarri*, vgl. A 884; 892; Nbn 466,
884 Vgl. Dar 395/396 (*qallu* „Sklave" des Kommendators, neben einem Freien); Nbk 261 (*qallu* eines *rêš šarri* „königlichen Beamten"). S. auch Dar 269, 3 f.

keit könnte z. B. die hohe Einlage von 5 Minen Silber des Egibi-Sklaven Nabû-ajjalu in Dar 97 sprechen[885]. In diesem Fall ist schon wegen der Urkunden Dar 269 und 395/396 zu vermuten, daß der Sklave in irgendeiner Weise wirtschaftlich auch bezüglich Dar 97 mit dem Unternehmen seines Herrn verbunden war, etwa dahin daß die 5 Minen zumindest teilweise aus Darlehen oder aus Kommendaverträgen stammten[886]. Aber auch in solchen Fällen sind die Sklaven rechtlich wohl selbständige Gesellschafter und nicht nur Stellvertreter ihrer Eigentümer[887]. Im Verpflichtungsschein Dar 269 und in der Begründungsurkunde Dar 395/396 treten der Freie Ubâr und (wiederum) der Sklave Nabû-ajjalu[888] als Kommendatare in einer *ḫarrânu*-Gesellschaft auf, deren Kommendator der Eigentümer des Sklaven ist. In Dar 395/396 spricht für die weitgehende Selbständigkeit des Sklaven, daß er dieselbe rechtliche Stellung in dem Unternehmen einnimmt wie ein Freier und daß die Gewinne des Sklaven und seines Eigentümers in zwei verschiedenen Klauseln festgelegt werden[889]. Der weitgehenden rechtlichen Selbständigkeit dieses Sklaven würde es trotzdem nicht widersprechen, daß Nabû-ajjalu wirtschaftlich kein völlig selbständiger Kaufmann, sondern ein Agent der Familie Egibi war. In Nbn 601 ist ein Sklave Gesellschafter in einer *ḫarrânu*-Gesellschaft mit beiderseitiger Kapitalbeteiligung; der Sklave wird an zweiter Stelle genannt und legt nur halb soviel Kapital ein wie sein Partner; vermutlich ist der Sklave der alleinige Geschäftsführer[890]. In GCCI II 84 erscheint ein Sklave sogar als Kapitalgeber bei einer Kommenda mit einseitiger Kapitalbeteiligung; sein Kommendatar ist ein Freier[891]. Ein Mitsklave des Kapitalgebers ist in der Begründungsurkunde der an letzter Stelle genannte Zeuge[892]. In Nbk 261 tritt ein Sklave als Kapitalnehmer in einer „Tochtergesellschaft" auf[893].

---

885 Hohe Einlagen allein sprechen aber nicht stets ohne weiteres dafür, daß das Vermögen wirtschaftlich nicht dem Sklaven gehört.

886 Ein entsprechender Vermerk fehlt zwar in Dar 97, aber die Urkunde ist teilweise zerstört. Möglicherweise war eine solche Klausel bei *ḫarrânu*-Geschäftsunternehmen mit zweiseitiger Kapitalbeteiligung auch nicht üblich.

887 Im lübischen Recht gab es Kommenden zwischen Prinzipal und Handlungsdiener, vgl. Rehme ZHR 42, 379.

888 Der Egibi-Sklave Nabû-ajjalu hat sich jahrzehntelang als Geschäftsmann auch in *ḫarrânu*-Unternehmen betätigt, wie z. B. Dar 97 aus dem 3., 269 aus dem 10. und 395/396 aus dem 14. Jahre Darius I erweisen. Vgl. u. 159 ff.

889 Der Sklavenhalter und Kapitalgeber erhält eine feste Summe (vgl. o. A 173), sein Sklave die Hälfte des übrigen Gewinns.

890 Vgl. o. 87.

891 Kommendakapital sind allerdings nur 7 Sekel Silber. Zur Form der Gewinnverteilungsklausel vgl. o. 23. In Nbn 466 beläuft sich die Einlage des Kommendator-Sklaven dagegen auf über 5 Minen Silber.

892 Vgl. Petschow BR 6, 120, A zu GCCI II 84.

893 Unklar ist, ob auch der in Nbk 261, 8 genannte Nabû-zu-qu-pu-kin(?)-na(?) (vgl. Tall-

Die angeführten Beispiele zeigen, daß der nach neubabylonischem Recht „Sklaven“ (in obigen Belegen: *qal-la*) genannte Personenkreis ökonomisch eine sehr differenzierte Gesellschaftsschicht darstellte. Die meisten Sklaven wurden wie menschliche Arbeitstiere als Waren ge- und verkauft; einige aber waren weitgehend selbständige Unternehmer, die anscheinend auch über Vermögen verfügten, wie es die Mehrheit der freien Bevölkerung nicht ihr eigen nennen konnte[894]. Offen bleibt nach dem vorliegenden Material, welche Rechtsbeziehungen der Eigentümer eines als Gesellschafter wirkenden Sklaven zu dessen Vermögen und zu dessen Rechten aus dem *ḫarrânu*-Unternehmen hatte[895].

19) *ḫarrânu*-Unternehmen zwischen Verwandten

ḫarrânu-Verträge wurden auch zwischen Verwandten geschlossen[896]. Auf weitgehende Unabhängigkeit der Familienmitglieder im neubabylonischen Recht lassen jene Urkunden schließen, in denen Vater und Sohn als Gesellschafter einer Gesellschaft auftreten. So liegt uns in GCCI I 407 ein Begründungsvertrag über ein *ḫarrânu*-Geschäftsunternehmen mit beiderseitiger Kapitalbeteiligung und beiderseitiger Geschäftsführung durch die Gesellschafter – Vater und Sohn – vor[897]. Einer Kommenda mit einseitiger Kapitalbeteiligung zwischen Vater und Sohn stand nach dem Verpflichtungsschein Ner 38 eine Forderung über Knoblauch und Silber zu[898]. Auch an der in Nbk 116 aufgelösten Gesellschaft waren Vater und Sohn beteiligt[899]. Ein Familienvater hatte also in neubabylonischer Zeit keineswegs eine ähnlich dominierende Stellung wie etwa in Rom; andernfalls hätten all diese geschäftlichen Aktivitäten ohne weiteres durch den pater familias bzw. den Familienverband durchgeführt werden können, ohne daß es der Gründung einer Gesellschaft bedurft hätte[900].

Auch zwischen anderen Verwandten wurden vielfach Gesellschaftsverträge abgeschlossen. In Nbn 1013 stammen die beiden Geldgeber aus der Familie

---

qvist 156; Stamm 45 A 4: Nabû-zuqup-kêna) ein Sklave ist und in welchem Verhältnis er zu den anderen Beteiligten steht.

894 Vgl. dazu Petschow, Pfandrecht 59 A 172 mit Lit; Dandamayev a. a. O.

895 In Nbn 787, 9 ff. werden einige Sklav(inn)en genannt, die wahrscheinlich zum Vermögen eines Geschäftsunternehmens gehören. Zu Nbn 1013 vgl. o. 44.

896 Über die Kommenda zwischen nahen Verwandten im lübischen Recht vgl. Rehme ZHR 42, 379; zum mittelalterlichen Italien Silberschmidt 76 und 84.

897 Vgl. dazu auch o. 63 f.; 65.

898 Der Sohn ist Kommendatar und erscheint in Ner 38 als Gläubiger. Dazu s. auch u. 174.

899 Vgl. dazu o. 104 f. und 126.

900 In Nbn 77 ist Itti-Marduk-balâṭu/Egibi Schuldner und verpfändet als Nutzpfand sein Haus, das neben dem seines Vaters (Z. 5: [*ab*]*i-šú*) gelegen ist. Ein Haussohn konnte also sogar Grundstückseigentümer zu Lebzeiten seines Vaters sein. Der Vater des Schuldners fungiert selbst als erster Urkundszeuge, nach ihm folgt einer der Brüder des Schuldners.

Egibi[901]. Die Mutterkommenda der in TCL 12, 40 gegründeten Tochter besteht ebenfalls aus zwei Verwandten[902]. In RCT 3 ist der „Kapitalgeber" – zumindest wirtschaftlich gesehen – eine Kommenda mit einseitiger Kapitalbeteiligung zwischen zwei Brüdern. Der eine Bruder N (RCT 3, 9) ist Kapitalgeber, R (RCT 3, 5) Kapitalnehmer dieser Kommenda. In RCT 3 nun schließt der geschäftsführende Gesellschafter R mit einem weiteren Verwandten B (RCT 3, 4) einen Kommendavertrag mit einseitiger Kapitalbeteiligung ab. Mutter- und Tochtergesellschaft hatten also sämtlich Verwandte als Gesellschafter[903]. Nebenbei sei erwähnt, daß in Liv 15 eine Mutter und ihr Sohn einen Silberbetrag an eine Kommenda schulden[904]. In NRV 413 treten die Söhne des Ṭâbija als dessen Erben wohl in ungeteilter Erbengemeinschaft[905] auf und nehmen die Stellung ihres Vaters als Kommendator gemeinschaftlich wahr. Das Unternehmen wird aber weiterhin als *ḫarrâni šá Ṭ* „Geschäftsunternehmen (oder: Geschäftseinlage) des Ṭâbija" bezeichnet.
Zu weiteren *ḫarrânu*-Gemeinschaften unter Verwandten der Familie Egibi und des Iddin-Marduk/Nûr-Sîn mit dem Bruder seiner Frau s. u. S. 148 ff. bzw. u. bei A 1173.

901 Vgl. u. 157 und o. A 289.
902 Vgl. TCL 12, 40, 1 f. und 19 f.
903 Vgl. dazu o. 13.
904 Vgl. dazu o. 124.
905 Vgl. o. 95.

III. DIE WIRTSCHAFTLICHE BEDEUTUNG DER *ḫarrânu*-GESCHÄFTE

1) Die Verhältnisse in Babylonien in der Zeit unserer Urkunden

Das chaldäische und frühpersische Babylon ist einer der Höhepunkte der Geschichte des südlichen Zweistromlandes. Wirtschaft und Kultur blühten wie wohl lange nicht zuvor; in chaldäischer Zeit ist zudem auch politisch eine Hochblüte des Landes. Untersucht man die Entwicklung dieses Aufschwungs[906], so bietet sich als „Stunde Null" der neubabylonischen Zeit die Zerstörung Babylons durch Sanherib im Jahre 689 v. Chr. an[907]. Nach Sanheribs Tod (681 v. Chr.) beginnt allmählich – allerdings durch den Bruderkampf Šamaš-šum-ukîns gegen Assurbanipal unterbrochen[908] – der Wiederaufbau in Babylon. Mit der Vernichtung des neuassyrischen Reiches und der Konsolidierung der einheimischen Chaldäerherrschaft in Babylonien unter Nabopolassar (seit 626 bis 605 v. Chr.), der sich selbst „Sohn eines Niemand" nennt, und unter der über vier Jahrzehnte währenden Herrschaft Nebukadnezars II (605–562) vollzieht sich ein politischer und wirtschaftlicher Aufschwung in Babylonien und insbesondere in der Stadt Babylon als Zentrum, der unter anderem in Palast-, Tempel-, Befestigungs- und Kanalbauten seinen äußeren Ausdruck fand[909]. Babylon wurde jetzt zur alles überragenden Metropole. Nach der Zerstörung Ninives (612 v. Chr.) und besonders nach dem Sieg Nebukadnezars 605 bei Karkemisch über das ägyptische Heer blieb das Zweistromland bis zum Einzug der Perser von feindlichen Heeren verschont. Die Unruhen und innenpolitischen Spannungen, die nach dem Tode Nebukadnezars II. (562 v. Chr.) auftraten, konnten das inzwischen so stark ausgewachsene Wirtschaftsleben nicht entscheidend beeinträchtigen. Das gleiche ist von der Eroberung Babyloniens durch die Perser (539 v. Chr.) zu sagen. Außer dem wohl nicht sehr starken Heer des Königs leistete fast niemand Widerstand; im Gegenteil verbündeten

---

906 Vgl. Borger JCS 19/3 (1965) 59 ff.; v. Soden, Propyläen WG II 104 f.; 114 ff.; Jakob-Rost FuB 10 (1968) 40.

907 Die Stadt wird ausgeplündert und verwüstet, die Tempel zerstört und die Götter nach Ninive gebracht. Dann setzte man Teile der Stadt unter Wasser; vgl. Schmökel 132.

908 Vgl. dazu v. Soden, Propyläen WG II 115 f.; Weidner AfO 16, 37 f.; Br 8/7, 51, 62 ff.;

908 Vgl. dazu v. Soden, Propyläen WG II 115 f.; Weidner AfO 16, 37 f.; BR 8/7, 51, 62 ff.; Jakob-Rost FuB 10, 40. Aus dieser Zeit stammt auch das Archiv des Geschäftshauses Bêl-ušallim in Babylon mit einer *ḫarrânu*-Begründungsurkunde vom Typ A aus dem Jahre 647 v. Chr., also nur ein Jahr nach der Eroberung Babylons 648.

909 S. dazu z. B. v. Soden 124 ff.; Labat in: Fischer Weltgeschichte 4 (1967) 93 ff. Über die Regierungszeit Nabonids s. auch Röllig ZA 56 (1964) 218 ff.

sich einflußreiche Gruppen der Priesterschaft mit dem Feinde[910]. So war auch das Ende des selbständigen babylonischen Staates für das Wirtschaftsleben des Landes kein besonderer Einschnitt. Die Eingliederung in das Persische Reich hatte sogar den Vorzug, daß der Handel in diesem größeren Raum noch ungehinderter vor sich gehen konnte[911].

Erst der zweite Aufstand unter Xerxes hatte stärkere nachteilige Wirkungen. Xerxes ließ Babylon – vor allem die Tempelbezirke – verwüsten und die Festungsanlagen schleifen[912]. Babylon verlor seine Eigenschaft, zweite Hauptstadt des persischen Reiches zu sein; Babylonien wurde in eine einfache Satrapie verwandelt. Doch auch von dieser Zerstörung erholte sich das Wirtschaftsleben wieder rasch[913]. Auffallend ist, daß die letzte *ḫarrânu*-Urkunde, die m. W. bisher veröffentlich wurde, App 5, vom 2.4.5 Xerxes datiert ist, also etwa aus dieser Zeit stammt. Es ist jedoch unklar, ob dies mit den politischen Umwälzungen in Babylon zusammenhängt[914]. Das weitere Schicksal der *ḫarrânu*-Geschäfte – Fortbestand oder Untergang – läßt sich vorerst mangels Quellenmaterials nicht weiter verfolgen, zumal aus der Zeit nach Darius I. – von den sachlich etwas einseitigen Urkunden des Murašû-Archivs aus Nippur und von den nicht sehr zahlreichen zeitgenössischen Urkunden aus Ur in UET IV abgesehen – noch kaum Urkundenmaterial veröffentlicht ist.

2) Die Wirtschaft Babyloniens[915]

Grundlage der babylonischen Wirtschaft war in der Zeit unserer Urkunden die Landwirtschaft[916], die zu einem erheblichen Teil durch künstliche Bewässerung ermöglicht wurde. Haupterzeugnisse des Landes waren land-, vieh- und

---

910 Vgl. dazu die Tonzylinder-Inschrift BrM Nr. 90920; veröffentlicht in Pinches, Cuneiform Inscriptions Vol. V pl 35; Übersetzung bei Weißbach 3 ff. und Struwe 289; vgl. auch Weißbach S. XI.

911 Meißner, Könige 283. Die Perser unternahmen insbesondere auch keine erkennbar einschneidenden Eingriffe in das private babylonische Rechtsleben, insbesondere auch soweit es den Bedürfnissen des Wirtschaftslebens unmittelbar diente, und übernahmen im Gegenteil das dortige Urkunden- und damit Rechtswesen für ihre babylonischen privaten Rechtsgeschäfte mindestens mit Einheimischen. Vgl. dazu Petschow, Pfandrecht, Nachträge zu S. 8.

912 Vgl. Schedl ZDMG 115/2, 245 und Böhl BiOr 19 (1962) 110 ff. Vgl. auch Ungnad AfO 19 (1959) 76.

913 Böhl a. a. O. 112.

914 Vgl. dazu San Nicolò SZ 49, 30.

915 Vgl. hierzu Heichelheim I 96 ff.

916 Vgl. hierzu Wirth, Agrargeographie des Irak. Obwohl auf die moderne Zeit bezogen, sind die Angaben über Boden, Klima, Bewässerungs- und Anbaumöglichkeiten und dergl. auch für die neubabylonische Zeit mit bestimmten Einschränkungen brauchbar. Vgl. auch Cocquerillat, Palmeraies et cultures de l'Eanna d'Uruk, Westberlin 1968.

fischereiwirtschaftliche Erzeugnisse aller Art, darunter insbesondere Getreide, Sesam, Datteln, Fleisch sowie Wolle[917]. Dementsprechend hatte das gewerbliche Leben – abgesehen vom Bauwesen – größtenteils die Verarbeitung von landwirtschaftlichen Produkten zur Grundlage. Der Verkehr erfolgte teils zu Wasser – vor allem auf Euphrat und Tigris und den aus diesen Flüssen gespeisten Kanälen – teils zu Land[918]. Die Sicherheit für den Handelsverkehr dürfte in chaldäischer und frühpersischer Zeit wohl vergleichsweise günstig gewesen sein, da beide Reiche relativ stabil waren. Es entstanden große Handelshäuser, die über mehrere Generationen nachweisbar sind (vgl. u. S. 148 ff.). Hauptzentren von Handel und Gewerbe waren die Städte, vor allem Babylon selbst, ferner Uruk, Nippur und Sippar. In ihnen hatten die wichtigsten Träger des wirtschaftlichen Lebens ihren Sitz, der Hof mit den Palast(-wirtschafts-)verwaltungen, die Priesterschaften mit den Tempelverwaltungen, die großen Grundbesitzer und Handelshäuser.

3) Die Einlagekapitalien

Über die Art der jeweiligen Geschäftsunternehmen sagen die Begründungsurkunden in der Regel nichts aus[919]. Der eigentliche Zweck der Gesellschaften lag für die Mitglieder selbstverständlich in der Erzielung von Gewinn. Um dieses Ziel zu erreichen, hatten die Parteien bei Vertragsschluß gewiß meist konkrete Pläne über die Tätigkeit der Gesellschaft. Gewisse Rückschlüsse auf die Art der Geschäftsunternehmen lassen sich teilweise aus der Art der Einlagekapitalien ziehen. Wie bereits festgestellt, bestanden diese in den weitaus meisten Fällen aus Silber[920] – teilweise mit näherer Spezifizierung der Silberart[921] –, das in neubabylonischer Zeit das gängigste Zahlungsmittel ist[922], seltener aus Silber

917 Vgl. Meißner, Babylonien I 198; 202; 213. Auch Knoblauch wurde sehr viel angebaut. Zum neuerdings aufgetretenen Problem, ob *šamaššammû* mit Sesam oder Lein zu identifizieren ist, s. Kraus JAOS 88 (1968) 112 ff.; Oppenheim 21 (1967) 245; CAD K 548d zu BE XVII 84.

918 Vgl. Meißner, Babylonien I 340 ff.

919 Vereinzelt lassen Nebenklauseln auf eine bestimmte Geschäftsart schließen; so kann man, wenn etwa Häuser bereitgestellt werden, annehmen, daß es sich um ein standortgebundenes Gewerbe handelt.

920 Dazu und zum folgenden s. o. 54 und A 61 und 306. Schon altbabylonisch werden in die Kommenda zumeist Silber, seltener Naturalien eingelegt; vgl. Eilers 12.

921 Bei 6 Begründungsurkunden wird die Silberart näher spezifiziert: App 5; NRV 646; 653; 655; TCL 13, 184. In GCCI II 84 wird das Silber als *mé-re[š-tu]* bezeichnet. Die Bedeutung ist unklar: Vgl. AHw 645 r s. v. *mêreštu* II; Oppenheim JCS 21 (1967) 239: „The meaning of *mêreštu* is difficult to establish on other than etymological grounds (literally, ‚what is demanded, needed'); still certain passages in contemporary documents suggest that it refers to the silver (or the merchandise worth that amount) invested in a business venture."

922 Vgl. dazu Lutz, Economic History 4 (1932) 335 ff.

und Datteln[923], Datteln allein[924] oder Datteln und Gerste[925]. Zu diesen Umsatzkapitalien kommen vereinzelt noch Fässer[926]. Wurde Silber eingelegt, so kann man daraus hinsichtlich des Arbeitsgebiets der Gesellschaft kaum Schlüsse ableiten. Die Begründungsurkunden, bei denen Datteln eingelegt wurden, stammen vom Monat Tašrit bis zum Šabaṭ[927], sind also über die zweite Jahreshälfte verstreut. Die Zeit der Dattelernte ist also für die Häufigkeit der Einlage von Datteln in Gesellschaften von Wichtigkeit[928]. Die lange Dauer solcher Geschäftsunternehmen[929] zeigt aber, daß es sich hier nicht nur um den einmaligen Verkauf der Dattelernte handelte. Vielfach werden die Naturalien als Rohprodukte zur Verarbeitung für Handwerksbetriebe gedient haben[930]. Dies kann zwar wohl nicht in allen Fällen unterstellt werden, da diese Naturalien teilweise auch als Zahlungsmittel[931] dienen konnten. Ziemlich sichere Rückschlüsse können aber dort gezogen werden, wo z. B. Fässer oder bestimmte Geräte in die Gesellschaft eingelegt werden. So etwa werden in Dar 280 und 395/396 Naturalien – Datteln und in Dar 395/396 zudem Gerste – zusammen mit Geräten oder Fässern in die Gesellschaft eingebracht. Hier liegt es nahe anzunehmen, daß die Gesellschaft diese Naturalien unter Benutzung der Geräte oder Fässer verarbeitete[932]. In Nbn 1013 ist die Einlage 70 Krüge mit Wein. Das Kapital wird zwar in Silber angegeben[933], es handelt sich aber wohl nur um eine Be-

923 NRV 655.

924 NRV 654; Dar 280; 359.

925 Dar 395/396.

926 Die Fässer sind z. B. in Dar 395/396 in der Begründungsklausel genannt, werden aber bei der Wiederholung des Kapitals in der Gewinnverteilungsklausel weggelassen. Der Grund der Weglassung dürfte darin zu suchen sein, daß die Babylonier fälschlicherweise davon ausgingen, nur mit den Umsatzkapitalien könnte Gewinn erzielt werden. In Wirklichkeit stellen natürlich auch die Fässer gewinnbringendes Kapital dar. Während aber Gerätschaften nur in Nebenklauseln erscheinen, sind die Fässer den Hauptumsatzkapitalien wirtschaftlich gesehen schon so ähnlich, daß sie in der Begründungsklausel aufgenommen werden.

927 Tašrit: Dar 280
Kislim: NRV 655
Ṭebet: Dar 359
Šabaṭ: NRV 654.
Monatsname fehlt in Dar 395/396 (ausgelassen bzw. zerstört).

928 Die Dattelernte ist etwa im Tašrit; vgl. dazu Meißner, Babylonien I 205 f.

929 Vgl. dazu o. 90 ff.

930 Vgl. dazu u. 142.

931 Vgl. Lutz, Economic History 4 (1932) 336.

932 Unklar ist, warum die Fässer in der Begründungsklausel aufgeführt werden, Geräte aber in einer besonderen Klausel. Vgl. o. A 926 und Nbn 572, 1 f., 14 f., dazu o. 42.

933 Ähnlich wohl altbabylonisch BE VI_1 97; vgl. dazu Eilers 12.

934 Vgl. dazu o. 17 und u. 167.

rechnung der in Natur – hier jedoch zum wahrscheinlich einmaligen Vertrieb – geleisteten Einlage[934 935].

An Naturalien erscheinen – von der eben genannten Kommenda Typ A Nbn 1013 abgesehen – als Einlagekapital[936]:

NRV 654:	13 Kur Datteln	
Dar 280:	100 Kur Datteln	
Dar 359:	51 Kur Datteln	
NRV 655:	35 Kur Datteln	+ 1/2 Mine Silber
Dar 395/396:	100 Kur Datteln	+ 50 Kur Gerste.

Auffällig ist, daß alle diese Urkunden aus der Zeit des Darius I. stammen; daß aber auch sonst Datteln und andere Naturalien als Einlagekapital verwendet wurden, läßt die Abrechnungsurkunde NRV 651 aus der Zeit Nebukadnezars II. vermuten. Des weiteren finden sich schon aus chaldäischer Zeit viele Belege dafür, daß Naturalien an Gesellschaften geschuldet werden, ohne allerdings erkennen zu lassen, ob es sich dabei um ursprünglich in Naturalien verliehenes Einlagekapital gehandelt hatte[937].

Die höchsten Kapitaleinlagen belaufen sich auf 10, 12 und 15 Minen[938 939] in Silber, d.h. etwa 5, 6 und 7 1/2 Kilo Silber, wobei ein Sekel (= 1/60 Mine) nach dem oben A 936 genannten Idealumrechnungskurs etwa 150 l = 97,5 kg Gerste entsprach. Im übrigen schwanken die Einlagekapitalien zwischen jenen bedeutenden Summen und den bisher niedrigsten belegten Einlagen von 7 Sekel Silber in GCCI II 84 (Typ A)[940] und einer Gesamteinlage von 9 Sekel Sil-

Die rechtliche Konstruktion war vermutlich folgendermaßen: Der Wein wurde an den Kapitalnehmer (oder die Kommenda?) verkauft (daher Z. 6: *kaspu šīmû* „das Silber ist der Kaufpreis für. . .“) und der gestundete Kaufpreis wurde im Vertrag als Kapitaleinlage genannt.

935 Möglicherweise werden auch in GCCI II 84 nicht – wie in der Urkunde festgehalten – 7 Sekel Silber als Kommendaeinlage gegeben, sondern Waren im Werte von 7 Sekel Silber. Vgl. dazu Oppenheim JCS 21 (1967, erschienen 1969) 239 mit A 10.

936 1 Kur ist nach Ungnad, Glossar 74 in chaldäischer Zeit als Hohlmaß ca. 150 Liter. Nimmt man (vgl. H. Lewy JAOS 64 (1944) 66) mit San Nicolò, Lehrvertrag 15 A 3 an, ein Liter Gerste sei 0,65 kg, so ergeben sich für die 50 Kur Gerste aus Dar 395/396 4875 kg oder 97,5 Zentner oder etwa 5 Tonnen. Nimmt man nach Meißner, Warenpreise 5 bzw. 10 als Wert für 1 Kur Getreide ungefähr 1 Sekel Silber und für 1 Kur Datteln 0,9 Sekel an, so ergibt sich für die Naturaleinlagen in Dar 395/396 ein Wert von 2 Minen 20 Sekel Silber, bei NRV 654 etwa ein Wert von 12 Sekel Silber.

937 Vgl. o. 113 f.

938 1 Mine hat nach Ungnad Glossar 90 etwa 505 Gramm. 15 Minen sind also ca. 7,575 kg; 7 Sekel sind ca. 58,8 Gramm. Vgl. auch AHw 604 l.

939 TCL 13, 184: 15 Minen; Dar 134: 12 Minen Silber. Beide Urkunden stehen personell in Zusammenhang.

940 1/3 Sekel Silber in Moldenke 13 bedeutet wohl 1/3 (Mine) an Sekeln, also 20 Sekel Silber; vgl. Petschow BR 6, 71; San Nicolò BR 8/7, 115 und 119.

ber in Pohl I 77 (Typ B). Wie aber die A 939 genannten Tafeln zeigen, ist die Höhe der Gesellschaftskapitalien unabhängig davon, ob ein Unternehmen des Typs A oder B vorliegt; gerade die Unternehmen mit den beiden höchsten Einlagekapitalien von 12 und 15 Minen Silber (TCL 13, 184 und Dar 134) sind solche des Typs A, allerdings mit dem Egibi-Chef Marduk-nâṣir-apli als Kommendator.
Andere Metalle sind m. W. bisher nicht als Einlagekapitalien bezeugt.

4) Die Ertragslage der *ḫarrânu*-Unternehmen

Über die Höhe des Gewinns kann unseren Urkunden nur wenig entnommen werden. Der Jahresgewinn müßte aber im Durchschnitt 40 % des Kapitals überschritten haben, da bei der üblichen Halbierung des Gewinns bei einseitiger Kapitalbeteiligung nur dann für den Kapitalgeber eine im Verhältnis zum durchschnittlichen Darlehenszinssatz von 20 % erträgliche Gewinnlage eintrat[941]. Unter günstigen Umständen dürfte der Gewinn aber erheblich größer gewesen sein[942]. Einige Rückschlüsse auf die Höhe des Gewinns der *ḫarrânu*-Geschäftsunternehmen erlauben jene Urkunden, in denen der Gewinnanteil eines Gesellschafters – des Kapitalgebers – ziffernmäßig angegeben wird. So erhält in AfO 16, 43 Nr. 9 der Kapitalist einen Gewinnanteil, der wohl einer Verzinsung von 50 % pro Jahr gleichkommt[943], in NRV 653 dagegen nur den

941 Geht man davon aus, daß der Gewinn mindestens 40 % betragen hat, so ergeben sich beim Kommendatyp A für den geschäftsführenden Gesellschafter ohne jeglichen Einsatz von barem Kapital erhebliche Gewinne. Bei einer Kapitaleinlage von 12 Minen Silber (vgl. etwa Dar 134) hätte der geschäftsführende Gesellschafter dann jährlich mindestens 2 Minen 24 Sekel Silber erhalten, also weit mehr als sonst für die Arbeitskraft gezahlt wurde (vgl. Meißner, Warenpreise 39). Unklar ist aber, ob davon etwa vom Geschäftsführer gewisse Spesen zu zahlen waren (z. B. Hilfskräfte?).

942 In dem Omen CT 31, 35, 9 – dazu Gadd JCS 21 (1967) 58 ad 25 – werden 6000 % Gewinn für ein Reiseunternehmen – allerdings ungenannter Zeitdauer – genannt:
mâr tamkâri ina ḫarrâni itallaku ina 1 šiqli 1 mana uttar
„Der Sohn des Kaufmanns wird auf die Reise gehen, auf 1 Sekel (Kapital) wird er 1 Mine (= 60 Sekel) gutmachen."
Aus diesem wie auch aus anderen Texten ergibt sich übrigens, daß anscheinend der 7. Monat des Jahres, der Tašrit, die reguläre Zeit für den Reiseaufbruch war; dazu Gadd a. a. O. Vgl. auch Hunger AOAT I 134/135, 25 und 138/139, 28; die dortigen Texte stammen aus dem 1. Jahrtausend v. Chr. – frühestens 7. Jahrhundert –, so Hunger a. a. O. S. 141.
Hinz berichtet in WdO 1 (1947–52) 334 in „Ein orientalisches Handelsunternehmen im 15. Jahrhundert" über Kommenden, deren Kommendatoren Fürsten und deren Kommendatare persische Kaufleute waren, die den Überlandhandel betrieben. Eine solche Kommenda erzielte z. B. auf einer zweijährigen Reise einen Reingewinn von 430 %.

943 Vgl. o. A 173.

normalen neubabylonischen Zinssatz von 20 %[944]. Berechnet man in Dar 395/396 für 100 Kur Datteln 90 Sekel Silber, für 50 Kur Gerste 50 Sekel, für 60 Fässer 60 Sekel und für das Haus einen Wert von 40 Sekel Silber[945], so errechnet sich insgesamt ein Kapital von 4 Minen Silber. Nach Dar 395 soll der Kapitalgeber anstelle seines Gewinnanteiles jährlich 2, nach dem Duplikat Dar 396 1 Mine Silber (Schreib- oder Kopierfehler?) erhalten. Geht man von Dar 396, 14 aus, so ergibt sich ein jährlicher Zinssatz von 25 %. Geht man von Dar 395, 14 aus, so ergäbe das einen Zinssatz von 50 % (wie in AfO 16, 43 Nr. 9). Bei dieser Rechnung muß freilich unberücksichtigt bleiben, daß die genauen Preise der Einlagen und die Größe des mietfrei zur Verfügung gestellten Hauses nicht bekannt sind. Da der Kapitalgeber in allen diesen Fällen nur einen Teil des Gewinnes erhält, da sicher auch die geschäftsführenden Gesellschafter nicht leer ausgingen, muß der Gesamtgewinn der Gesellschaft erheblich höher gewesen sein. Aus den Abrechnungs- und Auflösungsurkunden können wir nicht entnehmen, welche jährlichen Gewinne erwirtschaftet wurden, da wir keine zusammenhängenden Unterlagen darüber besitzen, wie hoch das Kapital war und wie oft und in welcher Höhe Gewinn ausgezahlt wurde.

5) Gewerbezweige der ḫarrânu-Gesellschaften

Nach allgemeiner Auffassung ist die Entstehung der Kommenda in den meisten Rechtskreisen aufs engste mit dem Fernhandel[946] verbunden. Dies trifft, wie schon die neubabylonische Bezeichnung für diese Geschäftsunternehmen – *ḫarrânu*[947] – anzeigt, wohl auch für die neubabylonische Kommenda zu[948]. Trotzdem ist das *ḫarrânu*-Geschäft in chaldäischer und frühpersischer Zeit wohl nicht mehr überwiegend mit dem Überlandhandel verbunden, sondern hat auch

---

944 Vgl. o. A 173.

945 Da keine Anhaltspunkte für die Art der Fässer und die Größe des Hauses vorliegen, ist natürlich unsicher, ob die angenommenen Werte den tatsächlichen ähneln.

946 Unter Fernhandel wird hier auch der über Land gehende Binnenhandel in Babylonien, nicht nur der Export- und Importhandel z. B. mit Syrien verstanden. Zum Überlandhandel in neubabylonischer Zeit vgl. Oppenheim JCS 21 (1967) 236 ff. Aus den Urkunden YOS 6, 168 und TCL 12, 84 folgert Oppenheim a. a. O. 239: „Since the individual consignments entrusted to the agents are remarkably alike in content and value, it is reasonable to assume that our Nâdin-aḫi, Šamaš-zêra-ibni, and others still unknown, formed partnerships, the preferred method of financing large-scale commercial activities in Mesopotamia. The goods brought into Babylonia by boat were bought with the silver contributions of the individual shareholders, and each participant received a standard assortment of metals, dyes etc. as his share."

947 Das Wort bedeutet ursprünglich Weg, Straße, dann auch Reise, Karawane und schließlich Geschäftsunternehmen. Das Wort wird mit dem Keilschriftzeichen KASKAL  (mit Dualzeichen) geschrieben, das eine Wegkreuzung darstellt, dazu s. o. S. V mit A 5; 3 f.; 11 f.

948 Zum Überlandhandel vgl. auch o. A 942.

in vielen anderen Wirtschaftszweigen Eingang gefunden. Möglicherweise waren die bedeutenderen und langdauernden *ḫarrânu*-Gesellschaften nicht mehr auf einen engen Gewerbezweig spezialisiert, sondern traten immer dort in Erscheinung, wo gerade günstige Gewinne erzielt werden konnten[949]. Deutlich auf ein *ḫarrânu*-Unternehmen im Fernhandel weist GCCI II 84 hin. Die Urkunde enthält eine Klausel, nach der die Abrechnung und Rückzahlung nach der Rückkehr des geschäftsführenden Gesellschafters von einer bestimmten (Geschäfts-) Reise vorgenommen werden soll[950]. Auf Reisegeschäftsunternehmen beziehen sich – mindestens ursprünglich – die Verlustklauseln in BRM I 45, Nbk 64 und UET IV 56. Nach Nbk 64, 21 f. darf *kaspu ina ṣêri* (22) *ul im-mar-rek-ki* „Silber auf dem Lande nicht zurückbleiben"; ebenso nach BRM I 45, 6. Nach UET IV 56, 7 ff. soll das gleiche gelten: *kaspa B ina ṣêri ul ú-maš-šar šá ú-maš-šar-ra pu-ut na-ši* „Silber wird (der Kommendatar) B auf dem Lande nicht stehen lassen, für das was er stehen läßt, ist er Bürge." Mindestens ursprünglich auf den Fernhandel abgestellt waren offenbar auch die Klauseln über das Verbot (TCL 12, 40) oder die Höchstbegrenzung (Nbk 300; Moldenke 13) von (Reise-)Unkosten[951]. So heißt es in TCL 12, 40, 7 ff.:

kaspu šá la K a-na e-te-qu ul i-te-«ti»-iq
„Silber darf er ohne (die Zustimmung des) K(ommendators) für Reise(-spese)n nicht ausgeben."

Im Einzelfalle wäre freilich auch möglich, daß diese Klausel nicht nur für Reisespesen galt, sondern im übertragenen Sinne auch für Spesen überhaupt verwendet wurde. Möglicherweise lagen Überlandgeschäfte auch bei Nbn 19 und 34 vor. In dem Verpflichtungsschein Nbn 19 verpflichtet sich ein Schuldner, 16 Kur Gerste an eine Kommenda zu geben, deren Kapitalgeber der bekannte Geschäftsmann Iddin-Marduk ist. Die Urkunde ist aus Babylon datiert, der Schuldner soll aber zwei Monate später im Monat Siman, also kurz nach der Ernte, in Uruk (Luftlinie über 150 km) leisten. Möglicherweise hatte Iddin-Marduk dort eine Filiale[952]. Im selben Jahr schuldet jemand an das gleiche Kommendaunternehmen in Nbn 34 etwas über 1 Kur Datteln. Diese Urkunde wurde in Šaḫrînu, einem Vorort von Babylon, ausgefertigt; die Datteln aber sollen einen Monat später ebenfalls unmittelbar nach der Ernte, im Monat Tašrit, an einem

---

949 Einen Hinweis darauf geben die verschiedenartigen Gegenstände, die sich in Auflösungsurkunden vorfinden; vgl. o. 102 ff.

950 Vgl. Petschow BR 6, 120.

951 Vgl. dazu o. 35 ff. und 66.

952 Zu beachten ist auch die auf frühere Geschäftsbeziehungen hinweisende *elat*-Klausel Nbn 19, 6, nach der eine dritte Person – vielleicht ein anderer Kommendatar des Iddin-Marduk – Gläubiger des Schuldners ist.

anderen Ort[953] geleistet werden[954]. Auf ortsgebundenen und Fernhandel beziehen sich schließlich die Worte *ina âli u ṣêri* „in Stadt und Land" in der Gewinnverteilungsklausel. Diese Phrase dürfte zumindest in chaldäischer und frühpersischer Zeit kein Hinweis mehr darauf sein, daß die betreffende Gesellschaft den Überlandhandel betrieb; wahrscheinlich wird der Ausdruck mehr im Sinne von „wo auch immer (er Gewinn erzielt)" gebraucht[955]. Die *ḫarrânu*-Begründungsurkunde UET IV 56, deren Ausstellungsort Babylon ist, wurde in Ur – etwa 250 km Luftlinie von Babylon – gefunden[956] [957]. Die meisten der von *ḫarrânu*-Unternehmen stammenden Schuldurkunden wurden jedoch am Gründungsort der betreffenden Gesellschaft ausgestellt und waren auch dort zu erfüllen.

Einzelne Urkunden weisen auf die Beteiligung von *ḫarrânu*-Gesellschaften am Sklavenhandel hin. In der Abrechnungsurkunde Liv 13 wird über zwei im Verlauf der Gesellschaft erworbene Sklaven berichtet, die an die Gesellschafter verteilt werden[958]. In der Teilungsurkunde TCL 13, 160 werden drei männliche und drei weibliche Sklaven aufgeführt, noch mehr Sklaven erwähnt die Teilungsurkunde TCL 12, 43[959]. Freilich ist es wahrscheinlich, daß der Sklavenhandel nicht der Hauptzweck dieser Gesellschaften war; teilweise diente er wohl zur Herbeischaffung der für das Geschäft nötigen Arbeitskräfte[960]. So besaß z. B. die in TCL 13, 160 aufgelöste Gesellschaft auch Felder, die, soweit sie nicht verpachtet waren, eigene Arbeitskräfte in größerer Anzahl erforderten.

Einzelhandel wurde wohl von dem Geschäftsunternehmen in Nbn 1013 betrieben[961]. Der geschäftsführende Gesellschafter hatte von zwei Egibis 70 Krüge Wein und als Mitarbeiter einen Sklaven erhalten und sollte wohl nun den Wein in Babylon oder seinen Vororten vertreiben[962]. War der Wein umgesetzt, so sollten von dem Erlös 2 Minen 4 Sekel Silber an die Egibi-Familie als Kapital-

---

953 Z. 6: *âlu ša* ^{I}*aḫa-iddin*; die genaue Lage dieses Ortes ist mir nicht bekannt.

954 Vgl. auch Dar 395/396 und Dar 269; die Kapitalnehmer hatten wohl ihren Wohnsitz in Babylon, schließen in Dar 269 aber als Gläubiger ein Geschäft in Dilbat ab. Vgl. dazu o. 114 f.

955 Der Ausdruck „in Stadt und Land" erscheint auch in anderem Zusammenhang; vgl. CAD Ṣ 141 r m.

956 Zu den Ausstellungsorten der in UET IV veröffentlichten Texte vgl. UET IV S. 6; ebenda S. 2, 3 zur Zugehörigkeit der Tafel zu der Fundgruppe U 17.238.

957 In Pohl I 40 wird ein Schiff vermietet, das 2 Anteilseignern gehört. Möglicherweise bildeten die Schiffseigner eine Gesellschaft.

958 Zu dieser Urkunde vgl. o. 101.

959 Vgl. zu TCL 13, 160 o. 105 f.; zu TCL 12, 43 o. 108 ff.

960 Über Sklaven vgl. o. 128 ff.

961 Vgl. zu dieser Urkunde o. A 934.

962 Der Erlös war dabei wohl weit höher als beim Verkauf im Großhandel. Zum Weinhandel Oppenheim, JCS 21 (1967) 243 f.

geber bezahlt werden. Der Rest sollte dann zwischen den beiden Egibis und dem geschäftsführenden Gesellschafter wohl dreigeteilt (Nbn 1013, 9 unklar, teilzerstört) werden[963].
Auch Produktionsbetriebe, meist wohl handwerksmäßig betrieben, konnten in Form eines *ḫarrânu*-Geschäftsunternehmens geführt werden. Auf einen Betrieb zur Herstellung von Bier und Dattelwein deutet die Begründungsurkunde Dar 395/396 hin. Die beiden geschäftsführenden Gesellschafter erhielten hier etwa 15 000 Liter Datteln, etwa 7500 Liter Gerste und 60 Fässer. Außerdem war den Kommendataren[964] ohne besonderen Mietzins ein Haus vom Kommendator überlassen worden. Daß die Fässer nicht zur Veräußerung bestimmt waren, ergibt sich aus der Gewinnklausel; danach sollen die beiden Kapitalnehmer nur am Ertrag von Datteln und Gerste gleichberechtigt sein[965] [966]. Auch in der Kommenda mit zweiseitiger Kapitalbeteiligung Dar 280[967] handelte es sich wohl um einen ähnlichen Betrieb. Der geschäftsführende Gesellschafter hat auch hier etwa 15 000 Liter Datteln zur Verfügung; die Hälfte davon ist von ihm selbst eingebracht worden. Er erhält außerdem Geräte und arbeitet in einem von der Gesellschaft gemieteten Haus, das dem nicht geschäftsführenden Egibi-Gesellschafter und seinen Brüdern gehört[968]. Obwohl genauere Ergebnisse mit dem vorliegenden Material nicht ermittelt werden können, dürfte anzunehmen sein, daß *ḫarrânu*-Unternehmen nicht nur in wenigen Fällen Handwerksbetriebe gewesen sind; das Handwerk war vielmehr wohl ein wichtiger Erwerbszweig dieser Gesellschaften[969] [970].

---

963 Die Dreiteilung des Gewinns hängt wohl damit zusammen, daß dem Kapitalnehmer zugleich noch eine Hilfskraft zur Verfügung gestellt wurde.

964 Vgl. dazu u. 160.

965 Vgl. dazu o. A 926.

966 Auch in Nbn 572 (dazu o. 76 f.; 93; u. 152) könnte es sich um den Betrieb eines Brauereiunternehmens gehandelt haben; die Kapitaleinlagen bestehen hier zwar nicht in Naturalien, sondern in dem beachtlichen Betrag von 5 Minen Silber, daneben aber auch in 130 leeren Fässern (Z. 1) und in Gerätschaften (Z. 14 f.), dazu o. 42.

967 Kohler–Peiser BR III 48 nehmen hier jedoch unzutreffend an, es handle sich nur um Dattelverkauf.

968 S. o. 62.
Auch die in Nbn 787 genannten Brauereigeräte, die zu dem Vermögen eines *ḫarrânu*-Geschäftsunternehmens gehören, deuten auf einen Handwerksbetrieb hin. Vgl. auch Moldenke 14 (o. 100) und Nbn 572 (A 966).

969 Vgl. auch die Tempelbarbiere in UET IV 57 und 58; dazu u. 185 f. Zu Cyr 148 (Lederbearbeitung?) s. u. 157. Möglicherweise lag auch in Dar 359 eine Handwerkskommenda vor. Geräte oder Fässer werden hier allerdings nicht erwähnt. Dafür spricht aber die Klausel Z. 9 f., wonach der Vertrag über 51 Kur (= etwa 7650 Liter) Datteln auf 3 Jahre abgeschlossen sein soll.

970 Die Herkunft des Urkundenmaterials ist aber auch hier recht einseitig, so daß allgemeine Schlüsse daraus nur mit Vorbehalt gezogen werden können. Bei den wichtigsten

Möglicherweise traten *ḫarrânu*-Gesellschaften auch als Finanzier oder Wucherer auf. Daß es Gesellschaften gab, die sich nur auf solche Geschäfte spezialisierten, ist nicht nachweisbar. Vielleicht aber waren bestimmte finanzstarke *ḫarrânu*-Unternehmen auf keinen bestimmten Gewerbezweig beschränkt, sondern versuchten überall dort Profit zu machen, wo sich eine Gelegenheit dazu bot[971].
Möglicherweise wurde vereinzelt auch ein Bordell in Form einer *ḫarrânu*-Gesellschaft betrieben[972].
Auch die Landwirtschaft war ein Betätigungsfeld der *ḫarrânu*-Unternehmen. Die Viehpacht *ana ḫarrâni*[973] und das *ḫarrânu*-Unternehmen zum Anbau von Gerste in NRV 645[974] wurden bereits behandelt. In der in TCL 12, 43 aufgelösten Gesellschaft wurde wohl auch Viehzucht betrieben, da neben 30 Sklaven 300 Stück Kleinvieh, 41 Stück Rindvieh und 4 Esel zum Gesellschaftsvermögen gehören[975]. Teilweise gehörten auch Felder zu *ḫarrânu*-Unternehmen. Oft werden sie verpachtet worden sein, was daraus zu schließen ist, daß Felder auch nach Auflösung von Gesellschaften weiter gemeinsames Eigentum bleiben[976]. Auch Ackergeräte finden sich in Vermögen von *ḫarrânu*-Gesellschaften[977]. Die Beibehaltung gemeinschaftlicher Felder nach einer Gesellschaftsauflösung läßt vermuten, daß Ackerbau nicht Hauptzweck solcher *ḫarrânu*-Geschäftsunternehmen war. Auch hat sich bisher keine *ḫarrânu*-Begründungsurkunde gefunden, bei der ein Acker oder ein Garten als Geschäftseinlage eingebracht worden wäre[978]. Möglicherweise waren die Felder, die sich in unseren *ḫarrânu*-Vermögen vorfinden, an Zahlungs statt – etwa von einem zahlungsunfähigen Schuldner – in das Gesellschaftsvermögen gekommen oder sie wurden zu spekulativen Zwecken preisgünstig erworben. Wurden die Felder verpachtet, so war ihre Verwaltung durch die *ḫarrânu*-Unternehmen nicht allzu schwierig. Wollte man die Felder nicht verpachten, so konnte man sie durch Sklaven bewirtschaften lassen[979].

Belegen (Dar 395/396; 280; 359) ist der nichtgeschäftsführende Gesellschafter stets Marduk-nâṣir-apli/Egibi.

971 Vgl. dazu u. 144 ff.

972 Zu Nbk 409 vgl. u. 151. Die Urkunde Nbk 409 hat bereits Eingang in die neuere populärwissenschaftliche Sexualliteratur gefunden. Vgl. R. Lewinsohn, Eine Weltgeschichte der Sexualität (1966) 31: „Einer dieser Ehrenmänner, Nabu-ahi-iddin, läßt seine Bedienstete bei einem Bordellbesitzer namens Kalbâ als Freudenmädchen arbeiten und erhält dafür drei Viertel der Einnahmen."

973 Vgl. o. 89 f.

974 Vgl. o. 15 ff.

975 Vgl. o. 109.

976 Vgl. etwa TCL 12, 43; 13, 160; dazu o. 107; 110; u. 156.

977 Vgl. TCL 12, 43, 20 f. und o. A 761.

978 Zu NRV 645 vgl. o. 15 ff.

979 Zur Teilungsklausel von Nbk 58/429 vgl. o. 56; u. 164 und A 1119.

Es fällt auf, daß die Tempel, einer der wichtigsten wirtschaftlichen Faktoren in dieser Zeit, in unseren Urkunden fast nicht erwähnt werden[980] [981]. Die Tempel benutzten wahrscheinlich andere rechtliche oder organisatorische Formen in ihrem Wirtschaftsbetrieb. Nur so kann erklärt werden, daß wir trotz einiger großer Funde von Urkunden aus Tempelarchiven bisher darunter keine *ḫarrânu*-Urkunden finden[982].

6) Das Kreditwesen der *ḫarrânu*-Geschäftsunternehmen

Die zahlreichen Verpflichtungsscheine, in denen mittelbar *ḫarrânu*-Geschäftsunternehmen als Gläubiger auftreten[983], lassen zunächst vermuten, daß die Gewährung von Darlehen einen breiten Raum im Tätigkeitsfeld von *ḫarrânu*-Unternehmen eingenommen hatte[984]. Hätte es sich indessen bei dem ausgeliehenen Kapital um **Fremd**kapital gehandelt, d. h. hätten die *ḫarrânu*-Unternehmen nach Art einer Kreditbank[985] fremdes Kapital billig hereingenommen und teuer als Darlehen hinausgegeben, so wäre zu erwarten, daß man auch solche Schuldurkunden in entsprechender Zahl vorfände, in denen ein *ḫarrânu*-Unternehmen Silber an einen „Bankkunden" **schuldet**. Solche Verpflichtungsscheine sind aber nicht bekannt[986]. Auch eine bankmäßige Vergabe von **Eigen**kapital dürfte kaum in größerem Umfang vorgekommen sein. Die meisten dieser Verpflichtungsscheine stammen von Kommenden mit einseitiger Kapitalbeteiligung. Aber gerade bei dieser Gesellschaftsform ist es unwahrscheinlich, daß es Unternehmungen gab, deren einziger Zweck die Vergabe von Darlehen aus eigenem Kapital gewesen wäre. Hätte nämlich der Kommendatar das gesamte Kommendakapital zum normalen neubabylonischen Zinssatz von 20% verlie-

---

980 Ausgenommen Dar 359 (vgl. o. 41) und der Viehpachtvertrag, aus dem in TCL 12, 119 zitiert wird (vgl. o. 89 f.).

981 Silberschmidt 82 berichtet über häufige Beteiligung des Klerus im mittelalterlichen Italien am Kommendahandel.

982 Über andere Gesellschaftsformen der Tempelwirtschaft vgl. u. 185 f.

983 Vgl. o. 113 f.

984 Nach Gierke in Kohler, Enzyklopädie III 52 wurde die Kommenda in Deutschland, Frankreich und Italien besonders im Bankgeschäft verwandt.

985 Bogaert 117 f. meint, Bankiers im heutigen Sinne (Geldkaufleute) habe es in neubabylonischer Zeit nicht gegeben. Die Familie Egibi habe zwar Bankoperationen ausgeführt, sei aber nicht, wie bisher des öfteren angenommen, als „Bank" tätig geworden. Vgl. dazu Petschow SZ 84 (1967) 386 ff.

986 Eine anders gelagerte Ausnahme Ner 8, dazu o. 115 f. Möglich wäre freilich, daß Schuldurkunden einer Kommenda stets nur auf den Namen der (oder des) geschäftsführenden Gesellschafter(s) lauteten, weil *ḫarrânu*-Unternehmen nicht selbst Rechtsfähigkeit besaßen, ebenso wie sie auch formularmäßig nicht unmittelbar selbst als Gläubiger erscheinen. Immerhin wäre eine Zusatzklausel etwa am Vertragsende denkbar, wie z. B. *kaspu ina muḫḫi ḫarrâni ša X*; vgl. Ner 8.

hen, so hätte bei der fast stets vereinbarten hälftigen Gewinnteilung der Kommendator im Höchstfall 10 % Gewinn erhalten, wahrscheinlich aber noch weniger, da noch die Geschäftsunkosten abgezogen werden müßten[987]. Es ist kein Grund sichtbar, der den Kommendator veranlaßt haben könnte, sich auf ein solches Ergebnis einzulassen und auf eine normale Verzinsung von 20 % zu verzichten. Man wird daher annehmen müssen, daß die Vergabe von Darlehen zum normalen Zinssatz von 20 % im allgemeinen nicht Hauptzweck einer neubabylonischen Kommenda gewesen ist. Daß trotzdem eine relativ große Zahl entsprechender Schuldurkunden gefunden wurde, könnte dadurch zu erklären sein, daß über einen Großteil der normalen Geschäftsvorfälle unserer *ḫarrânu*-Gesellschaften, etwa weil es sich um Bargeschäfte handelte, keine Urkunden ausgefertigt wurden. Es ist wohl anzunehmen, daß die Kreditgewährung gewöhnlich nur im Zuge anderer Geschäfte betrieben wurde, vielleicht in der Art einer „(Vor-)Finanzierung" von Liefer- oder Abnehmerbetrieben und in der Verleihung von gerade im Betrieb nicht benötigtem Kapital. Dafür spricht auch, daß in den fraglichen Schuldurkunden nur ganz selten die Rede von Zinsen ist[988].

Die vielen Schuldurkunden, die wir von den *ḫarrânu*-Gesellschaften des bekannten Geschäftsmannes Iddin-Marduk besitzen, werden noch gesondert behandelt[989]. Auch die Quittungen, die von der Zahlung einer Schuld durch den Chef des Hauses Egibi an eine Kommenda berichten, werden im Zusammenhang mit den übrigen *ḫarrânu*-Urkunden dieser Familie besprochen[990]. Unter den sonstigen hier zu erörternden Tafeln enthält Kr 86 die Quittung über einen zurückgezahlten Schuldbetrag von 11 Kur Datteln, der zum Vermögen eines *ḫarrânu*-Unternehmens gehörte[991]. Kapitalgeber der Gesellschaft waren Bêl-iddin und Muraššû[992]. Kommendatare und geschäftsführende Gesellschafter waren die beiden Gläubiger aus Kr 86. Da der Schuldner die Datteln bereits geleistet hatte, soll er noch im selben Monat die Schuldurkunde zurückerhalten[993]. Die Rechnungstafeln NRV 647, 649, die über Kreditierungen durch

---

987 Vgl. hierzu Petschow SZ 84 (1967) 395. Petschow erwägt an Hand der Urkundengruppe Dar 131; 134; 137 als möglich, daß der damalige Egibi-Chef sich ein Darlehen zu 20 % Zins auslieh, um damit eine Kommendaeinlage mitzufinanzieren. Das hatte nur dann Sinn, wenn er dabei mehr als 20 % Zins erhielt. Dies war aber bei Gewinnteilung zwischen den beiden Gesellschaftern nur möglich, wenn die Gesellschaft mehr als 40 % Gewinn erzielte.

988 Vgl. etwa den Verpflichtungsschein Nbn 112 und die Quittungsurkunde Dar 447.

989 S. u. 166 ff.

990 S. u. 161.

991 Z. 7 f. Vgl. dazu auch Petschow RIDA 3/1 (1954) 161 A 100.

992 Wohl nicht mit dem bekannten Geschäftshaus Muraššû aus Nippur verwandt.

993 In Kr 86 war die Schuldurkunde vielleicht nicht sofort greifbar; möglicherweise war sie bei den zwei Kapitalgebern des *ḫarrânu*-Unternehmens deponiert. Träfe dies zu, so

ḫarrânu-Unternehmungen berichten, werden im Zusammenhang mit den Geschäftsunternehmen des Ṭâbija besonders behandelt[994]. In der Begründungsurkunde NRV 644 wird nach der oben vertretenen Auslegung[995] ein einem Dritten gegebenes Darlehen oder eine sonstige Forderung in eine Gesellschaft mit zweiseitiger Kapitalbeteiligung eingebracht.

Soweit in den Schuldurkunden Naturprodukte Leistungsgegenstand sind, liegt die Erfüllungszeit fast immer in den entsprechenden Erntemonaten[996]. Zumindest bei den *ḫarrânu*-Gesellschaften des Iddin-Marduk läßt sich nachweisen[997], daß in Verpflichtungsscheinen solche Produkte geschuldet werden, die von den Gesellschaften laut anderen Urkunden wieder verkauft wurden. Möglicherweise wurden die Gewinne der Gesellschaften dadurch erzielt, daß sie Waren zu günstigen Bedingungen aufkauften und wieder verkauften. Vielleicht war es den finanzkräftigen Geschäftsunternehmen möglich, diese Bedingungen deshalb für sich so günstig zu gestalten, weil sie in der Lage waren, den Verkäufern schon *vor* einer Lieferung finanzielle Mittel zu gewähren und umgekehrt den Käufern den Kaufpreis zu stunden.

Verschiedentlich wurde – wie schon festgestellt – *ḫarrânu*-Kapital auch zur Gründung von *ḫarrânu*-Tochterunternehmen verwendet. Die Begründungsurkunden solcher Tochtergesellschaften wurden bereits oben behandelt[998]. Leider lassen diese Urkunden die Wirtschaftsweise und -funktion dieser „Tochterunternehmen" im Verhältnis zu ihrem Mutterunternehmen kaum näher erkennen. Daß aber die Begründung der Tochterunternehmen dem Kapitalisten wirtschaftliche Vorteile geboten haben muß, ergibt eine einfache Gegenüberstellung der normalen Gewinnchancen für den Kapitalisten, je nachdem, ob er sein Kapital gleichzeitig auf mehrere Kommendatare unabhängig voneinander – also auf mehrere Kommenden – verteilte[999], oder ob er es nur einem Kommendatar überließ, der seinerseits – nunmehr als Kommendator – das Kapital verteilt auf

---

wäre es ein weiteres Indiz dafür, daß der Kommendator eines *ḫarrânu*-Unternehmens des Typs A gewissen unmittelbaren Einfluß auf das Unternehmen ausüben konnte.

994 S. u. 180. Zu NRV 649 vgl. o. 99 f.

995 Vgl. dazu o. 52 f.

996 Datteln: Tašrit: Nbn 4; 34;
Araḫsamnu: Ner 21;
Gerste: Ajar: Ner 67; Nbn 4; NRV 645;
Siman: Nbn 19;
Dumuz: BRM I 50;
Knoblauch: Nisan: Ner 35; Ev-M 12 (?);
Ajar: Ner 15; Nbn 107.

997 Vgl. u. 166 ff.

998 S. o. 125 f.

999 Ein Kommendator konnte ja mehreren Kommendataren gleichzeitig und unabhängig voneinander Kommendaeinlagen geben.

mehrere Tochterunternehmen verwendete. Das zeigt folgendes Beispiel, bei dem von einem Kapitalisten mit 3 Minen Silber Kapital, einem jährlichen Gewinn von 100 % und einer Halbierung des Gewinns ausgegangen wird.

Beim linken Beispiel hat der Kapitalgeber an jeden der drei Unternehmen 1 Mine Silber gegeben; er erhält von jedem der drei Kommendatare 1/2 Mine Silber, insgesamt also 1 1/2 Minen Silber jährlichen Gewinn. Beim rechten Beispiel hat K an U 3 Minen Silber als Kommendaeinlage gegeben; U seinerseits hat das Kapital auf drei Tochterkommenden aufgeteilt. Hier bekommt nun U von den drei Tochterkommenden jährlich 1 1/2 Minen Silber Gewinn und muß davon nur 3/4 Minen Silber dem Kapitalgeber K abliefern. Der um die Hälfte geringere Verdienst des K im zweiten Fall wird kaum dadurch aufgewogen, daß der Hauptgeldgeber im rechten Fall weniger Aufwendungen dadurch hat, daß ihm nur ein Kommendatar gegenüber steht.
Wenn also trotzdem anscheinend nicht selten der Kapitalist die Verwendung seines Kapitals zur Begründung von Tochterunternehmen zuließ, so muß auch dies für ihn im Einzelfall mit besonderen Gewinnvorteilen verbunden gewesen sein[1000].
Obgleich wir relativ viele Verpflichtungsscheine und *ḫarrânu*-Begründungsurkunden besitzen, die von der Kapitalvergabe durch *ḫarrânu*-Unternehmen berichten, ist es doch nur in Ansätzen möglich, die Wirtschaftsweise dieser neubabylonischen Gesellschaften zu erfassen und die wirtschaftliche Funktion der gefundenen Urkunden zu erklären.

1000 Ein Indiz für einen Einzelfall bietet vielleicht – mit Vorbehalt – die Abrechnungstafel NRV 651. Sie berichtet, daß ein Kommendatar Datteln, die er wohl vom Kapitalgeber Ṭâbija als *ḫarrânu*-Einlage erhalten hatte, seinerseits als *ḫarrânu*-Einlage nun als Kommendator an zwei Kommendatare weitergab. Welches der Zweck beider *ḫarrânu*-Gesellschaften war, läßt sich zwar aus der Tafel nicht mit Sicherheit ermitteln. Eine Andeutung enthält aber vielleicht der Vermerk, daß 5 Kur der Datteln *ina su-ú-qu* „auf der Gasse" im Bazar sind, also anscheinend im Einzelhandelsvertrieb, während sich 35 Kur Datteln (nicht, wie nach der Tafel wohl irrtümlich, Gerste) *ina ka-lak-ku* „im Lagerraum/Kellerspeicher" befinden. Vielleicht handelt es sich hier um zwei *ḫarrânu*-Unternehmen auf zwei „Handelsstufen". Zur Urkunde s. auch o. 100.

IV. DIE *ḫarrânu*-UNTERNEHMUNGEN EINIGER BEDEUTENDER NEUBABYLONISCHER FAMILIEN

Einzelne Familien tauchen in unseren *ḫarrânu*-Urkunden immer wieder auf. Es sind die Familien wichtiger neubabylonischer Geschäftshäuser[1001]. Unsere *ḫarrânu*- und sonstigen Urkunden zeigen, daß diese wichtigen Familien untereinander in Geschäftsbeziehungen standen, aber auch familiäre Bande knüpften[1002].

1) Das Haus Egibi

a) Hauptlinie

Hier soll zunächst von jenen Egibi die Rede sein, die von Nabû-zêra-ukîn abstammen, also von seinem Sohn Šulâ, dem Enkel Nabû-aḫḫê-iddin, dem Urenkel Itti-Marduk-balâṭu und dem Ur-Urenkel Marduk-nâṣir-apli[1003]. Anschließend werden dann auch andere in *ḫarrânu*-Urkunden auftauchende Mitglieder dieser Familie behandelt.

Šulâ, der Sohn des (Nabû-)[1004] Zêra-ukîn, ist der erste Vertreter dieses Zweiges der Familie Egibi, von dem wir *ḫarrânu*-Urkunden besitzen. Er war nach Nbk 116 seit dem 18. Jahr des Nabopolassar (608/7 v. Chr.) bis zum 18. Jahr des Nebukadnezar (586 v. Chr.), also etwa 21 Jahre lang[1005], Gesellschafter eines Geschäftsunternehmens, das nun in dieser Urkunde aufgelöst wird[1006]. Parteien der Gesellschaft waren einerseits Nabû-mukîn-apli und dessen Sohn Nabû-bêlšunu, andererseits Šulâ und Mušêzib-Bêl[1007]. Die Formulierung der

---

1001 Hierbei ist freilich zu beachten, daß weitgehend die Zufälligkeit der Ausgrabungen über die uns vorliegenden Urkunden entscheidet.

1002 Landsberger, Brief des Bischofs von Esagila an König Asarhaddon (Amsterdam 1965), S. 60 A 358 spricht in Bezug auf die bekannten neubabylonischen Familien von „Bürgeradel".

1003 Vgl. dazu Kohler–Peiser BR IV 21 ff., ausführlicher Weingort 8 ff. und Ungnad AfO 14 (1941–44) 57 ff.; leider war es Weingort nicht mehr möglich, die S. 6 angekündigte Untersuchung der geschäftlichen Aktivität der Familie Egibi zu veröffentlichen. Ebensowenig ist die von Ungnad in AfO 14 (1941–44) 57 A 2 erwähnte Bearbeitung des Egibi-Archivs veröffentlicht. Die Ausführungen von Bogaert 105 ff. stützen sich nur auf bereits bearbeitete Urkunden des Egibi-Archivs. Vgl. auch Petschow BiOr 11 (1954) 201 f.

1004 Der theophore Namensbestandteil „Nabû-" fehlt oft. Dazu und über die Schreibungen bzw. Kopierfehler beim Vaternamen vgl. Ungnad a. a. O. 57 mit A 7 und 8 (gegen Weingort 8).

1005 So Weingort 9; Ungnad a. a. O. 58; anders Kohler–Peiser BR II 59 f.

1006 Nbk 116, 9: *pát-rat* „Es (das Gesellschaftsunternehmen) ist aufgelöst."

1007 Teilweise unrichtige Personenangabe bei Tallqvist 126.

Urkunde Z. 1 f. läßt vermuten, daß die beiden letztgenannten Leute miteinander schon eine *ḫarrânu*-Gesellschaft bildeten, ebenso – obwohl Vater und Sohn – wohl auch die beiden erstgenannten. Tatsächlich kommen Šulâ und Mušêzib-Bêl schon im Verpflichtungsschein Nbp 20 als gemeinschaftliche Schuldner vor[1008]. Ungnad[1009] vermerkt wohl mit Recht, daß Šulâ in Nbp 20 anscheinend noch geschäftlicher Juniorpartner seines Mitschuldners war, während er in Nbk 116 als erster von beiden – vielleicht als der eigentliche Chef – genannt wird[1010]. Šulâ kommt nach Tallqvist[1011] zuletzt in der Urkunde Nbk 142, 3 aus dem 24. Jahr Nebukadnezars vor[1012]. Wie Weingort[1013] wohl richtig vermutet, war Šulâ zu dieser Zeit bereits tot, so daß er zwischen dem 20. 6. 23 Nbk[1014] und dem 3. 5. 24 Nbk (581 v. Chr.) gestorben sein muß.

N a b û - a ḫ ḫ ê - i d d i n (N), ein Sohn des Šulâ[1015], ist unter den uns bekannten sieben Söhnen seines Vaters dessen Nachfolger als Leiter von dessen Unternehmen. Er tritt in Urkunden wohl erstmals als Schreiber in Nbk 107[1016] vom 9.4. 15 Nbk auf, also etwa 8 Jahre vor dem Tod seines Vaters. Unter seiner Leitung tritt ein gewaltiger Aufschwung des Hauses Egibi ein, besonders auch während der Herrschaft des Königs Neriglissar, zu dem Nabû-aḫḫê-iddin anscheinend gute Beziehungen hatte[1017]. In etwa einem Dutzend Urkunden wird N im Zusammenhang mit *ḫarrânu*-Unternehmen erwähnt[1018]. Es scheint danach, daß diese Kapitalanlageform unter seinen umfangreichen und vielseitigen Transaktionen eine nicht unwesentliche Rolle gespielt hat. Im einzelnen ergibt

---

1008 Vgl. Ungnad AfO 14 (1941–44) 58.

1009 A. a. O. 58.

1010 In Nbk 66 treten beide gemeinsam als Gläubiger auf, auch hier noch – 10 Jahre vor Nbk 116 – Šulâ als „Juniorpartner".

1011 Vgl. Tallqvist 204. Soweit hier und im folgenden bezüglich des Auftretens von Personen auf Tallqvist verwiesen wird, ergibt sich aus den Personenverzeichnissen bei Moore und BRM I nichts Gegenteiliges.

1012 Vgl. dazu Petschow, Pfandrecht 70 f.

1013 Vgl. Weingort 9.

1014 Zu dieser Zeit erscheint er in Nbk 138 noch als Gläubiger eines Verpflichtungsscheines.

1015 Vgl. dazu Weingort 9 ff. und Ungnad AfO 14 (1941–44) 60 f.

1016 Die Urkunde Nbk 107 (= Liv 146) dient der Vorbereitung einer Abrechnung. Es ist nicht ausgeschlossen, daß sich auch diese Urkunde auf eine Gesellschaft bezieht. Zum akkadischen Text vgl. CAD E 122 l u.

1017 Vgl. dazu Weingort 11; Kohler–Peiser BR III 24 f.; Petschow, Pfandrecht 8 und 41 f. mit Lit. (A 96); ferner Petschow SZ 84 (1967) 391 f. Zur Fortdauer dieser Beziehungen zum Palast noch unter Nabonid bzw. dessen Sohn Belsazar vgl. Nbn 270, wo N dem *rab bîti* Belsazars für Rechnung eines *qallu* Belsazars 45 Sekel Silber zahlt.

1018 Nbk 231 (stark zerstört, s. A 1019); 235; 300; 409; Nbn 244; 309; 572; 575; 787; 1111 (unklar, teilweise zerstört); Liv 13; TCL 13, 160 (= Liv 169); Moldenke 13; 14.

sich in zeitlicher Abfolge folgendes Bild der *ḫarrânu*-Geschäfte dieses Egibi-Chefs:
Die älteste hierher gehörige Urkunde Nbk 231[1019] ist leider stark zerstört, so daß weder ganz sicher ist, ob sie mit Tallqvist[1020] dem N, dem Chef des Hauses Egibi, zuzuschreiben ist, noch klar ist, in welchem Zusammenhang in Z. 13 die Phrase *ú-ìl-tì šá ḫarrâni,* wohl als „*ḫarrânu*-Begründungsurkunde" zu verstehen, erscheint.
Vom 8. 3. 31 Nbk ist die Urkunde Nbk 235 aus Babylon datiert. In dieser Tafel wird Iddin-Marduk[1021] als Gläubiger von 20 Kur Gerste genannt. Es handelt sich um „Kapital", dessen eine Hälfte (*a-ḫi zitti*) dem N zusteht. Bei der Rückzahlung sind beide gleichberechtigt (*a-ḫa-a-tú šú-nu*). Möglicherweise handelt es sich hier nicht um bloße Mitgläubigerschaft, sondern um eine gesellschaftliche Verbindung, obwohl in der Urkunde der Ausdruck *ḫarrânu* „Geschäftsunternehmen" nicht erscheint[1022]. Jahrzehntelang arbeiteten N und nach ihm wohl sein Nachfolger mit einem gewissen Bêl-šunu zusammen. So legen am 1. 5. 36 Nbk (569 v. Chr.) in Nbk 300 beide Parteien verschieden hohe Kapitalbeträge *ana ḫarrâni* in eine Gesellschaft ein. Bêlšunu ist der geschäftsführende Gesellschafter, leistet also die Arbeit[1023]. Sein Kapitalanteil ist – nach den Zeichenspuren Z. 1 zu urteilen – erheblich niedriger als der des Egibi. Eine 13 Jahre spätere Entnahme-Abrechnung zwischen beiden stellt Liv 13 vom 20. 6. Acc Nbn aus Babylon dar[1024]. In Zusammenhang mit der oder den Gesellschaften zwischen beiden dürfte auch die Urkunde Nbn 244 vom 14. 12b. 6 Nbn stehen. Bêlšunu hatte im 4. Monat des 1. Jahres Nabonids, also fast 6 Jahre vor Ausstellung von Nbn 244, auf *šumi-šú ù šumi šá N* „seinen Namen und den Namen des N" einen Sklaven gekauft[1025]. Wahrscheinlich sollte der Sklave ursprüng-

---

1019 Nbk 231 stammt aus Šaḫrînu vom 30. Jahr Nbk.

1020 Vgl. Tallqvist 120.

1021 Nach Weingort 54 handelt es sich um den Sohn des Iqîšâ und Nachkommen des Nûr-Sîn (vgl. dazu u. 166 ff.). Die Kopie bietet allerdings ^{I}A-A = ^{I}*apla-a* (Schreib- und/oder Kopierfehler für ^{I}<BA>-ŠÁ(!)-A = Iqîšâ ?) als Vatername und weist beim Familiennamen eine Lücke auf; vgl. Tallqvist 71.

1022 Nbk 235 ist nicht der ursprüngliche Verpflichtungsschein sondern eine Vereinbarung zwischen den beiden Mitgläubigern über ihre anteiligen Berechtigungen. Darauf deutet hin, daß es Z. 2 in der „Schuldklausel" nicht *ina muḫḫi* „zu Lasten" sondern *ša muḫḫi* „das zu Lasten (ist)" heißt. Zum Text s. auch o. A 802.

1023 Die führende Stellung des Egibi-Chefs ergibt sich daraus, daß er an erster Stelle genannt wird und den größeren Kapitalbetrag einlegt. Sein Partner gleicht den geringeren Kapitalbetrag durch die Führung der Geschäfte aus. Zu seinem Alter s. A 1050; daß B – wie dort gezeigt – noch relativ jung gewesen sein muß, wird auch dadurch nahegelegt, daß in Nbk 300 sein Vater noch als Zeuge fungiert.

1024 Vgl. dazu o. 93; 101.

1025 Der Sklave war also etwa knapp ein Jahr nach der in Liv 13 aus dem *ḫarrânu*-Vermögen erfolgten Entnahme zweier Sklaven eingekauft worden.

lich dem Geschäftsunternehmen der beiden zugehören, da der Kaufvertrag ausdrücklich auf den Namen beider lautete. Der Kaufpreis war aber mit Mitteln des N bezahlt worden[1026], so daß ihm nun der Sklave allein gehört. Wohl um den Sklaven deutlich vom gemeinsamen Gesellschaftsvermögen zu unterscheiden, heißt es in Z. 12:

zittu šá B ina lìb-bi ia-a-nu
„Einen Anteil des Bêlšunu daran gibt es nicht[1027]."

Diese Geschäftsverbindung dauerte offenbar auch noch lange nach dem etwa 543/2 v. Chr. erfolgten Tode des N an. Die Urkunden Nbn 787 (19. 6. 14 Nbn, 542 v. Chr.) und TCL 13, 160 (16. 6a. 3 Camb, 527 v. Chr.) enthalten Abrechnungen zwischen Bêlšunu und den Söhnen des N. Letztere Urkunde stellt ausdrücklich fest, daß es sich um Vorgänge nach dem Tode des N handelt, aber auch bei Abschluß von Nbn 787 war er bereits nicht mehr am Leben[1028].
Teilweise zerstört und wenig klar ist die Urkunde Nbk 409, die wohl aus dem 42. Jahr des Nebukadnezar stammt. Kohler und Peiser[1029] nehmen an, daß es sich um eine Gesellschaft zwischen einem gewissen Kalbâ und N handelt, bei der letzterer als Geschäftseinlage eine Sklavin als Dirne bereitstellt, während Kalbâ als geschäftsführender Bordellhalter tätig ist. N solle 3/4, Kalbâ 1/4 des Gewinnes erhalten. Trifft diese – allerdings wegen der Textzerstörungen recht unsichere – Interpretation zu, so würde es sich hier um eine Sonderart der Kommenda mit einseitiger Kapitalbeteiligung handeln[1030].
Ein weiteres *ḫarrânu*-Unternehmen (Typ A) bestand – wahrscheinlich zeitlich neben den Geschäftsverbindungen zu Bêlšunu – nach Moldenke 13 vom 22. 7. 4 Nbn (552 v. Chr.) aus Babylon und der ebenfalls dort am 23. 2. 6 Nbn ausgestellten Tafel Moldenke 14 mindestens seit dem 4. Jahre Nabonids (552 v. Chr.) zwischen N und einem gewissen Rêmûtu[1031]. Letzterer gründet nun in Moldenke 13 eine Tochtergesellschaft und zwar ebenfalls eine des Typs A. Etwa 1 1/2 Jahre später erfolgt in Moldenke 14 eine Vermögensaufstellung oder -abrechnung der Muttergesellschaft N-R, worin auch die Kommendabeteiligung aus Moldenke 13 als Aktivposten aufgeführt wird. Aus der Zeitdifferenz zwi-

---

1026 Unklar ist, ob schon ursprünglich – wie nach dem Wortlaut von Z. 5 f. – oder ob – wegen des fast sechsjährigen Zeitabstandes zwischen dem Sklavenankauf und Nbn 244 wahrscheinlicher – N erst nachträglich den Kaufpreis der *ḫarrânu*-„Kasse" (entweder bar oder aber durch Verrechnung?) erstattet hatte. Vielleicht lag ein ähnlicher Sachverhalt in Liv 13, 12–16 vor, dazu o. 101.

1027 Vgl. hierzu Petschow RIDA 3/1 (1954) 133 f.; Koschaker, Bürgschaft 187; Peiser, Jurisp. 6.

1028 Vgl. dazu o. A 624. Zu Nbn 787 s. u. 154 f.

1029 BR IV 28.

1030 Vgl. o. A 972; Ebeling RLA II 60 s. v. Bordell und CAD A II 24 r u.

1031 Vgl. dazu o. 100.

schen Moldenke 13 und 14 ergibt sich, daß sowohl Mutter- als auch Tochterunternehmen länger als mindestens 1 1/2 Jahre bestanden hatten.
Auf weitere *ḫarrânu*-Unternehmen deuten vielleicht indirekt die Verpflichtungsscheine Nbn 309 vom 5. 10. 8 Nbn und Nbn 575 vom 11. 12. 11 Nbn (554 v. Chr.), beide aus Babylon. In Nbn 309 ist N zusammen mit einem gewissen Nabû-uballiṭ Gläubiger einer *imittu*-Restforderung[1032] über Datteln. Möglicherweise gehörte das entsprechende Feld zu einem *ḫarrânu*-Gesellschaftsvermögen der beiden. In Nbn 575 steht N gemeinsam mit einem gewissen Bêl-nâdin-apli eine Forderung gegen A über 10 Kur Datteln und 1 4/5 Kur Gerste zu. Die nach der nächsten Gerste- bzw. Dattelernte fällige Forderung ist nach Z. 15–17 der „Saldo" einer Abrechnung der beiden Gläubiger einerseits mit dem Schuldner andererseits bis zum Monat der Urkundenausstellung[1033]. Möglicherweise bestand auch hier zwischen den beiden Gläubigern eine Gesellschaft, wohl mit zweiseitiger Kapitalbeteiligung.
In der 4 Tage älteren Begründungsurkunde Nbn 572 tritt Itti-Marduk-balâṭu, der Sohn des Nabû-aḫḫê-iddin, zusammen mit Marduk-šâpik-zêri als Gesellschafter einer Gesellschaft mit zweiseitiger Kapitalbeteiligung (s. S. 76 f.) auf; einer der beiden geschäftsführenden Sklaven-Mitarbeiter ist ein Sklave des N[1034]. Unsicher ist, ob Itti-Marduk-balâṭu hier schon vor dem Tode seines Vaters die Geschäfte des Hauses übernommen hatte oder nur stellvertretend für seinen Vater handelte oder aber ob er auch damit eigene *ḫarrânu*-Geschäfte betrieb. Für die beiden ersteren Möglichkeiten spräche, daß sein Vater Eigentümer des oben erwähnten Sklaven ist, für die letzte Alternative dagegen, daß nach der sofort zu erwähnenden Tafel Nbn 199 Itti-Marduk-balâṭu schon 6 Jahre früher mit dem gleichen (Marduk-)Šâpik-zêri *ḫarrânu*-Gesellschafter ist[1035].
N tritt als Käufer in der Sklavenkaufurkunde Nbn 680[1036] vom 20. 12. 12 Nbn (543 v. Chr.) letztmals aktiv in Erscheinung. Er dürfte im Laufe des 13. Jahres des Nabonid gestorben sein[1037]. Wie die angeführten Urkunden zeigen, war N

1032 Zur *imittu*-Forderung vgl. u. A 1066.

1033 *e-pùš nikkassî-šú-nu šá a-di lìb-bi* *arah*addari *šá šatti 11*kám *it-ti a-ḫa-meš qa-tu-ú*
„Ihre Abrechnung, welche sie bis zum Monat Addar des Jahres 11 miteinander beendet haben."

1034 Vgl. dazu o. 26 f.; 42; 76 f.

1035 Vielleicht bestand auch ein mehrere Jahre dauerndes Gesellschaftsverhältnis zwischen N und einem gewissen Banunu; allerdings ist weder ein Gesellschaftsvertrag hierzu erhalten, noch erscheint der Terminus *ḫarrânu* in einer der B und N als Mitbeteiligte betreffenden Urkunden Nbn 132 (dazu 133, beide vom gleichen Tage); 251; 536 und 742.

1036 Vgl. auch die teilzerstörte *mukinnûtu*-Urkunde Nbn 1111, in der N als Feldkäufer erscheint.

1037 Vgl. Weingort 10; Nbn 760 und TCL 12, 120, 11 f.

gleichzeitig als Kapitalgeber an mehreren Kommenden beteiligt. Vereinzelt hatten diese *ḫarrânu*-Unternehmen ihrerseits wieder Tochtergesellschaften[1038].
I t t i - M a r d u k - b a l â ṭ u (I), Sohn des Nabû-aḫḫê-iddin[1039], tritt wohl – abgesehen von der nicht sicher zu datierenden Urkunde Nbn 77[1040] – erstmals in der *ḫarrânu*-Begründungsurkunde Nbn 199 vom 3. 8.5 Nbn (551 v. Chr.) auf. Er betrieb danach schon vor dem Tode seines Vaters eine Gesellschaft mit Šâpik-zêri[1041]. Womöglich übernahm er bereits kurz vor dem Tode seines Vaters die Leitung des Geschäftshauses. Auch nach dessen Tod setzte er die Gesellschaftsbeziehungen seines Vaters mit Bêlšunu fort. Verheiratet war er mit Nûptâ, der Tochter des bedeutenden Geschäftsmannes Iddin-Marduk aus der Familie Nûr-Sîn und dessen Ehefrau Ina-Esagil-ramât[1042]. Dadurch waren drei bedeutende Geschäftshäuser Babylons – Egibi, Nûr-Sîn und Nabaja (s. A 1128) – auch familiär eng miteinander verbunden. Die von Itti-Marduk-balâṭu vorhandenen *ḫarrânu*-Urkunden stammen fast sämtlich aus Babylon oder seinen Vororten. Die letzte von I vorhandene Urkunde dürfte Nbk(III) 10[1043] aus dem Jahre 522 v. Chr. sein. In Dar 70 vom 2. 5.3 Dar[1044] war I dagegen schon gestorben; zum Zeitpunkt seines Todes müßte er schon mindestens 50 Jahre alt gewesen sein[1045] [1046].

1038 Vgl. auch o. 125 f.

1039 Vgl. dazu Weingort 15 ff. und Ungnad AfO 14 (1941–43) 61 ff.

1040 Nach der Kopie Jahr 2 Nbn. Vgl. aber die unterschiedlichen Ergänzungen der Jahreszahl bei Weingort 16 (vielleicht Jahr 12 ?) und Ungnad a. a. O. 61 (Jahr 5, also wie Nbn 199). Jedenfalls ist dieser Verpflichtungsschein schon zu Lebzeiten des N aufgenommen worden; I erscheint hier als Schuldner und verpfändet ein nach dem Wortlaut der Urkunde ihm selbst gehöriges Haus als Nutzpfand an seinen Gläubiger; N und ein Bruder des I sind Vertragszeugen, der sofort im folgenden zu erwähnende Marduk-šâpik-zêri ist Urkundsschreiber.

1041 Auch Marduk-šâpik-zêri, vgl. Nbn 572.

1042 Vgl. Ungnad a. a. O. 61; Weingort 16; Petschow BiOr 11, 201 r zu CT XXII 110.

1043 So Weingort 16; Ungnad a. a. O. 61. Parker-Dubberstein 15 gibt entsprechend S. 30 als Datum den 8. Dez. 522, Ungnad a. a. O. den 7. Dez. 522 v. Chr. an.

1044 Ungnad a. a. O.: 20. Juli 519, Parker-Dubberstein 30: 21. Juli 519 v. Chr.

1045 Nicht identisch mit dem Oberhaupt des Geschäftshauses Egibi ist Itti-Marduk-balâṭu in BrM 84 2–11, 128 vom 5. 10. 17 Dar; Übersetzung und Umschrift in BR II 61 (dazu o. 78 f.). Es handelt sich hier wohl um den in BrM 84 2–11, 122 (Übersetzung und Umschrift in BR II 35) erwähnten Sohn des Nûr-Sîn. BR IV 35 meint dagegen, es handle sich um Itti-Marduk-balâṭu aus dem Hause Egibi. Ebenso Bogaert, der S. 107 für Itti-Marduk-balâṭu die Lebensdaten 575–520 v. Chr. gibt, aber in Anmerkung 351 in Zusammenhang mit der Familie Egibi auf diese Urkunde verweist, die doch aus dem Jahre 504 v. Chr. stammt.

1046 Ob Itti-Marduk-balâṭu auch unter dem Namen Iddinâ auftritt, ist umstritten; vgl. dazu Weingort 15 f.; Ungnad a. a. O. 62 f.; Petschow BiOr 11, 202 l.

Am 3. 8. 5 Nbn, also etwa 8 Jahre vor dem Tod seines Vaters, schließt I in Nbn 199 eine *ḫarrânu*-Gesellschaft offenbar mit zweiseitiger Kapitalbeteiligung mit (Marduk-)Šâpik-zêri[1047]. Hier und in den späteren Gesellschaftsurkunden zwischen diesen beiden Geschäftsleuten wird jeweils nur die Gesamtsumme der Einlagen genannt, während sonst fast stets das Kapital jedes Gesellschafters gesondert aufgeführt wird[1048]. Am 7. 12. 11 Nbn (544 v. Chr.) begründen beide die o. S. 152 besprochene *ḫarrânu*-Gesellschaft Nbn 572; Geschäftsführer sind je ein Sklave des Šâpik-zêri und des N, des Vaters von I. Ähnliches wird in Nbn 653 vom 2. 10. 12 Nbn (Ende 544 v. Chr.) vereinbart[1049]. Am gleichen Tag schließen beide in Nbn 652 mit einer gewissen Nûptâ als Kapitalnehmerin einen *ḫarrânu*-Vertrag mit einseitiger Kapitalbeteiligung. Aus den Urkunden Nbn 199; 572; 652; 653 geht hervor, daß I und (Marduk-)Šâpik-zêri Kapital in ein Geschäftsunternehmen zusammenlegten, dieses Kapital dann aber wieder in Tochterunternehmen und ähnliche Gebilde aufsplitterten. Der eigentliche Grund der Zusammenarbeit ist aus den Urkunden nicht ersichtlich.

Wohl die Fortsetzung des *ḫarrânu*-Unternehmens zwischen Bêlšunu und dem Vater des I[1050] (s. o. S. 150 f.) repräsentiert die am 19. 6. 14 Nbn (542 v. Chr.) in Babylon ausgestellte Abrechnungsurkunde Nbn 787. Sie besteht, wie die Querstriche erkennen lassen, aus vier verschiedenen Teilen. Der erste erhaltene Teil der Urkunde ist beschädigt. Wahrscheinlich wird hier ein Feld – wohl aus dem gemeinsamen Geschäftsunternehmen – geteilt. I mit seinen Brüdern einer-

---

1047 Šâpik-zêri erscheint fast genau ein Jahr später am 11. 8. 6 Nbn in Moldenke 15 als Geldgeber bei einer *ḫarrânu*-Gesellschaft mit einseitiger Kapitalbeteiligung.
Ansonsten tritt er nach Tallqvist 199 f. und 105 in 58 Urkunden auf. Meist ist er Zeuge oder Schreiber. In 39 dieser Urkunden erscheint auch I, meist als Vertragspartei, ebenso in Nbn 1111 (o. A 1036) Nabû-aḫḫê-iddin.

1048 In einer Reihe von *ḫarrânu*-Begründungsurkunden vom Typ A der Familie Egibi wird ebenfalls für zwei Personen – den Kapitalgebern – nur ein Kapitalbetrag genannt; vgl. z. B. Nbn 1013.

1049 Die Gemeinschaft des I mit Šâpik-zêri muß auch – ob als *ḫarrânu*-Gesellschaft ist allerdings unsicher – gewisse Zeit nach des letzteren Tode fortgedauert haben, mindestens hinsichtlich eines Feldgrundstücks; denn in Camb 174 vom 30. 6. 3 Camb sind I und zwei Söhne des Šâpik-zêri Gläubiger einer Dattel-*imittu*-Forderung. (Vgl. die ähnliche Situation hinsichtlich des Bêlšunu u. 156 f.).
Über weitere Verbindungen vgl. Dar 294, 3 f. Ob Šâpik-zêri auch in irgendeiner Form zu dem *ḫarrânu*-Unternehmen zwischen I (ursprünglich N) und Bêlšunu in Beziehung stand, ist nicht erkennbar. Er wird anscheinend in der im folgenden zu besprechenden Tafel Nbn 787 Z. 11 in unklarem Zusammenhang (Text A 1052) und in Z. 23 als Schreiber von Nbn 787 genannt.

1050 Bêlšunu kommt nach Tallqvist 43 in 26 verschiedenartigen Urkunden meist als Zeuge vor; fast alle Urkunden hängen mit den beiden Egibi-Chefs N und I zusammen. Zwischen Nbk 300 und Camb 317 liegen 45 Jahre. Bêlšunu dürfte also noch ziemlich jung gewesen sein, als er in Nbk 300 geschäftsführender Gesellschafter wurde. S. auch A 1023.

seits und Bêlšunu andererseits bekommen je die Hälfte[1051]. Im zweiten Teil werden 5 Sklaven genannt, die wahrscheinlich zu einem Geschäftsunternehmen gehörten[1052], im dritten Teil gewisse Brauereigeräte und -rohmaterialien. Möglicherweise betrieb die Gesellschaft auch eine Brauerei[1053]. Die letzterwähnten Gegenstände sollen weiterhin Gesellschaftsvermögen bleiben. Es handelt sich um 200 Fässer mit erstklassigem („gutem") Bier[1054], 20 leere Fässer[1055], 10 Maisch- und Läuterbottiche[1056], 90 Kur – ca. 13.500 Liter – Datteln in einem Speicher[1057], 15 Kur Senf[1058] und 14 Stück Kleinvieh[1059]. Auch bestimmte Verpflichtungsscheine und andere Geschäftsergebnisse sollen weiterhin zu ihrem Geschäftsunternehmen gehören[1060]. Im vierten und damit letzten Abschnitt der Tafel folgen Zeugen, darunter ein Onkel des I, der Schreiber (s. A 1049), die Datierung und am Ende der Urkunde der Vermerk, daß jede Partei eine Urkundenausfertigung erhalten hat[1061].

1051 Je 1 Kur Aussaatfläche = etwa 1 1/3 ha.

1052 (9) M_1 *u* W_1 *1-en pu-ú-ru[(x)]* (10) M_2 *u* W_2 *2-ú pu-ú-ru[ ]* (11) W_3 *ina ḫarrâni 25 mana kaspu šîm 4-ta amēlûtu^tú šá ^Idmarduk-šâpik-zêri*
„(9) M_1 und W_1, 1. Los (vgl. AHw 882 l) [(x)] (10) M_2 und W_2, 2. Los[ ] (11) W_3. . ."
Z. 11 ist mir unklar; ein Kaufpreis von 25 Minen Silber für vier Sklaven wäre zur Zeit Nabonids enorm hoch; vgl. Meißner, Warenpreise 36.

1053 Zum Brauereibetrieb vgl. o. 142.

1054 Nbn 787, 12: *200 ^dugdan-nu ma-lu-ú šikaru rêštû ṭâbu*
RLA II 28 r: Bier war in Babylonien Lebensmittel; es war das Tagesgetränk der Babylonier; es gab „keine Mahlzeit ohne Bier". *šikaru* konnte sowohl aus Getreide als auch aus Datteln hergestellt werden (vgl. Huber RLA II 196 r; 28 r; Bottéro RLA III 303 f.).

1055 Nbn 787, 12: *20 ^dugdan-nu re-qu.*

1056 Nbn 787, 13: *10-ta ^dugnam-zi-tu₄ ù ^dugnam-ḫa-ru*
(vgl. AHw 727 l; 731 l o; Ungnad, Glossar 109).

1057 Wahrscheinlich waren diese Datteln als Rohprodukte für die Herstellung von „Dattelbier" bestimmt. Vgl. dazu Bottéro, RLA III 303 f.

1058 Nbn 787, 14: *kàs-si-ia* (vgl. AHw 455 l; Bottéro RLA III 304 r; 341 r; Landsberger AfO 18, 337). Der Senf wurde als Aromastoff dem Bier beigesetzt und zwar sowohl bei der Bier- als auch bei der „Dattelbier"-Herstellung. Zum Wert des Senfs vgl. Meißner, Warenpreise 12. Wahrscheinlich ist Nbn 787, 14 zu lesen:
kàs-si-ia na-aḫ-lu(!)-tú(!)
„gesiebter Senf" (vgl. AHw 715 l u; vgl. 455 l).

1059 Nbn 787, 15: *14-ta* UDU^{ṣi-e-nu}.

1060 Nbn 787, 15 f.:
e-lat ú-ìl-tì^meš šá su-ú-qu ù mim-ma šá ^Idbêl-šú-nu i-ḫa-as-sa-sa ina ḫarrâni-šú-nu
CAD Ḫ 125 l o übersetzt: apart from the promissory notes which are „in the street", whatever (business) plans PN sets afoot are part of their common venture. Vgl. AHw 330 l m. Möglicherweise hatte die Gesellschaft auf dem Basar einen Verkaufsstand.

1061 Nbn 787, 26:
a-na la e-né-e 1-en-a₄ il-te-qu-ú
„Um eine Veränderung nicht (zu ermöglichen), haben sie je ein (Schriftstück) genommen".

Im Verpflichtungsschein Nbn 995 vom 3. 9. 16 Nbn (540 v. Chr.) steht Bêlšunu[1062] und I ein Forderungsbetrag über Datteln zu. Zur Sicherung dient ein Grundpfandrecht. Der Verpflichtungsschein ist wohl Vermögen der Gesellschaft der beiden Gläubiger. Anscheinend hat die unter N begonnene *ḫarrânu*-Verbindung mit Bêlšunu bis zum 3. Jahre des Kambyses fortgedauert, wie die schon besprochene[1063] Urkunde TCL 13, 160 vom 16. 6a. 3 Camb (527 v. Chr.) nahelegt. Sie enthält die fast vollständige Auflösung des *ḫarrânu*-Geschäftsunternehmens zwischen I als Nachfolger seines Vaters N und Bêlšunu. Trotzdem aber werden im Verpflichtungsschein Camb 317 vom 4. 5. 6 Camb I und Bêlšunu noch drei Jahre später als gemeinsame Gläubiger einer Forderung über 60 Kur Datteln genannt. Bei der Teilung des *ḫarrânu*-Unternehmens in TCL 13, 160 hatten die beiden Gesellschafter ein Feld ungeteilt gelassen[1064], das am *bâb nâri šá bár-sip*^{ki} „an der Öffnung/Schleuse des Barsippa-Kanales[1065]" gelegen ist. Die Forderung über 60 Kur Datteln ist eine *imittu*-Forderung, stammt also von einem verpachteten Feld[1066]. Die Datteln sollen

ina bâb nâr bar-sip^{ki} *ina ḫa-ṣa-ru ina ma-ši-ḫu šá I ina muḫ-ḫi 1-et rit-tu*$_4$

„an der Öffnung (= Schleusentor) des Barsippa-Kanales auf dem Stapelplatz[1067] im Maße des I auf einmal" geliefert werden[1068]. Ausgefertigt ist die Urkunde ebenfalls in *bâb nâr bar-sip* „an der Öffnung des Barsippa-Kanales". Es liegt also nahe anzunehmen, daß es sich hier um das Feld (oder einen Teil davon) handelt, das in TCL 13, 160, 14 ff. nicht geteilt wurde und von dem es dort heißt, daß die Ernte miteinander geteilt werden sollte[1069]. Camb 317 ist m. W. die letzte Urkunde, in der Bêlšunu auftaucht; möglicherweise starb er bald darauf im Alter von mindestens 65 Jahren.

1062 Er wird an erster Stelle genannt, möglicherweise weil er als geschäftsführender Gesellschafter selbst den Vertrag schließt.

1063 Vgl. o. 105 ff.

1064 Z. 14 ff. Es handelt sich um ein Feld *zaq-pu u pi-i šul-pu* „(mit Bäumen) bepflanzt und (zum Getreideanbau) kultiviert"; ähnlich NRV S. 72 und 74 A 8; CAD Z 93, 4' „planted (with date palms) and under (cereal) cultivation"; anders CAD Z 61 r m: „territory planted (with trees) and in stubble"; Ungnad, Glossar 149: *pî šulpi* „in Halmen stehend".

1065 Der Barsippa-Kanal verläuft von Babylon nach Barsippa (RLA I 408 § 7; vgl. auch CAD B 23 r 3a).

1066 Die genaue juristische Bedeutung von *imittu* ist umstritten. Vgl. dazu Petschow BiOr 13 (1956) 102 ff. mit Lit.; AHw 377; CAD I/J 125.

1067 CAD Ḫ 130 r (2b); AHw 331 r.

1068 Außerdem soll der Schuldner – wie bei Pächtern üblich – *tu-ḫal-la gi-pu-ú u man-ga-ga bil-tu*$_4$ *šá ḫu-ṣa-bi ù(?) da-ri-ku* geben. Es handelt sich hier um verschiedene Nebenprodukte der Palmwirtschaft (vgl. CAD G 86 l o; B 230 l u; Ḫ 258/9; D 112/3; dazu ausführlich Landsberger, Date Palm).

1069 Vgl. o. 107.

I gibt am 9. 12. 16 Nbn (539 v. Chr.) zusammen mit seinem Verwandten Nabû-zêra-iqîša[1070] in Nbn 1013 eine Kommendaeinlage[1071]. Neben der aus Wein bestehenden Einlage, deren Silberwert angegeben ist[1072], wird der Kommenda noch ein Sklave des Verwandten beigegeben. Auch hier wird das Kapital nur insgesamt und nicht auf die beiden Kapitalgeber aufgeteilt angegeben. Dies läßt darauf schließen, daß auch zwischen den beiden Angehörigen des Hauses Egibi eine Gesellschaft bestand. In der leicht beschädigten Urkunde Cyr 148 vom 4. 12b. 3 Cyr (535 v. Chr.) liegt wohl ein kommendaähnlicher Betrieb[1073] vor, ohne daß allerdings das Stichwort *ḫarrânu* „Geschäftsunternehmen“ erscheint. Die Begründungsklausel Z. 1-4 lautet nur:

1 mana kaspu šá I ina muḫ-ḫi I_2
„1 Mine Silber des I zu Lasten des I_2.“

Die Klausel ist also völlig gleich der Schuldklausel eines Verpflichtungsscheines. Weiter heißt es aber Z. 5 ff.:

(5) *mašku ṣal-la*^{meš} *ip-pu-uš-šu* (6) *a-na I i-nam-din-ma*[1074] (7) ⸢*a!*⸣*-ḫu i-na ú-tur* ^{I}*iddin-*^{d}*nabû* (8) [*it-t*]*i!* ^{I}*itti-*^{d}*marduk-balâtu ik-kal*

Dies wäre als Gewinnverteilungsklausel aufzufassen und zu übersetzen:

„Er wird *ṣalla*-Leder machen, an I geben und einen gleichen [T]eil vom Gewinn wird I_2 [mi]t I genießen.“

Ist dies richtig, so hätten wir hier eine Kommenda vor uns, bei der ausnahmsweise aus der Urkunde unmittelbar zu entnehmen ist, was das Tätigkeitsgebiet des Geschäftsunternehmens – vielleicht handwerksmäßige Lederherstellung oder -bearbeitung – ausmacht. Der restliche Vertragstext ist wegen Zerstörung unsicher[1075].

[1070] Dieser Name findet sich nicht bei Weingort, jedoch bei Ungnad a. a. O. 59 Nr. 4; nach Ungnad waren die Großväter beider Gesellschafter Brüder oder Vettern, ein Indiz für die wirtschaftlichen Verbindungen der verschiedenen Zweige der Egibi-Familien.

[1071] Vgl. dazu o. 17; 24; A 289.

[1072] Zur vermutlichen „rechtlichen Konstruktion“ s. o. A 934.

[1073] Weingort 33 spricht von Gesellschaftsvertrag, Kohler–Peiser BR IV 29 vermuten Trödelhandel. Möglicherweise lag hier eine Kommenda vor, die Gerberei oder „Sattlerei“ zum Gegenstand hatte.

[1074] CAD Ṣ 74 r o: „he will prepare ṣ-leather and give (it) to (the creditor) PN_2.“

[1075] Entgegen Kohler–Peiser BR IV 29 dürfte Z. 9 f. nicht 10 GUD sondern *ul* zu lesen sein. Möglicherweise handelt es sich um einen Nachtrag zur Gewinnverteilungsklausel, da zu lesen ist: *ik-kal* „er wird genießen“. Wahrscheinlich erhält der Schuldner (Kommendatar) Verpflegung, nach Z. 9 *arḫa 1 pân 4 sâti uṭṭatu* „monatlich 1 Pan 4 Seah Gerste“, d. h. pro Tag 2 Qa.

Vom 23. 4. 7 Camb (523 v. Chr.) liegt in Camb 373 eine Quittung vor, in der dem I bestätigt wird, daß er zwei Gesellschaftern (*šu-ta-pi*) eine bestimmte Summe Silber gezahlt hat[1076] [1077].

Wie die Urkunden zeigen, arbeitete I hinsichtlich seiner *ḫarrânu*-Unternehmen anscheinend – soweit nicht Zufälle der Überlieferung ein einseitiges Bild herbeiführen – im wesentlichen mit zwei Leuten zusammen, dem oben zuerst genannten Marduk-šâpik-zêri und – in Fortsetzung der Geschäftsverbindung seines Vaters N – mit Bêlšunu.

Marduk-nâṣir-apli(M), der Sohn des I, tritt auch unter dem Namen Širku und davon abgeleiteten Varianten auf[1078]. Ob es sich um einen leiblichen Sohn des I handelt oder um seinen Neffen und Adoptivsohn, ist umstritten[1079]. Erstmals wird M in Camb 341 im 6. Jahr des Kambyses (523 v. Chr.) – hier Z. 5 ff. als Gläubiger zusammen mit seinen Brüdern und noch zu Lebzeiten seines Vaters – und sodann in dem Viehkauf Nbk (IV) 13 (521 v. Chr.) als Käufer urkundlich erwähnt[1080]. In der 92zeiligen Erbteilungsurkunde Dar 379 vom 24. 5. 14 Dar (508 v. Chr.), in der die 3 (Adoptiv-?)Söhne des I das Familienvermögen teilen[1081], bleibt neben anderem eine *ḫarrânu*-Geschäftseinlage ungeteilt: (Z. 65 f.)

ù mim-ma-šú-nu šá ḫarrâni ina pâni Ikal-ba-a a-ḫi zitti (66) *Idmarduk-nâṣir-âpli it-ti Idnabû-aḫḫêmeš-bul-liṭ ù Idnergal-ú-še-zib i-leq-qé*

1076 Wörtlich heißt es, daß *IN u fS aššat IH šu-ta-pi-šú* „N und die S, die Ehefrau des Ḫ, sein(e) Genosse(n)" eine (wegen Teilzerstörung) nicht mehr erkennbare Summe Silbers – *e-lat* „abgesehen" von (weiterer) 1/3 Mine – von ihm *maḫ-ru-u'* „empfangen haben". Unklar ist, ob *šu-ta-pi-šú* meint „seine (des I) Gesellschafter (*šutapêsu*)" oder „sein (des N) Genosse(in)", wobei letzterenfalls weiterhin ungewiß ist, ob damit auf den Ehemann der Mitempfängerin („. . . die Ehefrau des Ḫ, seines Genossen"; so BR IV 61; vielleicht war der eine der Gesellschafter nicht erreichbar, so daß für ihn seine Frau in der Urkunde erscheint) oder auf diese selbst (. . ., die Ehefrau des Ḫ, seine Genossin) Bezug genommen wird. Im erstgenannten Falle hätte auch hier irgendein Gesellschaftsverhältnis zwischen I und den beiden Geldempfängern bestanden, wobei die Beteiligten als *šutapû* „Genossen" bezeichnet worden wären. Zweifelhaft bliebe hier allerdings, ob I als „Geld"-geber und offenbar Angehöriger der Oberschicht Babylons sich hätte als „Genosse" von zwei wohl sozial niedriger stehenden Leuten bezeichnen lassen.

1077 In dem sehr fragmentarischen gesellschaftsähnlichen Vertrag Camb 31 vom 7. 1. 1 Camb (529 v. Chr.) ist ein Bruder von I Schreiber. Vertragsobjekte sind zwei Sklaven, von denen einer der Damqâ/Egibi gehört. Die genaue Funktion der Sklaven ist wegen der weitgehenden Zerstörung der Tafel unklar.

1078 Vgl. Weingort 21 f.; Ungnad a. a. O. 63.

1079 Vgl. Weingort 21 f.; Ungnad a. a. O. 63; Petschow BiOr 11 (1954) 202.

1080 Vgl. Weingort 21; Ungnad a. a. O. 63.

1081 Übersetzung BR IV 35 ff.; vgl. auch Weingort 23 f.; Bogaert 107.

„und (hinsichtlich) aller ihrer Habe an der Geschäftseinlage zur Verfügung des Kalbâ wird einen halben Anteil M mit N_1 und N_2 nehmen."

Die drei Brüder standen also wohl als Geldgeber mit ihrem Onkel Kalbâ in einem Gesellschaftsverhältnis, bei dem Kalbâ geschäftsführender Gesellschafter war[1082]. Zuletzt tritt M in TCL 13, 198 vom 11. 1. 27 Dar (495 v. Chr.) auf. Da die Urkunden dieses Zweiges der Familie Egibi hauptsächlich im BrM aufbewahrt werden, die von Strassmaier veröffentlichten Texte aber nur bis zum 23. Jahr des Darius reichen (Dar 579), ist mit gewisser Wahrscheinlichkeit anzunehmen, daß weitere im BrM vorhandene Urkunden über die weitere Tätigkeit von M und vielleicht auch seiner Nachfolger Aufschluß geben[1083]. M tritt als Kommendator meist in Gesellschaften auf, deren geschäftsführende Gesellschafter teilweise Freie, teilweise aber Sklaven sind. In den letzten von ihm veröffentlichten Urkunden, die mit *ḫarrânu*-Gesellschaften zusammenhängen, erscheint M als ratenzahlender Schuldner größerer Beträge. Sein Gläubiger ist eine Kommenda. Daß dies kein Zeichen völliger Verschuldung ist, lassen Dar 494; 501 erkennen, nach denen M und seine Brüder[1084] etwas später – ebenfalls ratenweise – eine fast gleich hohe Summe zurückbezahlt erhalten.

In Dar 97 schließt am 14. 12. 3 Dar (518 v. Chr.) Nabû-ajjalu[1085], ein Sklave des M, in Babylon mit einem gewissen Bêl-kâṣir[1086] eine *ḫarrânu*-Gesellschaft mit zweiseitiger Kapitalbeteiligung mit je 5 Minen Silber als Einlage. Am 5. 8. 4 Dar, also 8 Monate später, gibt in Dar 134 M selbst in Babylon dem (gleichen?) Bêl-kâṣir 12 Minen Silber als *ḫarrânu*-Einlage. 3 Monate später am 10. 11. 4 Dar gewährt M in TCL 13, 184 in Babylon eine *ḫarrânu*-Einlage von 15 Minen Silber an Bêl-kâṣir und Nidinti-Bêl[1087]. Es ist wohl anzunehmen, daß

1082 So auch Weingort 18 f.; CAD Ḫ 111 (6): „and their holdings in business capital (PN and PN_2 will take in equal shares)." M soll also wohl die Hälfte erhalten, N_1 und N_2 ebenfalls eine Hälfte. Ein etwaiger Anteil des Kalbâ am Gesellschaftsvermögen wird durch Dar 379 nicht berührt.

1083 Vgl. Weingort 22 und Ungnad 63.

1084 Sie befinden sich insoweit noch in Gemeinschaft trotz der über 5 Jahre früher in Dar 379 (s. o.) vorgenommenen Erbteilung.

1085 Der Sklave Nabû-ajjalu erscheint nach Tallqvist 121 in etwa 15 Urkunden als Sklave von I bzw. dessen Sohn M. Er ist dort nie Zeuge oder Schreiber, sondern stets am Geschäft beteiligt. In dem normal stilisierten Verpflichtungsschein Nbk (IV) 17 z. B. tritt er als gewöhnlicher Schuldner seines Herrn über die enorme, zum üblichen Zinssatz von 20 % verzinsliche Summe von 14 Minen 49 Sekel (= 7 1/2 kg) Silber auf. In der Teilungsurkunde Dar 379, 21 verbleibt er bei M. S. auch u. A 1220.

1086 Bêl-kâṣir erscheint nach Tallqvist 38 nur in Dar 97 und 134; Moore 334 verzeichnet nur TCL 13, 184. Ob es sich, wie Tallqvist 38 annimmt, in Dar 97 tatsächlich um den gleichen Bêl-kâṣir handelt wie in Dar 134 und TCL 13, 184 ist nicht völlig sicher. Der abweichende Vatername in Dar 97, 1 ist nach der Kopie auf der Tafel undeutlich.

1087 Wird bei Tallqvist nicht erwähnt, erscheint bei Moore 375 nur hier.

M stets die entscheidende Rolle in diesen Gesellschaften innehatte, in Dar 97 womöglich mit Hilfe seines Sklaven. Da in Dar 134 und in TCL13, 184 Nebenerwerbsverbote vereinbart sind[1088], so müßte – wenn die Urkunden nicht zusammenhingen – angenommen werden, daß bei Abschluß dieses Vertrages die wenige Monate früher errichtete Gesellschaft schon aufgelöst war. Es ist aber wohl wenig wahrscheinlich, daß Gesellschaften mit derart hohen Einlagen nur für wenige Monate abgeschlossen wurden. Wahrscheinlich ist TCL 13, 184 eine Novation von Dar 134, bei der das Kapital von 12 auf 15 Minen aufgestockt wurde und ein weiterer geschäftsführender Gesellschafter in das Unternehmen eintrat. Möglicherweise sollte die negative *elat*-Klausel TCL 13, 184, 16 f. festhalten, daß Dar 134 durch diese neue Urkunde aufgehoben wurde[1089].
In unklarem Zusammenhang erwähnt das fragmentarische Eidesprotokoll Dar 176 vom 15. 7. 5 Dar (517 v. Chr.) anscheinend eine *ḫarrânu*-Gesellschaft[1090], mit der M vielleicht irgendwie liiert war.
Zwei Verträge beziehen sich auf Kommenden des Typs A, bei denen über mehrere Jahre hinweg M als Kapitalgeber und ein gewisser Ubâr[1091] aus der Familie Ša-nâšîšu zusammen mit dem schon aus Dar 97 bekannten Egibi-Sklaven Nabû-ajjalu als Kommendataren auftreten. In dem Verpflichtungsschein Dar 269 über 22 Kur Gerste vom 6. 5. 10 Dar (512 v. Chr.) aus Dilbat sind die beiden Kommendatare Gläubiger; nach dem Vermerk Z.4 *šá! ḫarrâni šá M* gehört die Forderung aber in das Vermögen ihrer Gesellschaft mit M[1092]. Etwa 4 Jahre später datiert die in doppelter Ausfertigung erhaltene *ḫarrânu*-Begründungsurkunde Dar 395/396 (508/7 v. Chr.) zwischen M einer- und U und N andererseits; Einlagekapital sind Datteln, Gerste und Fässer; statt Gewinnbeteiligung erhält M hier einen festbezifferten Gewinnbetrag[1093], der verbleibende Gewinn wird zwischen den beiden Kommendataren hälftig geteilt.
In Dar 280 schließen im Tašrit 10 Dar (512 v. Chr.) in Babylon M und ein gewisser Bêl-iqîša[1094] ein zweiseitiges *ḫarrânu*-Geschäft mit je 50 Kur Datteln

1088 Vgl. o. 38 u. A 244.
1089 Vgl. auch o. A 244; A 267 und o. 42 f.
1090 Vgl. dazu BR III 58.
1091 Dieser Ubâr erscheint nach Tallqvist 214 in 20 Urkunden, die fast alle mit Geschäften der Familie Egibi zusammenhängen. In 11 Urkunden tritt er als Schreiber auf; hier läßt er stets seinen Vaternamen aus, fügt also seinem Namen nur seinen „Familiennamen" hinzu (so in Dar 395, 23).
1092 Vgl. o. 114 f.
1093 Vgl. o. A 173 sowie Index.
1094 Bêl-iqîša erscheint nach Tallqvist mit vollem Namen nur hier.

als Einlage, wobei Bêl-iqîša als geschäftsführender Gesellschafter auftritt[1095]. Am 29. 10. 13 Dar (508 v. Chr.) stellt M in Dar 359 einem gewissen Šamaš-ina-ešê-êṭir[1096] 51 Kur Datteln als *ḫarrânu*-Einlage zur Verfügung. Die Mittel hierfür stammen wohl aus einem Tempel des Gottes Bêl[1097]. Demnach könnte M also auch Beziehungen zu Tempeln gehabt haben. Ob aber zwischen dem Tempel und dem Haus Egibi ebenfalls eine *ḫarrânu*-Gesellschaft oder etwas ähnliches bestand, ist nicht zu erkennen. In Dar 386 vom 11. 10. 14 Dar wird Ubâr E[1098] zusammen mit einem Sklaven des M[1099] erwähnt. Man wird wohl mit Kohler-Peiser annehmen können, daß hier zwischen beiden ein Gesellschaftsverhältnis bestand[1100]. Für diese Gesellschaft zahlte M als ihr „Kontoführer"[1100] (?) oder Herr des Sklaven eine Gersteschuld.
In den Quittungsurkunden Dar 440 und 447 vom 17. Jahr Dar (505 v. Chr.) zahlt der Egibi-Chef ratenweise eine Schuld; Gläubiger ist ein *ḫarrânu*-Geschäft, dessen Kapitalgeber ein gewisser Bêl-iddin ist[1101]. Neben ihm gehörten 4 geschäftsführende Gesellschafter als Kommendatare dem Unternehmen an. Die Schuld des Egibi-Chefs betrug 9 1/3 Minen Silber und 10 Kur Datteln. Der Egibi-Chef zahlte zunächst (Dar 440) den halben Silberbetrag mit 4 2/3 Minen Silber und vier Monate später (Dar 477) den Rest samt Zinsen[1102]. Das Original des Schuldscheines liegt uns nicht vor; es dürfte sich um einen Verpflichtungsschein gehandelt haben, der den Vermerk *kaspu ša ḫarrâni ša B* „das Silber ist von der Geschäftseinlage des Bêl-iddin" enthielt[1103 1104].

1095 Auch in Dar 305 erscheint M zusammen mit einem Bêl-iqîša; obwohl die Filiation teilweise zerstört ist, dürfte dieser mit unserem Bêl-iqîša aus Dar 280 identisch sein. Dar 305 nimmt eingangs Bezug auf einen Verpflichtungsschein über 5 Minen Silber und 20 leere Fässer des M zu Lasten des Bêl-iqîša. Obwohl es sich dabei nicht um unsere Begründungsurkunde Dar 280 handeln kann, ist es zeitlich (Dar 305 ist 1 Jahr nach Dar 280 datiert) und inhaltlich (auch Dar 305 handelt wie Dar 280 von Hausmiete und Gerätschaften) durchaus möglich, daß beide Urkunden sachlich zusammengehören.

1096 Er erscheint nach Tallqvist 192 u. a. noch als Zeuge bei Verträgen aus dem Haus Egibi.

1097 Dar 359, 10 f.: *suluppû eš-ru-ú šá* ^{d}*bêl*
„Die Datteln (also das Gesellschaftskapital) (sind) Zehnt des (Gottes) Bêl."

1098 Nicht identisch mit Ubâr aus der Familie Ša-nâšîšu. Er wird deshalb im folgenden mit Ubâr (E) bezeichnet.

1099 Auffällig ist, daß dieser Sklave in der großen, etwa 5 Monate älteren Teilungsurkunde Dar 379, 37 nicht M sondern seinen Brüdern zugewiesen wird.

1100 BR III 9 f.

1101 Kohler–Peiser BR III 47 f. meinen, der Egibi-Chef sei ein früherer Kommendatar des Bêl-iddin, der seine Forderung an die jetzigen vier Empfänger des Geldes zediert oder vererbt habe. In Wirklichkeit ist M jedoch einfacher Schuldner.

1102 (Das Silber) *u ḫubulli-šú* „und seinen Zins" (und die Datteln) haben sie erhalten.

1103 Dieser Vermerk der Schuldurkunde wird in Dar 440, 4 und 447, 5 wörtlich zitiert.

1104 Vgl. dazu Dar 380; auch dort schuldet derselbe Schuldner eine hohe Summe, nämlich 4 2/3 Minen Silber.

Auch die Viehpacht *ana zitti* gehörte mindestens gelegentlich zum Geschäftsbereich des M und seiner Familie. Am 26. 6. 9 Dar (513 v. Chr.) lieferte M im Viehverstellungsvertrag Dar 257 eine Kuh auf 5 Jahre an obigen Ubâr E; ebenso der Bruder des M in Dar 348 am 2. 5. 13 Dar (509 v. Chr.)[1105]. Einen Tag später gibt der uns schon bekannte Egibi-Sklave Nabû-ajjalu in Dar 349 eine Eselin an einen anderen Einsteller[1106]. Auch im Verpflichtungsschein Dar 413 vom 5. 9. 15 Dar (507 v. Chr.) über Gerste zugunsten des M als Gläubiger wird in einer *elat*-Klausel auf eine Viehverstellung von Rindern *ana zitti* verwiesen:

e-lat alpêmeš šá a-na zitti šá ina pâni B[1107]

„Abgesehen von den Rindern, die auf Anteil (sind), die zur Verfügung/im Besitz des B (sind)."

Ein besonderer Zweig der *ḫarrânu*-Unternehmen des M scheint der Betrieb und die Beteiligung an wohl handwerksmäßigen, mehr oder weniger großen Braubetrieben gewesen zu sein. In der Kommenda Typ B Dar 280 stellt er die Hälfte des Dattelkapitals, mietweise ein Grundstück sowie (Arbeits-)Gerät zur Verfügung, in der Kommenda Typ A Dar 395/396 das gesamte Rohmaterial an Datteln und Gerste sowie Fässer und mietfrei ein Grundstück, in der Kommenda Typ A Dar 359 schließlich nur Datteln. Dabei hat in Dar 280 und 395 offenbar der Betrieb wenigstens teilweise in eigenen Grundstücken des Egibi selbst stattgefunden, was die Frage aufwirft, ob er sogar über eine eigene Betriebsstätte verfügte, was nicht ausschließt, daß er sich, wie z. B. in Dar 359, auch an anderen Betrieben beteiligte.

b) Nebenlinien

Zu einer nah verwandten Seitenlinie obigen Familienzweiges gehört wohl Kudurru (K), der Sohn des Iqîšâ[1108]. Urkundlich bezeugt ist K vom 1. 5. 2 Nbk (603 v. Chr.; Nbk 24) bis zum 26. 2. 12 Nbk (593 v. Chr.; Nbk 94/422)[1109]. Er ist damit ein Zeitgenosse des Šulâ/Egibi. Bereits in den ersten von ihm bekannten Urkunden (Nbk 24; 32) – beide aus Kiššatu (URU NIGINti)[1110] – erscheint er in Verbindung mit einem gewissen Šulâ, Sohn des Bêl-

---

1105 Zur Viehverstellung vgl. u. 183 f.

1106 Es handelt sich hier nicht um einen Viehverstellungsvertrag, sondern um einen Verpflichtungsschein, in dem die kreditierte Einkaufspreis-Forderung des Sklaven an den Vieheinsteller festgehalten wird.

1107 Einsteller ist ein gewisser B, Versteller wohl wiederum M. Der Vieheinsteller hat vom Versteller Saatgut und Viehfutter für die Rinder erhalten.

1108 Vgl. Weingort 7 f.; Ungnad a. a. O. 57 f.

1109 Ungnad a. a. O. 58.

1110 Vgl. o. A 12.

šunu. So sind sie in dem Verpflichtungsschein Nbk 32 vom 22. 9. 3 Nbk (602 v. Chr.) Gläubiger einer Forderung von 32 Sekel Silber, die nach dem Vermerk Z. 15 zum Vermögen eines Geschäftsunternehmens – wohl einer Kommenda des Typs A – gehört, deren Kapitalgeber Zêrûtu[1111] ist und die von den beiden Gläubigern als geschäftsführenden Gesellschaftern geleitet wurde[1112]. Schuldner ist der in den Urkunden nur hier erscheinende Apkallu[1113]. Wahrscheinlich sind beide Gesellschafter auch bereits die Gläubiger in dem eben erwähnten über ein Jahr älteren Verpflichtungsschein Nbk 24. Dafür spricht der gleiche Herkunftsort wie in Nbk 32; allerdings fehlen hier die Angaben der Vatersnamen und auch ein *ḫarrânu*-Vermerk hinsichtlich einer etwaigen Zugehörigkeit der Forderung zu einem Kommendakapital.
Eine andere Kommenda des K mit einem anderen Šulâ, Sohn des Nabû-ku-zib-ilâni, hat offenbar Nbk 47 vom 6. 10. 5 Nbk (599 v. Chr.) zum Gegenstand; Z. 1 ff. lauten:

3 ma-na 2/3 ma-na kaspu šá K ina muḫ-ḫi ^{I}*šu-la-a apli-šú šá* ^{Id}*nabû-ku-zib-ilâni*^{meš} *u K*

„3 2/3 Minen Silber des K zu Lasten des Š und des K[1114].“

Das kann – in Analogie zu dem o. S. 115 f. besprochenen Verpflichtungsschein Ner 8 – wohl nur so verstanden werden, daß Š und K als Schuldner eine Gesellschaft bilden, K aber zugleich Gläubiger der Gesellschaft ist, an der er selbst als Gesellschafter teilnimmt[1115]. Am gleichen Tag und Ort, vom gleichen Schreiber und mit teilweise identischen Zeugen ist der Verpflichtungsschein Nbk 46 abgeschlossen, in dem beiden Männern eine *ḫubuttutu*-Forderung von 1/3 Mine Silber mit fast einjähriger Laufzeit gegen einen Dritten zusteht.

Eine andere Geschäftspartnerschaft des Kudurru bestand für einige Jahre mit den Söhnen des Rêḫêtu: Mušêzib-Bêl, Nabû-aḫḫê-šullim und Nabû-gâmil[1116]. In den mit ihnen abgeschlossenen Verträgen erscheinen wiederholt noch andere Angehörige der Familie Sîn-nâṣir als Zeugen, so in Nbk 51; 58/429; 59 und Rêḫêtu – der Vater der Brüder – in Nbk 88[1117]. In den meisten dieser Urkunden ist ein weiterer Bruder, Nabû-zêr-ibni, Schreiber.

1111 Vielleicht identisch mit Nbk 231, 13.
1112 Vgl. den Gesellschaftsvermerk Nbk 32, 15; zum Wortlaut vgl. o. bei A 786.
1113 Vgl. Tallqvist 1.
1114 Beide Personen kommen auch schon etwa 10 Monate früher in Nbk 38 vor, hier aber nur als Gläubiger (K) und als Schuldner (Š).
1115 Ein Anteil von 2 Minen Silber (des Gesamtbetrages von 3 2/3 Minen) ist zinslos, 1 Mine (Fehler für 1 2/3 Mine?) zum üblichen Durchschnittszins von 20 % verzinslich.
1116 Nbk 51; 58/429; 59; 68; 69; 88; 89.
1117 Vgl. u. nach A 1119.

Nach der ersten hierher gehörigen – leider wohl nicht vollständigen – Urkunde Nbk 51 vom 26. 5. 6 Nbk (599 v. Chr.) gibt K wohl zusammen mit Mušêzib-Bêl dessen Bruder Nabû-gâmil eine *ḫarrânu*-Einlage von fast 12 Minen Silber[1118].
Am 17. 5. 7 Nbk (598 v. Chr.) schließt K in Nbk 58/429 zusammen mit demselben Mušêzib-Bêl einen *ḫarrânu*-Vertrag mit zweiseitiger Kapitalbeteiligung, bei dem jeder 2 Minen Silber einlegt. Eines der Geschäfte dieser Gesellschaft über den Erwerb eines offenbar großen Postens Datteln ist uns in dem 4 Tage später abgeschlossenen Verpflichtungsschein Nbk 59 erhalten geblieben. Dort sind beide Schuldner von 2 Minen Silber Kaufpreis von Datteln; ein Hinweis auf eine zwischen ihnen bestehende Gesellschaft fehlt zwar, war aber wohl nicht notwendig[1119].
Am 16. 7. 10 Nbk (595 v. Chr.) bilden in Nbk 88 Nabû-aḫḫê-šullim und K mit je zwei Minen Silber eine *ḫarrânu*-Gesellschaft[1120].
In den Jahren 599 bis 595 v. Chr. beschränkte sich K aber nicht auf Gesellschaften mit der Familie des Rêḫêtu, dem Nachkommen des Sîn-nâṣir. Am 27. 2. 8 Nbk (597 v. Chr.) gibt Nabû-mušêtiq-urri, der Sohn des Rêmût[1121], in Nbk 64 eine *ḫarrânu*-Einlage von 3 Minen Silber an K und seinen Verwandten

---

1118 Text nicht völlig klar; s. o. 14.

1119 Ihr Geschäftspartner wird bei Tallqvist 76 nur für diese Stelle erwähnt. Die Urkunde hat wirtschaftlich den Kauf von Datteln im Gegenwert von 4 Minen Silber (das entspricht genau dem *ḫarrânu*-Kapital in Nbk 58) nach der nächsten – in 3 Monaten zu erwartenden – Ernte (von den Dattelpalmen des Verkäufers) zum Gegenstand, und zwar zu dem dann gültigen Marktpreis in Babylon; die Zahlung der Schuldsumme des Verpflichtungsscheines erfolgt gegen Lieferung der Datteln. Dieser Dattelkauf erklärt die sonst ungewöhnliche Klausel in Nbk 58, 6 f.:
ina lib-bi ú-ḫi-nu šá i-na-áš-šu-u a-ḫa-a-ta šú-nu
CAD A I 171 l. o: „they (the two partners) share half and half in the *uḫinnu*-dates which they will acquire." Zweck des Unternehmens war also wohl der preisgünstige Großeinkauf und Vertrieb (?) von Datteln. S. auch o. 56.

1120 Der Geschäftszweck dieser Gesellschaft ist – im Gegensatz zu dem in Nbk 58/429 in Verbindung mit Nbk 59 (s. A 1119) – nicht erkennbar. Immerhin muß er die Nutzung eines Hausgrundstücks erfordert haben. Z. 8: „er" (der 2. Gesellschafter Kudurru oder Schreibfehler für „sie" 3. Person pluralis) „wird den Mietzins des Hauses aus ihrem *ḫarrânu*-(Vermögen) geben."
Auffällig ist, daß in den beiden *ḫarrânu*-Gesellschaften Nbk 58/429 und 88, in denen K gleich hohe Beiträge wie der jeweilige Mitgesellschafter leistet, K jeweils nur an zweiter Stelle genannt wird. Sollte er der „Juniorpartner" gewesen sein? Zu dem sich aus der oben zitierten Klausel in Nbk 88 ergebenden Problem, ob dort der zweite Gesellschafter – d. h. also unser K – der allein geschäftsführende Gesellschafter war, s. o. 61; 87. Beachte Nbk 51, wo K an erster Stelle genannt wird, weil er den weitaus höheren Kapitalbeitrag leistet.

1121 Bei Tallqvist 138 nur für diese Stelle erwähnt.

Nabû-šum-êreš, den Sohn des Marduk-zêr-ibni und Nachkommen des Egibi[1122]. Wenige Tage später am 12. 3. 8 Nbk erhält K von einem gewissen Nabû-šum-lîšir in BRM I 45 eine *ḫarrânu*-Einlage von 2 Minen 10 Sekel Silber. Der Zusammenhang dieser Geschäfte ist unklar. Auffällig ist – ebenso wie bei ähnlichen Vorfällen unter Marduk-nâṣir-apli/Egibi[1123] –, daß dieselben Personen innerhalb kurzer Zeit sowohl als Mitkommendatare als auch als Alleinkommendatare in Erscheinung treten. Diese beiden Verträge tragen den Vermerk, daß Silber auf dem Lande nicht zurückbleiben darf. Nimmt man an, daß sich diese Klausel, stets auf den Überlandhandel bezieht, so hätten die beiden geschäftsführenden Gesellschafter aus Nbk 64 für ihre Geschäftsreise im Höchstfall 14 Tage zur Verfügung gehabt, da beide Verträge in Babylon abgeschlossen sind. Wahrscheinlicher dürfte aber vielleicht sein, daß K die gesamte Zeit zwischen den beiden Verträgen in Babylon war, sei es, daß es sich bei beiden Verträgen um die Vorbereitung auf eine oder mehrere Geschäftsreisen handelte, sei es, daß das Kapital in Nbk 64 nicht für eine Reisekommenda bestimmt war[1124]. Daß K auch als Kapitalnehmer erscheint, muß nicht unbedingt auf mangelnde Finanzkraft schließen lassen, da er in Nbk 51 und 58/429 (s. o.) mit nicht unerheblichen Silbereinlagen als Mitgesellschafter und weiterhin – wenn auch bei nicht allzu hohen Beträgen – in Nbk 68 als Gläubiger von Nabû-gâmil und in Nbk 69 als Gläubiger dreier Söhne des Rêḫêtu auftritt[1125]. K war wohl noch nicht ein solch bedeutender Geschäftsmann wie die oben behandelten Angehörigen der Familie Egibi. Er wird auch in denjenigen *ḫarrânu*-Urkunden, in denen er mit gleichhohen Kapitalien wie sein Kompagnon beteiligt ist, an zweiter Stelle – als Junior-Partner? – erwähnt und erscheint wiederholt auch noch als geschäftsführender Gesellschafter in Kommenden des Typs A (s. dazu auch o. A 1120).

In Nbn 282 (548 v. Chr.) tritt Nabû-balassu-iqbi, der Sohn des Bêl-lê'û aus der Familie Egibi, als Schreiber eines Verpflichtungsscheines auf, dessen Mittel aus einem *ḫarrânu*-Vermögen stammen. Welche verwandtschaftlichen Beziehungen zwischen ihm und den oben behandelten Mitgliedern der Familie Egibi bestehen, ist nicht bekannt[1126].

1122 Über dessen Stellung innerhalb der Familie Egibi vgl. Weingort 14 f. und Ungnad a. a. O. 60.

1123 Vgl. o. 159 f.

1124 Vgl. o. 140.

1125 Vgl. dazu Nbk 89, wo die Forderung Nbk 69 wieder erwähnt wird und der eine Mitschuldner Nabû-aḫḫê-šullim anscheinend als Schuldner ausscheidet (Nbk 89, 9: *za?-ak?-ku?*). Die Herkunft der hohen Einlage des K in Nbk 51 bleibt dabei unklar.

1126 Kommendator, Kommendatar und Darlehensschuldner dieses Verpflichtungsscheines sind bei Tallqvist 15, 102 und 85 nur für vorliegende Urkunde nachgewiesen und gehören nicht zu den Egibis.

2) Die Familie Nûr-Sîn

Alle veröffentlichten *ḫarrânu*-Urkunden dieser Familie[1127] stammen von dem Kaufmann Iddin-Marduk (IM), dem Sohn des Iqîšâ[1128], und – vereinzelt – von dessen Bruder Kâṣir und wurden fast sämtlich in Babylon oder seinen Vorstädten[1129] in der Zeit von Nebukadnezar bis Nabonid ausgefertigt. Für die letzten Lebensjahrzehnte des IM fehlen *ḫarrânu*-Urkunden völlig. Auch seine und seines Bruders Geschäftstätigkeit beginnt schon zu Lebzeiten ihres Vaters, wie die folgende Tafel Nbk 216 und die S. 173 behandelte *u'iltu* Ev-M 11 zeigen, wo letzterer Z. 10 f. bzw. Z. 7 f. als Vertragszeuge aufgeführt wird.
In der ältesten hierher gehörigen Urkunde, der *ḫarrânu*-Begründungsurkunde des Typs A Nbk 216 vom 21. 7. 30 Nbk (575 v. Chr.), erscheint zunächst der Bruder IM's Kâṣir als geschäftsführender Gesellschafter. Kapitalgeber ist ein gewisser Mušêzib-Marduk[1130], nach Z. 8 der Tafel bestand das *ḫarrânu*-Unternehmen schon seit dem 24. Jahre Nbk, also seit etwa 6 Jahren und wurde mit unserer Urkunde weiterhin fortgesetzt.
Bei den Urkunden, die uns von den *ḫarrânu*-Geschäftsunternehmen, an denen IM beteiligt war, überliefert sind, handelt es sich zu einem großen Teil um Verpflichtungsscheine, nach denen ein Dritter[1131] verpflichtet ist, Naturalien oder Silber an die betreffende Gesellschaft zu leisten[1132]. Besonders auffallend sind die vielen Verpflichtungsscheine über Knoblauch[1133]. Sachlich beurkunden

---

1127 Nbk 216; 235; BRM I 49; Nbk 258; 261; 269; 271; 272; 290; BRM I 50; Nbk 356; 387; 402; Ev-M 11; 12; 18; 20; Ner 8; 15; 21; 26; 35; (38;) 67; Nbn 4; Liv 13; Nbn 19; 34; 63; 107; 112; 123; 276; Liv 15. Vgl. auch Weingort 13. Zur Ehefrau des IM vgl. z. B. Nbn 466.

1128 Er und sein Bruder Kâṣir erscheinen nach Tallqvist 71 f. in 200 Urkunden. Unklar sind die Lebensdaten des IM. Er heiratete Ina-Esagil-ramât aus dem Geschäftshaus Nabaja. Die aus dieser Ehe stammende Tochter Nûptâ heiratete den Chef des Hauses Egibi, Itti-Marduk-balâṭu. Die letzte Urkunde, in der IM noch handelnd – als Gläubiger – auftritt, ist der Verpflichtungsschein Camb 219 über 1 Mine Silber vom 28. 11. 3 Camb (526 v. Chr.).

1129 Soweit die Urkunden eine Ortsangabe enthalten.

1130 Diese Person erscheint nach Tallqvist 116 nur in dieser Urkunde. Der Familienname ist teilweise unleserlich. Die ursprünglich 11 Minen Silber betragende Kapitaleinlage (vgl. Z. 7 f.) wurde in Nbk 216 auf 6 Minen reduziert; weiteres dazu o. 45 f.; 70.

1131 Meist erscheint der Dritte in den bisher veröffentlichten Urkunden an keiner anderen Stelle mehr.

1132 Zu dieser Art von Verträgen vgl. o. 113 f.

1133 Knoblauch war eine Hauptgemüseart dieser Zeit. Forderungen über Knoblauch enthalten:
Nbk 290: 1200 *gidlu*-Gebinde für 2–3 (?) Monate,
Ner 15: 21.000 *gidlu*-Gebinde für 6 Tage,
Ner 35: 3000 *gidlu*-Gebinde für 10 (??) Monate,

sie – wenigstens soweit sie große Mengen von Knoblauch zum Gegenstand haben – wohl schriftlich fixierte Lieferungskäufe im Zuge der An- und Verkaufsgeschäfte bei den verschiedenen Unternehmungen des IM[1134] oder die Verpflichtung zur Zahlung des Kaufpreises aus solchen Geschäften (Vgl. Ner 69). Um Genaueres ermitteln zu können, müßte der Aufbau des Handelshauses des IM und seine Beziehungen zu den Lieferanten und Abnehmern näher bekannt sein und bedürfte einer gesonderten Untersuchung[1135]. Die meisten Verpflichtungsscheine geben darüber aber nur wenig Aufschluß. In welcher Größenordnung sich die Knoblauch-Geschäfte des IM bewegten, deutet Nbn 160 an, wo 150 000 *gidlu*-Gebinde erwähnt werden.
Die *ḫarrânu*-Unternehmen des IM beschränkten sich aber auch nicht auf jene Großhandelsgeschäfte mit Knoblauch. Neben Silber[1136] stehen seinen *ḫarrânu*-Gesellschaften auch – teilweise allerdings kleinere – Forderungen über Erzeugnisse aus Ackerbau, Palmwirtschaft und Viehzucht zu: So in Ev-M 11 (neben Silber) 9 Qa (Liter) Sesam[1137] (Laufzeit 1/2 Monat); in Ev-M 20 Schafe, Wolle und Rinder[1138] (Laufzeit etwas über 2 Monate); in Ner 21 Datteln (7 1/3 Kur für über 4 Monate); in Nbn 34 ebenfalls Datteln (knapp 1 1/3 Kur für etwa 1–2 Monate); in Nbn 19[1139] und Ner 67 Gerste (16 bzw. 7 1/2 Kur für etwa 2 bzw. 2 1/2 Monate) und ebenso Gerste in BRM I 50 (neben Silber 5 Kur Gerste für 3 Tage). Besonders auffällig sind die teilweise sehr kurzen Laufzeiten dieser Verpflichtungsscheine[1140]. Die Erfüllungstermine liegen aller-

---

Nbn 107: [x mal 1000 +] 1100 *gidlu*-Gebinde für 10 Monate. Aber auch *ḫarrânu*-Gesellschaften anderer Personen sind im Knoblauchhandel tätig:
Ner 38: 1200 *gidlu*-Gebinde für 2 Monate.

1134 Vgl. Ner 15; 35; 68; Nbk 290; Nbn 107.

1135 Die Familie Nûr-Sîn wurde im Gegensatz zur Familie Egibi in der Literatur bisher sehr wenig behandelt.

1136 Forderungen in Silber:
Nbk 258 (2 Minen – vgl. Nbk 271 – 7 1/2 Sekel und 50 Sekel; Fälligkeit nach 3 Monaten; wie Nbk 271 zeigt, war die Schuld trotz der kurzen Zahlungsfrist und einem eidlichen (!) Leistungsversprechen nach über einem Jahr immer noch nicht bezahlt); Nbk 272 (6 Sekel, 1–2 Monate); Ev-M 11 (neben Sesam 2 Sekel, etwas über 1/2 Monat); Ev-M 20 (neben Vieh 3 Sekel, etwas über 2 Monate; vielleicht handelt es sich hier um eine Kaufpreis-Vorauszahlung); Ner 26 (15 Sekel, etwa 2 Wochen); Nbn 4 (neben Gerste werden [x +] 2 Sekel für neun Monate bis zur Gersteernte und Datteln bis zur Dattelernte kreditiert).

1137 Die wichtigste Ölpflanze Babyloniens; vgl. Meißner, Babylonien I 198 f. Zum Problem, ob Sesam oder Leinsamen vgl. jetzt Oppenheim JCS 21 (1967) 245.

1138 Vgl. MSL 8/I 66.

1139 Zu Peiser KB IV 208 ff. s. u. A 1191.

1140 Schuldurkunden von so kurzer Dauer gibt es aber auch von Gesellschaften, an denen IM nicht beteiligt war.

dings im allgemeinen bei landwirtschaftlichen und gärtnerischen Erzeugnissen jeweils zur Zeit der nächsten Ernte.

Bei den ersten Gesellschaften, an denen sich IM nach den bisher veröffentlichten Urkunden beteiligte, war sein Partner – zunächst als Kapitalgeber – Šeriktu, der Sohn des Nûrêa aus der Familie Dannêa[1141]. Die m. W. erste hierher gehörige Urkunde ist der Verpflichtungsschein Nbk 258 vom 16. 8. 33 Nbk (572 v. Chr.). Hier schuldet ein gewisser Mušêzib-Marduk[1142] der Gesellschaft 2 Minen 57 1/2 Sekel zinsloses Silber (*ḫu-bu-ut-ta-tu*$_4$)[1143]; die Verbindlichkeit ist auf etwa 3 Monate befristet und durch Generalhypothek und beeidetes terminiertes Leistungsversprechen gesichert. Als Gläubiger erscheint zwar nominell IM. Wie jedoch die Klausel Z. 10 f.:

kaspu šá ḫarrâni (11) *šá Š*

„Das Silber ist von der Geschäftseinlage des Šeriktu"

zeigt, tritt IM nur – zumindest wirtschaftlich gesehen – als Vertreter einer anscheinend schon mit beträchtlichem Kapital arbeitenden, zwischen ihm und Šeriktu bestehenden *ḫarrânu*-Gesellschaft auf. Das gleiche gilt auch für die 4 Monate später vom 24. 12. 33 Nbk datierte *ḫarrânu*-Begründungsurkunde Nbk 261. Hier gründet – ebenfalls wieder mit Mitteln einer *ḫarrânu*-Gesellschaft mit Šeriktu – IM als Kommendator eine Tochterkommenda[1144], deren geschäftsführender Gesellschafter ein Sklave eines *rêš šarri* war; die Geschäftseinlage betrug allerdings nur 10 Sekel Silber. Bemerkenswert ist, daß hier die Ehefrau des Sklaveneigentümers irgendwie mitgewirkt hatte[1145].

1141 In den bei Tallqvist 203 von Šeriktu aufgeführten Urkunden handelt es sich – abgesehen von 4 Urkunden, in denen er als Zeuge und abgesehen von Nbk 357, 4, in der er als Schuldner eines königlichen Kaiinspektors auftritt – um 6 Schriftstücke, die im Zusammenhang mit der Gesellschaft zwischen ihm und IM stehen.

1142 Der Schuldner ist nicht identisch mit dem Kommendator aus Nbk 216. Er kommt nach Tallqvist 116 in einem Zeitraum von 41 Jahren in 13 Urkunden vor, neunmal als Schreiber, einmal als Zeuge bei Verträgen von IM und – vorher – von dessen Ehefrau.

1143 Oder „Schuld mit in die geschuldete Summe eingerechneten Zinsen". Vgl. Petschow, Pfandrecht A 31 mit Lit. Die Ergänzung „2" Minen nach Nbk 271, 1 und Smith MAT 14.

1144 Dies ist die einzige *ḫarrânu*-Begründungsurkunde, die m. W. von den Unternehmen des IM bekannt ist. Da es sich hier um eine Tochtergesellschaft handelt, besitzen wir bisher also keine Gründungsurkunde für irgendeine der vielen aus anderen Urkunden nachgewiesenen *ḫarrânu*-(Mutter-)Gesellschaften des IM.

1145 Z. 11 ff. heißt es:
kaspu šá ḫarrân $Š_1$ *kaspu šá i-na a-ma-ti šá* ^fQ . . . {*šá*}*a-na* $Š_2$ *na-din*
„Das Silber ist von der Geschäftseinlage des $Š_1$. Das Silber ist auf Geheiß der Qîšâ (der Ehefrau des Sklavenhalters) . . . an (den Sklaven) $Š_2$ gegeben."
Diese Klausel könnte einerseits dahin ausgelegt werden, daß Q für ihren Ehemann dem Sklaven die Erlaubnis erteilte, ein *ḫarrânu*-Geschäft zu betreiben; andererseits

Zwei Zwischenabrechnungen der Gesellschaft zwischen IM und Šeriktu scheinen in Nbk 269 und 271 vom 25. 7. bzw. 22. 8. 34 Nbk (571 v. Chr.) ihren Niederschlag gefunden zu haben. In Nbk 269 erhielt IM aus dem Geschäftsvermögen wohl 1 Mine Silber, aber nicht in bar, sondern durch Übertragung einer Gesellschaftsforderung[1146] und zwar:

a-ki-i kaspi-šú šá ina muḫ-ḫi ḫarrâni ra-šu-ú
„für sein Silber, das er (IM) zu Lasten des Geschäftsunternehmens erworben (gut) hat."

IM hatte also gegen die Gesellschaft, an der er und Šeriktu beteiligt waren, eine (Gewinnbeteiligungs-?)Forderung, die durch die Abtretung einer Forderung gegen einen Dritten beglichen wurde. Ähnlich scheint man etwa einen Monat später bei der zweiterwähnten Zwischenabrechnung verfahren zu sein, indem in Nbk 271 dem IM eine Teilforderung abgetreten wurde. Während der Verpflichtungsschein der Forderung, die in Nbk 269 zediert wurde, bisher nicht bekannt geworden ist, ist uns für die in Nbk 271 abgetretene Forderung der ursprüngliche Verpflichtungsschein in der bereits oben erwähnten Urkunde Nbk 258 erhalten geblieben. Nachdem ursprünglich diese Forderung zum *ḫarrânu*-Geschäftsvermögen gehört hatte, bestimmt jetzt Nbk 271, 5:

ina lìb!-bi 1 mana kaspi . . . šá ḫarrâni šá Š
„davon (von der Gesamtforderung) gehört 1 Mine Silber (der Silberart, die den überwiegenden Bestandteil der Forderung ausmacht) zur Geschäftseinlage des Šeriktu[1147]."

Das heißt wohl, daß der übrige Betrag nicht mehr zum gemeinsamen Geschäftsunternehmen gehört, also wahrscheinlich dem anderen Gesellschafter IM zugewiesen wurde; da IM in Nbk 258 nominell als Gläubiger auftritt, ist er jetzt bezüglich 1 Mine Silber Gläubiger in seiner Eigenschaft als geschäftsführender

---

könnte die Klausel auch bedeuten, daß das Silber dem Sklaven im Auftrag der Q gegeben wurde.

1146 Die Forderung wird in Nbk 269, 1 f. bezeichnet als *kaspu šá IM ù Š šá ḫarrâni-šú-nu šá ina muḫḫi N* „das Silber des IM und des Š – von ihrem Geschäftsunternehmen – das zu Lasten des N (ist)".

1147 Auffällig ist die Phrase in Nbk 269, 2 *šá ḫarrâni-šú-nu* „von/zu ihrem Geschäftsunternehmen", während Nbk 271, 5 f. den üblichen Vermerk *šá ḫarrâni šá Š* „von der/zur Geschäftseinlage des Š" aufweist. Ob dieser terminologische Unterschied praktische Bedeutung hatte, ist nicht ersichtlich. Möglicherweise stellt Nbk 271, 5 f. nur eine Wiederholung der Terminologie des Verpflichtungsscheines Nbk 258, 10 f. dar.

Gesellschafter, für den darüberliegenden Betrag aber normaler Gläubiger[1148]. Etwa 1 1/2 Jahre später ist im Verpflichtungsschein Nbk 290 – umgekehrt wie in den oben behandelten Fällen, z. B. Nbk 258 – Šeriktu nomineller Gläubiger einer Forderung über 1200 Gebinde Knoblauch[1149]; die Forderung ist, wie es heißt *šá ḫarrâni šá IM* „von der Geschäftseinlage des IM." Ebenso knapp drei Monate später im Verpflichtungsschein BRM I 50 (27. 3. 36 Nbk; 569 v. Chr.) über Silber und Gerste; er noviert anscheinend ältere Verbindlichkeiten[1150]. Auch diese Forderung ist nach Z. 11 f. *kaspu šá ḫarrâni šá IM*.
Aufgelöst wurde vielleicht das *ḫarrânu*-Geschäftsunternehmen zwischen IM und Šeriktu im 39. Jahre Nbk, worauf die Zahlbürgschaftsurkunde Nbk 356 vom 12. 11. 39 Nbk (565 v. Chr.) hindeuten dürfte. Es handelt sich darin um eine Forderung, die 3 Gläubigern N, Š und B formell gegen Šeriktu zustand:

kaspu[1151] *ša N Š u B ša muḫḫi Šeriktu*
„Silber des N, Š und B, das zu Lasten des Šeriktu ist."

Vermutlich dürfte Šeriktu aber anfänglich nur nomineller Schuldner gewesen sein, während in Wirklichkeit die Gesellschaft zwischen ihm und IM Schuldnerin war. Nun verpflichtet sich Šeriktu in Nbk 356 gegenüber IM in Form einer „Zahlbürgschaft", die Schulden persönlich zu zahlen, wohl im Zuge der Vermögensauseinandersetzung[1152]. Auf diese Bürgschaftsklausel – nach mo-

---

1148 Der Gläubiger wird in Nbk 271 überhaupt nicht erwähnt. Dies war wohl nicht nötig, da es sich in Nbk 271 um eine Auseinandersetzung zwischen den Gesellschaftern handelte und der betroffene Verpflichtungsschein durch die Angabe des Kapitalbetrages und des Schuldners hinreichend spezifiziert war.
Schreiber von Nbk 269 und 271 ist Bêl-ušallim, einer der Brüder der Ehefrau des IM, also Schwager des IM.

1149 Ob IM und Šeriktu abwechselnd als Geschäftsführer einer Gesellschaft mit zweiseitiger Kapitalbeteiligung auftraten oder ob Šeriktu – worauf die Formulierung Z. 3 f. *šá ḫarrâni šá IM* hindeutet – aus irgendwelchen, vielleicht finanziellen Gründen veranlaßt war, nun ständiger Geschäftsführer des IM zu werden, ist unklar.

1150 (12) *ú-ìl-tì maḫ-re-tu*$_4$ (13) *ḫe-pa-a-tú*
„Der früheren Verpflichtungsschein ist zerbrochen."

1151 Die Silbermenge ist zerstört oder – wahrscheinlicher – überhaupt nicht vorhanden gewesen, die die Textlücke nach der Kopie sehr klein ist. Zur Urkunde s. auch o. 111.

1152 Koschaker 149 A 5 vermutet dagegen, es handle sich um eine Bürgschaft des Kommendatars für das Kommendakapital. Das ist jedoch kaum wahrscheinlich. Die erste Klausel der Urkunde entspricht im wesentlichen der von Koschaker 106 richtig übersetzten Urkunde Nbk 387, abgesehen davon, daß die Satzteile in beiden Urkunden in verschiedener Reihenfolge erscheinen. Die in folgendem Vergleich in Klammern stehenden Satzteile sind umgestellt und teilweise verkürzt, X bezieht sich auf 2, Y auf 3 Gläubiger:
Nbk 387: *pu-ut e-ṭè-ru šá kaspi (šá X*
Nbk 356: *pu-ut e-ṭe-ra šá kaspi šá Y*

derner Auffassung liegt jedoch keine Bürgschaft sondern Erfüllungsübernahme vor – folgt die Auflösungsklausel:

e-pùš nikkassî-šú-nu šá ḫarrâni-šú-nu x [(*x*)] *itti a-ḫa-meš qa-tu-u*
„Ihre Abrechnung über ihr *ḫarrânu*-Geschäftsunternehmen ... haben sie miteinander beendigt[1153]."

Wahrscheinlich ist damit die Gesellschaft zwischen IM und Šeriktu gemeint[1154]. Diese Vermutung wird dadurch erhärtet, daß wir bisher m. W. aus späterer Zeit keine Urkunden der Gesellschaft zwischen IM und Šeriktu besitzen. Die Zusammenarbeit dauerte also mindestens 7 Jahre (von 572 bis 565 v. Chr.).
Eine Nbk 356 ähnliche Urkunde ist uns in Nbn 63 vom 27. 2. 2 Nbn (554 v. Chr.) überliefert. Über eine Forderung von 2 Minen Silber des IM schließt der Schuldner mit seinem Bruder Nabû-kâṣir einen als Bürgschaft stilisierten Erfüllungsübernahmevertrag[1155]. Der Übernehmer soll die Quittung, die er bei Bezahlung von IM erhält, dem ursprünglichen Schuldner bringen und aushändigen. Wie sich aus Z. 9 ff. ergibt, muß die Forderung mit einem *ḫarrânu*-Geschäft in Zusammenhang stehen. Der Sinn dieser teilweise zerstörten Klausel ist allerdings unklar. Die ebenfalls stark zerstörte Schlußklausel Z. 12 f. enthält eine Abrechnungsklausel:

epêš nik [*kassîšunu ?*] (13) *itti a-ḫa-meš qa-tu-*[*u*]
Wahrscheinlich erfolgte auch hier die Erfüllungsübernahme im Zuge der Auflösung eines *ḫarrânu*-Unternehmens[1156]; welche Rolle IM dabei spielte, ist jedoch unklar.

Nbk 387: *šá ina muḫ-ḫi IM u N e-li-tu*$_4$*)*
Nbk 356: *šá muḫḫi Š*

Nbk 387: *(N) ina qâtê IM na-ši*
Nbk 356: *Š ina qâtê IM na-ši*

Nbk 387: „Für das Zahlen des Silbers (der X, das zu Lasten des IM und N ist,) ist (N) gegenüber IM Bürge."
Nbk 356: „Für das Zahlen des Silbers der Y, das zu Lasten des Š (ist), ist Š gegenüber IM Bürge."
Während in Nbk 387 IM und N als Schuldner angegeben sind, ist in Nbk 356 nur Š als Schuldner genannt. In Wirklichkeit war aber wohl die Gesellschaft zwischen Š und IM Schuldnerin; IM war also von der Schuld ähnlich betroffen wie in Nbk 387. Dazu u. 173.

1153 Vgl. o. A. 707.

1154 Der Schreiber der Urkunde erscheint nach Tallqvist 130 nur in Urkunden, die in Zusammenhang mit der Familie Nûr-Sîn stehen, fast stets als Schreiber.

1155 Diese Brüder erscheinen verschiedentlich als Zeugen und Schreiber bei Urkunden des IM.

1156 Vgl. auch Koschaker, Bürgschaft 106 A 10.

Während der Zusammenarbeit mit Šeriktu bildete IM neue Gesellschaften mit anderen Partnern. Hierbei finden sich m. W. keine Urkunden mehr, in denen IM als geschäftsführender Gesellschafter auftritt. Am 1. 10. 34 Nbk (570 v. Chr.) – also über ein Jahr nach dem ersten Nachweis einer Gesellschaft zwischen IM und Šeriktu – bestand, wie der beschädigte Verpflichtungsschein Nbk 272 zeigt, bereits eine Kommenda mit IM als Kapitalgeber und Ina-eši-eṭir und Bunene-ibni[1157] als geschäftsführenden Gesellschaftern. Dieser Gesellschaft stand unter dem Namen ihrer geschäftsführenden Gesellschafter eine auf zwei Monate befristete Silber-Forderung zu. In Nbk 309 vom 2. 12a. 36 Nbk (568 v. Chr.) ist ein gewisser N(abû-zêr-ušabši) Gläubiger einer Forderung über 8400 Gebinde Knoblauch und 5 Kur Gerste gegen Mukîn-zêri[1158]. Nach der Schuldklausel und den beiden Fälligkeits- und Verzugsklauseln heißt es (Z. 8 ff.):

ú-il-ti^{meš} *šá B* (9) *šá ḫarrâni šá N šá ina muḫḫi* ^{I}*mukîn(?)-zêri(?)*[1159] (10) *ḫu-up-pa-a'*

„Die Verpflichtungsscheine des B der Geschäftseinlage des N (d. h. die zur Geschäftseinlage des N gehören), die zu Lasten des Mukîn-zêri[1159] sind, sind zerbrochen."

Daraus geht hervor, daß ursprünglich als Gläubiger dieser Naturalienforderungen B fungiert hatte, jedoch in seiner Eigenschaft als geschäftsführender Gesellschafter der Kommenda zwischen ihm und N. Wahrscheinlich waren die entsprechenden alten Verpflichtungsscheine etwa wie folgt stilisiert:

Kapital *ša B ša ḫarrâni ša N ina muḫḫi M*

„Kapital des B von der Geschäftseinlage des N zu Lasten des M."

Bei einer Geschäftsabrechnung zwischen B und N wurden anscheinend letzterem diese Forderungen zugewiesen. In dem Verpflichtungsschein Nbk 309 wäre dann eine Novation dieser von der Gesellschaft an den Kommendator abgetretenen Forderungen zu sehen. Die Novation wäre erfolgt durch Ausfertigung eines neuen Verpflichtungsscheines zwischen Neugläubiger und bisherigem Schuldner[1160]. Die Zerstörung der ursprünglichen Schuldscheine war notwendig, damit nicht der neue Gläubiger aus der Urkunde Nbk 309 und außerdem die Gesellschaft aus den alten Schuldscheinen die Forderungen doppelt geltend

---

1157 Die beiden teilweise zerstörten Namen sind ergänzt bei Tallqvist 77 und 51. Ihre Träger erscheinen verschiedentlich als Zeugen in Verträgen des IM oder seiner Ehefrau.

1158 Der Schuldner erscheint nach Tallqvist 91 nur hier; der Gläubiger aber noch in Nbk 333 als Zeuge. Da dort auch IM vorkommt, kann vermutet werden, daß auch Nbk 309 mit IM in Verbindung steht.

1159 Formal anders aber sachlich im Ergebnis gleichbedeutend CAD E 123 l o: *šá ina muḫḫi-šú* E_X „die zu seinen Lasten auftauchen". Reste in der Kopie schraffiert.

1160 Vgl. dazu Petschow, Pfandrecht 32 A 71.

machen konnten[1161]. Zwar enthält Nbk 309 keinen direkten Hinweis auf eine Verbindung zu IM; vielleicht ist aber – wie A 1158 bemerkt – eine solche zu vermuten.

Nach der Beendigung der Gesellschaft mit Šeriktu arbeitet IM mit einem gewissen Nabû-ušallim (NU)[1162] zusammen. Die Gesellschaft bestand nach Nbk 402, 1 mindestens schon seit Ende 565 v. Chr. Vom 16. 11. 41 Nbk (563 v. Chr.) stammt die „Bürgschafts-"Urkunde Nbk 387; IM und NU schuldeten gemeinsam – wohl als Gesellschafter – dem $Š_1$ und dem $Š_2$ je einen Silberbetrag unbekannter Höhe. Nun übernimmt NU in Form einer „Zahlbürgschaft" gegenüber IM die Erfüllung dieser Verbindlichkeiten und verpflichtet sich, die beiden Schuldscheine, die er bei Zahlung von den Gläubigern erhält, an IM herauszugeben[1163]. Wahrscheinlich geschah die Erfüllungsübernahme im Zusammenhang mit einer internen Abrechnung unter den Gesellschaftern. Etwa 9 Monate später um den 10. 8. 42 Nbk (563 v. Chr.) erfolgt in Nbk 402[1164] eine Abrechnung zwischen IM und NU. Es handelt sich um eine Aufstellung der Entnahmen beider, wohl als Gesellschafter, während eines Zeitraumes von fast zwei Jahren[1165]. Beide hatten nach genau einem Jahr je 20 Sekel Silber entnommen. Möglicherweise waren solche jährlichen Hauptabrechnungen üblich. Auf diese Jahresabrechnung folgen in einem zweiten durch Trennstrich vom voraufgehenden abgesetzten Teil der Urkunde – meist kleinere – Ausgabe-Posten aus dem letzten Geschäftsjahr. Im Verpflichtungsschein Ev-M 11 (dazu o. S. 166) vom 12. 7. 1 Ev-M (561 v. Chr.) erscheint NU als nomineller Gläubiger einer Forderung über 2 Sekel Silber und 9 Qa Sesam; die Forderung[1166] ist *kaspu*[1166] *šá ḫarrâni šá IM* „≪Silber≫ von der Geschäftseinlage des IM." Die Gesellschaft zwischen IM und NU erlangte ihre Geschäftsmittel nicht nur aus den Einlagekapitalien, sondern neben diesen Einlagen stellte der Kapitalgeber auch gewöhnliche Kredite zur Verfügung. Ein Verpflichtungsschein darüber ist

---

1161 Vgl. dazu Petschow RIDA 3/1 (1954) 160 ff., wo der Forderungsübergang jedoch auf Surrogation zurückgeführt wird. Sie liegt aber nur insoweit vor, als die Forderung nicht in das Vermögen des geschäftsführenden Gesellschafters, sondern in das des *ḫarrânu*-Unternehmens fiel. Um aber in das unmittelbare Vermögen des Kapitalgebers zu gelangen, war wohl eine besondere Zuweisung notwendig.

1162 Er erscheint nach Tallqvist 151 f. in fast 30 Urkunden.

1163 Vgl. Koschaker, Bürgschaft 106 und o. A. 1152.

1164 Zum Datum vgl. Z. 3 und 19 der Tafel. Strassmaier gibt als Datum den 15. 6. 42 Nbk an; die Urkunde selbst ist wohl nicht datiert, die angegebenen Daten beziehen sich auf einzelne Rechnungsposten.

1165 Auffälligerweise ist die Urkunde Nbk 387 in der Abrechnung nicht enthalten.

1166 Obwohl nach dem Wortlaut nur *kaspu* „das Silber" zur Geschäftseinlage des IM gehört, wird die Klausel wohl auch den Sesam betreffen. Entsprechendes gilt auch für Ev-M 20 s. u. 175 und A 1180.

uns in Ner 8 vom 7. 12. acc Ner (559 v. Chr.) erhalten[1167]. Vom 9. 2. 1 Ner (559 v. Chr.) stammt der Verpflichtungsschein Ner 15, in dem NU – als geschäftsführender Gesellschafter des IM – Gläubiger einer Forderung von 21 200 *gidlu*-Gebinde[1168] Knoblauch ist. Der Schuldner soll die Ware bereits 6 Tage später – abgezählt, was bei der großen Menge wichtig ist – liefern[1169]. Etwa 1 1/2 Jahre später am 2. 6. 2 Ner erscheint NU in Ner 38 als Schuldner (von Silber und Knoblauch) einer Kommanda, die aus Vater und Sohn – mit letzterem als Geschäftsführer – besteht[1170]. Die Schuld ist im nächsten Monat fällig. Möglicherweise tritt NU hier als geschäftsführender Gesellschafter der Kommenda zwischen ihm und IM auf, so daß hier – wirtschaftlich gesehen – sowohl Gläubiger als auch Schuldner je ein *harrânu*-Unternehmen gewesen wären. Am 7. 5. acc Nbn (556 v. Chr.) erscheint NU wieder in seiner Eigenschaft als geschäftsführender Gesellschafter seiner Kommenda mit IM als Gläubiger des Verpflichtungsscheines Nbn 4. Die durch Bürgschaft eines Dritten und durch Grundpfandrecht gesicherte Forderung besteht aus wohl kleineren Posten Silber, Gerste und Datteln[1171].

Gleichzeitig mit seiner Zusammenarbeit mit NU hatte IM noch mindestens bei einer weiteren Kommenda die Stellung des Kapitalgebers inne. Geschäftsführende Gesellschafter waren hier Bêl-êpuš[1172] (BE) und Dajjânu-šum-iddin[1173] (DI). Die zeitlich ersten beiden hierher gehörenden Urkunden haben sachlich den Verkauf von Vieh und Knoblauch auf Kredit zum Gegenstand: In dem Verpflichtungsschein Ev-M 12 vom 23. 7. 1 Ev-M (561 v. Chr.) sind BE und DI Gläubiger eines gewissen N[1174] über 15 Sekel Silber, dem auf 6 Monate gestundeten Kaufpreis für eine Kuh[1175] und 26 *pîtu*-Gebinden Knoblauch. Die im

---

1167 Vgl. dazu o. 115 f.

1168 Lies Z. 1: *gíd-dil šá.*

1169 Der Schuldner erscheint nach Tallqvist 106 nur hier. Über die Rückzahlungsklausel vgl. Tallqvist ZA 7 (1892) 271 f.; Petschow, Pfandrecht A 47. Vgl. auch Koschaker, Bürgschaft 213 A 18; 153 A 27. Erfüllungsort ist nach Z. 8 (leicht beschädigt) anscheinend das Haus des Schuldners, die Schuld also hier eine Holschuld.

1170 S. dazu auch o. bei und in A 898. Der nominelle Gläubiger und Gerant der Kommenda erscheint nach Tallqvist 220 nur hier; ebenso die beiden Zeugen und der Schreiber.

1171 Gerste und Silber sind im Ajar (nach über 9 Monaten), die Datteln im Tašrit (nach 2 Monaten) fällig, d. h. zur nächsten Gerste- bzw. Dattelernte.

1172 In dem von Ungnad aufgestellten Stammbaum eines Zweiges dieser Familie in An Or 12 (1935) 321 erscheint diese Person nicht.

1173 Es handelt sich um einen Bruder der Ehefrau des IM.

1174 Der Schuldner erscheint schon 8 Jahre früher im Verpflichtungsschein Nbk 290 als Schuldner der Kommenda des IM mit Šeriktu, vgl. o. 170.

1175 Rinder kosten in neubabylonischer Zeit je nach Alter 5–20 Sekel Silber; vgl. Meißner, Warenpreise 16.

Verpflichtungsschein Ev-M 18 vom 18. 1. 2 Ev-M (560 v. Chr.) beiden Männern – sachlich der Kommenda – geschuldeten, nach knapp einem Jahr fälligen 12 Sekel Silber sind der gestundete Rest(?)-Kaufpreis ebenfalls für ein Rind[1176]. In dem etwa 1 Monat jüngeren Verpflichtungsschein Ev-M 20[1177] vom 21. 2. 2 Ev-M werden der Kommenda Schafe[1178], Wolle[1179] und Rinder[1180] geschuldet, zu liefern im übernächsten Monat nach dem Ausstellungsdatum der Urkunde. Die Kommenda dürfte also nach diesen und den folgenden Urkunden einen Handel größeren Umfangs in Vieh und Agrarprodukten betrieben haben. Ein Beispiel für letzteres bot bereits oben Ev-M 12 für den Verkauf von Knoblauch. Im Verpflichtungsschein Ner 21 vom 7. 4. 1 Ner (559 v. Chr.) sind beide Kommendatare Gläubiger einer Forderung von 7 1/3 Kur in etwa 4 Monaten – nach der Dattelernte – zu liefernder Datteln[1181].
Nicht erkennbar ist der Rechtsgrund des etwa 4 Monate jüngeren Verpflichtungsscheins Ner 26 vom 14. 8. 1 Ner (559 v. Chr.); er ist aber formal von besonderem Interesse. Nomineller Gläubiger ist hier BE allein; von der auf nur einen halben Monat befristeten[1182] Schuldsumme von 15 3/8 Sekel Silber heißt es wie üblich:

kaspu šá ḫarrâni šá IM

„Das Silber gehört zur Geschäftseinlage des IM."

Auf den ersten Blick scheint es, als habe hier BE allein gehandelt. Indessen erscheint DI als Schreiber der Tafel, war also bei der Vertragsausfertigung beteiligt. Vermutlich war bei Vertragsschluß außer BE und Di keine schreibkundige

---

1176 Vgl. Ev-M 18, 6 (= Liv 131, 6).

1177 Von dieser Urkunde sind uns 2 Ausfertigungen überliefert: S+ 347 und S+ 135. Erstere ist in Liv 133 und Ev-M 20 veröffentlicht. Von letzterer sind in Ev-M 20 die Text-Abweichungen angegeben.

1178 40 UDU . NITÁ *ka-lu-mu (ù) par-ra-tu*$_4$
„40 Schafe, männliche, und weibliche Lämmer."

1179 4 (Liv 133: 5) GUN SÍG^{ḪÁ} *ina lib-bi* 2 GUN
„4 Talente Wolle, davon 2 Talente."
Die letztgenannten 2 Talente sollen nach dem Duplikat S+ 135 in Babylon geleistet werden. S+ 347 vermerkt dies am Rand (Z. 20 f.) (S+ 347 hält Z. 19 außerdem fest, daß dem Schuldner 3 Sekel Silber kreditiert oder vorausbezahlt sind). Für die Rinder und Schafe wird kein Leistungsort vereinbart.

1180 (3) 4 GUD *bu-ra-tu*$_4$ *šu-le-e-tu*$_4$ CAD B 334 1 3': „four bred cows"; MSL 8/I 66: „4 mated cows". Zur Klausel Z. 10 *kaspu šá ḫarrâni šá IM* s. A. 1166.

1181 Ner 21, 10 ist nach den Errata zu ergänzen:
suluppê šá ḫarrâni šá ^{I}*iddin-*^{d}*marduk*
„Die Datteln gehören zur Geschäftseinlage des IM." Der Kanal ^{al}Bît!-Ṭâbi-Bêl, an dem zu liefern ist, liegt in der Nähe von Šaḫrînu (vgl. RLA I 345 r § 42).

1182 Ausstellung der Urkunde: 14. 8. 1 Ner; Fälligkeit: 1. 9. 1 Ner.

Person anwesend und insbesondere der Schuldner schreibunkundig[1183]. Somit hätte sich der Zwang ergeben, daß einer der Gesellschafter die Urkunde schreiben mußte. Ein Gläubiger aber konnte in der Regel in neubabylonischer Zeit nicht als Schreiber auftreten, so daß man sich hier möglicherweise damit half, daß nur BE als nomineller Gläubiger handelte und DI die Urkunde schrieb. Im Verpflichtungsschein Ner 35 vom 25. 3. 2 Ner (558 v. Chr.) erscheinen DI und BE als nominelle Gläubiger für ihre Kommenda mit IM wieder gemeinsam. Schuldner von 3000 *gidlu*-Gebinden Knoblauch und von Silber ist hier NU, der – wie oben gezeigt[1184] – gleichzeitig auch selbst mit IM eine Kommenda bildete. Ob es sich in Ner 35 um eine private Schuld des NU oder um eine Schuld der Kommenda zwischen IM und NU handelt, ist nicht eindeutig zu ermitteln. Da der Kapitalgeber Kredite an seine eigene Kommenda geben konnte[1185], ist es durchaus möglich, daß auch eine Kommenda einer anderen – unbeschadet der Identität der beiden Kommendatoren – Kredit gewährte. NU soll 10 Monate später *gíd-dil ù kaspa*[1186] *a-na*[1187] *IM i-nam-din ù kaspa ina bâbili^ki^ i-nam-din* „die (Knoblauch-)*gidlu*-Gebinde und das Silber an IM geben und (zwar) das Silber in Babylon geben." IM mußte dann das Empfangene mit seinen anderen Kommendataren BE und DI verrechnen[1188].

Im Verpflichtungsschein Ner 67 vom 12. 12. 3 Ner (556 v. Chr.) tritt DI allein als nomineller Gläubiger einer Forderung über 7 1/2 Kur Gerste auf, fällig im

---

1183 Ein Mann gleichen Namens wie der Schuldner erscheint allerdings 14 Jahre später in Nbn 562, 17; nach Tallqvist 33 handelt es sich dabei um den Schreiber. Es ist aber fraglich, ob beide Personen identisch sind, da der Familienname fehlt. Außerdem ist unklar, ob der fragliche Name in Nbn 562, 17 wirklich vom Schreiber oder aber von einem Zeugen herrührt. Eine weitere Möglichkeit wäre, daß der Schuldner in den vergangenen 14 Jahren das Schreiben erlernt hätte.

1184 Vgl. o. 173 f.

1185 Zur Vergabe von Krediten an die eigene Kommenda vgl. o. 115 f.

1186 Möglicherweise von Evetts verlesen für *šá* SUM. ŠAR „Knoblauch".

1187 Vgl. jedoch Tallqvist ZA 7 (1892) 272, der Z. 7 statt *a-na* die Worte *1/2 mana (?)* lesen will. Mit großer Wahrscheinlichkeit aber ist die Lesung von Evetts richtig. Leider ist die Stelle nach der Kopie beschädigt, wegen Z. 8 vielleicht auch Fehler des Schreibers.

1188 Nach der Fälligkeitsklausel erscheint noch eine zerstörte *elat*-Klausel. Vielleicht ist zu lesen:
(9) *e-lat* [*ú-il-tì? š*]*á? harrâni!* [*šá?*] *1/2 mana* [*kaspi*]
(10) *ù 6 dan-nu-tu mah-hu-ru*
„Abgesehen von einem *harrânu!*-[Verpflichtungsschein (= Begründungsurkunde)] [über] 1/2 Mine [Silber] (10) und 6 früher erhaltenen Fässern."
Daß zwischen NU, dem Schuldner aus Ner 35, und den beiden Gläubigern – bzw. deren Kapitalgeber IM – laufend gesellschaftsrechtliche Beziehungen bestehen, ist nach dem im Text Gesagten (vgl. auch bei A 1184) sicher. Darauf bezieht sich die zitierte *elat*-Klausel; sie will klarstellen, daß die NU aus solchen *harrânu*-Geschäften treffenden Verpflichtungen durch vorliegenden Vertrag nicht berührt werden.

übernächsten Monat, also zur Zeit der nächsten Gersteernte; auch hier handelte nach Z. 9 f. DI in seiner Eigenschaft als geschäftsführender Gesellschafter seiner Kommenda mit IM[1189]. BE war wohl zu dieser Zeit bereits aus der Kommenda ausgeschieden, da er auch in der folgenden Zeit nicht mehr zusammen mit DI erscheint[1190]. Ähnliche Verpflichtungsscheine liegen uns in Nbn 19 vom 22. 1. 1 Nbn (555 v. Chr.)[1191] über 16 Kur Gerste und in Nbn 34 vom 3. 6. 1 Nbn über knapp 1 1/3 Kur Datteln vor. Der Verpflichtungsschein Nbn 107 vom 8. 4. 3 Nbn (553 v. Chr.) ist wohl folgendermaßen zu ergänzen:

(1) [*x*] LIM *1* ME *gi-dil šá šûmi* . . . (2) [*šá*] *DI* (4) [*u* ^{Id}*nabû-*] *ušallim apli-šú*

1189 Dazu vgl. Z. 9 f.: *šá ḫarrâni šá IM* „von der Geschäftseinlage des IM."
Vor diesem Hinweis steht in Z. 7 f. eine *elat*-Klausel:
e-lat ú-il-ti^{meš} (8) [. . .] *ù uṭṭatu*
„Abgesehen von Verpflichtungsscheinen (8) . . . und Gerste."

1190 Schon knapp einen Monat später erscheint in Ner 68 und 69 DI zusammen mit NU; beide Urkunden sind am 2. 1. 4 Ner am gleichen Ort Šaḫrînu, vom gleichen Schreiber und vor teilweise gleichen Zeugen geschrieben. Im Verpflichtungsschein Ner 68 sind beide zusammen Gläubiger einer Forderung über 1200 *gidlu*-Gebinde Knoblauch, abgezählt fällig im nächsten Monat. In dem Verpflichtungsschein Ner 69 sind beide Männer Schuldner einer halben Mine Silber – Kaufpreis von Knoblauch – fällig noch im selben Monat; der erstgenannte Zeuge Z. 9 f. ist Kâṣir (s. o. 166), der Bruder des IM. Der Schuldner aus Ner 68 ist der Bruder des Gläubigers aus Ner 69; letzterer ist zugleich Zeuge in Ner 68, 9 f.
Weitere Brüder der beiden fungieren als Zeugen in Ner 68 und 69, beide Texte stehen anscheinend in geschäftlichem Zusammenhang: A hatte in Ner 69 seinen großen Knoblauchposten en gros (1/2 Mine Silber!) – gegen Kredit auf etwa 4 Wochen – an die aufkaufende „Kommenda"(?) verkauft; sein Bruder N – mit A als Zeugen – verpflichtet sich am gleichen Tage zur (weiteren) Lieferung von 1200 Gebinden binnen 8 Wochen in Ner 68. Die Brüder (Parteien und Zeugen) sind wahrscheinlich die Produzenten.
In beiden Tafeln wird IM selbst allerdings nicht erwähnt, sein Bruder aber tritt in Ner 69,9 f. als Zeuge auf.
Vgl auch Nbn 134, wo DI und NU gemeinsam (Z. 3) *ina našparti* „im Auftrag" des IM – also als dessen Stellvertreter – 865 *pîtu*-Gebinde Knoblauch aufgrund einer Forderung, die IM zusteht (Z. 7 f.), aus der Hand eines Sklaven des Schuldners in Empfang nehmen.

1191 Bearbeitung bei Peiser KB IV 208 ff. Dort ist es unentschieden gelassen, ob hier ein Gesellschafts- oder Kommendaverhältnis vorliegt oder nicht; diese Frage ist zu verneinen, es ist ein normaler Verpflichtungsschein, nur die Forderung ist Bestandteil eines Kommendavermögens. Der Schuldner, der gleichzeitig Schreiber ist, kommt auch noch in Nbn 36, 10 vom 25. 6. 1 Nbn vor. Hier ist sein Vater Schuldner einer Gersteforderung des DI und ebenfalls Schreiber der Tafel. In Nbn 36, 9 f. wird eine Forderung gegen den Sohn – wohl die Forderung aus Nbn 19 – vorbehalten. Unsicher ist die Ergänzung zu Z. 11 f., vielleicht:
uṭṭatu u kaspu [*šá ḫarrâni*] *šá* ^{I}*iddin-*[^{d}*mardu*]*k(?)*
„Gerste und Silber sind [von der Geschäftseinlage] des Iddin-[Mardu]k (?)".

šá ^I^*tni*^ni^-*ia* (5) [*ina muḫḫi*] ^I^*gi-mil-lu apli-šú šá* (6) [Vatersname] *ina* ^ara^*ḫajjari gi-dil* (7) [*i-man*]-*nu-ú i-nam-din* (8) [*šá ḫarrâni*] *šá IM*
„[X-] tausendeinhundert Gebinde Knoblauch ... [des] DI [und des N]U [zu Lasten] des G. Im Ajar wird er die Gebinde [abzäh]len (und) geben. (Die Forderung) gehört [zur Geschäftseinlage] des IM."

Nach dem Ausscheiden des BE arbeiten also nun die beiden geschäftsführenden Gesellschafter DI und NU, die früher in verschiedenen Kommenden tätig waren, zusammen[1192]. Kurz danach aber finden wir in Nbn 112 vom 3.6. 3 Nbn (553 v. Chr.) DI schon wieder allein als nominellen Gläubiger einer Silberforderung, wobei auch hier nach Z. 5 f. *kaspu šá ḫarrâni šá IM* „das Silber zur Geschäftseinlage des IM gehört". Die Schuldsumme beträgt 35 Sekel Silber und wird als *qaqqadu* „Kapital" bezeichnet, wohl deshalb, weil hier der Schuldner[1193] entgegen den meisten anderen Verpflichtungsscheinen von *ḫarrânu*-Unternehmen auch noch einen besonderen Zins zahlen muß. Von diesem Zeitpunkt an fehlen m. W. weitere Urkunden von *ḫarrânu*-Unternehmen des IM. Ob dies daher rührt, daß etwa IM ab dieser Zeit seine Geschäfte nicht mehr oder wenigstens nicht mehr in so starkem Maß von *ḫarrânu*-Unternehmen durchführen ließ, ist nicht sicher. In der Quittungsurkunde Nbn 134 vom 15.12b. 3 Nbn (552 v. Chr.) treten DI und NU anscheinend nicht mehr als geschäftsführende Gesellschafter sondern als Angestellte des IM auf[1194].

3) Ṭâbija, Sohn des Nabû-apla-iddina[1195] aus der Familie Sîn-ilî.

Die *ḫarrânu*-Gesellschaften, in denen der Geschäftsmann und Großgrundbesitzer[1196] Ṭâbija (T) - mit vollem Namen Ṭâb-ṣilli-Marduk – auftritt, sind fast

---

1192 Der Schuldner ist nicht eindeutig zu identifizieren, da in der Tafel der Name seines Vaters zerstört ist.

1193 Der Schuldner ist zugleich Schreiber; vgl. auch Ev-M 20 Z. 7 und 15 f.

1194 S. dazu A 1190 a. E.

1195 Dieser Geschäftsmann ist bei Tallqvist nicht erwähnt, kommt also in den von ihm verarbeiteten Urkunden nicht vor. Die von T stammenden Urkunden sind in VS III–VI veröffentlicht und bei San Nicolò-Ungnad NRV bearbeitet.
Belege von Urkunden, die mit *ḫarrânu*-Geschäftsunternehmen zusammenhängen: NRV 97; 170; 171; 172; 234; 292; 294; 413; 645; 647; 648; 649; 650; 651.

1196 Vgl. die Pachturkunden NRV 373 ff. (darunter NRV 376 mit einem eigenen Sklaven als Pächter) und die Verpflichtungsscheine über Pacht-*imittu* NRV 394 ff. Wiederholt verpachtet T seine Grundstücke an Pächtergemeinschaften, in denen sich teilweise seine eigenen Sklaven befinden (vgl. NRV 396). Am Ende des Verpflichtungsscheines NRV 397, der eine Pachtforderung über 100 Kur = 15 000 Liter Datteln gegen eine Pächtergemeinschaft beinhaltet, heißt es:
mim-ma ma-la ina muḫ-ḫi ip-pu-šu a-ḫa-ta šu-nu

gänzlich in kleineren Orten abgeschlossen[1197]. Nur je eine Urkunde dieser Unternehmungen stammt aus Babylon und Barsippa[1198]. Wahrscheinlich lag der Tätigkeitsbereich der Gesellschaften des T – ebenso wie sein Großgrundbesitz – in den ländlichen Gebieten um und zwischen diesen beiden Städten. T war mindestens vom 22. Jahre Nebukadnezars (582 v. Chr.) bis etwa zum 10. Jahr des Nabonid tätig (vgl. NRV 411: 546 v. Chr. und NRV 301: 545 v. Chr. = 10. Jahr Nbn). Nach seinem Tod wurde das Familienunternehmen von seinen vier Söhnen in ungeteilter Erbengemeinschaft weitergeführt[1199]. Nach unseren Urkunden betrieb er zuerst eine Gesellschaft mit Mušêzib-Bêl; später verband er sich mit Bulṭâ, wobei dieser wohl geschäftsführender Gesellschafter war, während T hauptsächlich als Kapitalgeber in Erscheinung tritt. Weiter arbeitete er, vielleicht über 2 Jahrzehnte lang, mit einem gewissen Nabû-gâmil zusammen.

Das landwirtschaftliche *ḫarrânu*-Unternehmen NRV 645 (582 v. Chr.; 22. Jahr Nbk) mit Mušêzib-Bêl, bei dem T Kapitalgeber ist, wurde bereits oben ausführlich behandelt[1200]. Im gleichen Jahr – aber vielleicht etwas früher – wird in dem Verpflichtungsschein über einen Dattel-Gerste-Tausch NRV 292 ebenfalls ein Geschäftsunternehmen des T und des Kapitalnehmers aus NRV 645 erwähnt. Nach der Ergänzung von Ungnad und San Nicolò[1201] waren hier aber [Marduk-]šâpik-zêri (Sohn des [Mušêzib]-Marduk aus der Familie Eppeš-ilî) Kommendator und T und [Mu]šêzib-Bêl Kommendatare. Andererseits tritt Mušêzib-Bêl in dem Verpflichtungsschein über Gerste NRV 294 allein als Gläubiger des Schuldners[1202] und als geschäftsführender Gesellschafter/Kommendatar desselben Marduk-šâpik-zêri auf; mit Ungnad-San Nicolò NRV S. 272 A 1 zu NRV 293 ist die Urkunde NRV 294 (28. 8. [x] Nbk) wohl auch um die Zeit von NRV 292 (22. Jahr Nbk) zu datieren. Leider lassen uns hier die fragmentarischen Datierungen von NRV 292–294 im Stich.

„(An) allem, was sie darauf erarbeiten, sind sie gleichberechtigt."
Diese mit der *ḫarrânu*-Gewinnklausel bei beiderseitiger Kapitalbeteiligung wörtlich übereinstimmende Formulierung zeigt, daß die Pächtergemeinschaft wohl als gesellschaftsähnlich betrachtet wurde.

1197 Vgl. die Orte, auf die sich die obigen Anmerkungen 25–29 beziehen.

1198 Babylon: NRV 648
Barsippa: NRV 413 (nach dem Tode des T).

1199 Vgl. San Nicolò-Ungnad NRV S. 384 zu NRV 413. In NRV 413 und 114 erscheint die Erbengemeinschaft am 5. 3. bzw. 13. 6. des 13. Jahres Nbn (543 v. Chr.) als Grundstückserbengemeinschaft; nach NRV 438 besteht eine solche noch am 22. 1. im 15. Jahr Dar I. (507 v. Chr.), also mindestens 35 Jahre lang.

1200 Vgl. o. 15 ff. und 32 f.

1201 NRV S. 271.

1202 Vgl. auch NRV 230 vom 20. 7. 22 Nbk und NRV 645 vom 13. 11. 22 Nbk.

Zeitlich schließen sich an – aber nicht zum Urkundenkomplex mit Mušêzib-Bêl gehörig – die Abrechnungsnotizen NRV 647 und 649[1203] aus den Jahren 27(?) und 38 Nbk (578/7 bzw. 566 v. Chr.). Wahrscheinlich handelt es sich bei NRV 647 um eine kleinere Rechnungsnotiz, die dann zusammen mit ähnlichen Urkunden als Grundlage zur Erstellung einer Gesamtabrechnung – etwa von der Art von NRV 649 – verwendet wurde. In der Urkunde NRV 648 vom 3. 5. 36 Nbk (569 v. Chr.) aus Babylon wird erwähnt, daß ein Sklave namens Karêa aus dem Geschäftsunternehmen des Bêl-zêra-ibni Pfand des T ist[1204].
Eine weitere *ḫarrânu*-Geschäftsverbindung hatte zwischen T und einem Geschäftsmann Bulṭâ (B), Sohn des Sîn-leqe-unnînî, aus der Familie Iddin-Papsukkal[1205] bestanden. Dieser B hatte anscheinend seinen Geschäftssitz in einer „Ortschaft des Nâdin", da von dorther die meisten seiner Urkunden datiert sind[1206]. Er erscheint im Verlaufe von mehreren Jahren wiederholt als Gläubiger von Kleinforderungen: So von 1 Sekel Silber im 30 [+x]. Jahr Nbk[1207] in NRV 170, wofür im Monat Tašrit *akî(!) maḫîri šá araḫtašrîti* „gemäß dem Marktwert im Monat Tašrit" 2 Seah Sesam zu liefern sind[1208]. Das Silber[1209] gehört nach der Schlußklausel *šá ḫarrâni šá Ṭ* „zur Geschäftseinlage des T"; sachlich handelt es sich wohl um einen Lieferungskauf von Sesam mit Vorauszahlung des Kaufpreises. Zwei entsprechende, zeitlich nur einen Monat auseinanderliegende Geschäfte über die etwa fünf bzw. vier Monate später im Ajar, also zur Gerstenerntezeit, fällig werdende Lieferung von Gerste beurkunden die

1203 Vgl. o. 99 und A 660.

1204 Zu dieser Urkunde vgl. o. A. 827.

1205 Von diesem Geschäftsmann finden sich allein in NRV eine ganze Anzahl Rechtsurkunden. Er erscheint dabei – außer in den oben zu nennenden Urkunden – als Grundstückspächter (NRV 400; 405; er war also wohl selbst kein Großgrundbesitzer), als Mieter von 12 alten Fässern (NRV 144, für Datteln? oder für Brauereiprodukte?), als Dienstherr (NRV 149 f.; 153–155) und als Schuldner von Gerste und Datteln in Verpflichtungsscheinen (NRV 237; 240; 242 mit Lieferungsterminen etwa zur jeweiligen Erntezeit). Die vorgenannten Urkunden stammen aus den Jahren 33 Nbk bis 2 Ner.

1206 NRV 144; 150; 170; 171; 172; 234; 237; 240; 400; 650;
Ausnahme: NRV 405 (aus der Ortschaft der Gläubigerin); 153–155 (Ortschaft des Nûrêa); 149 (Sippar); 242 (Babylon); davon 149; 153–155 Personenmieten.

1207 Zwischen 30 und KAM sind wahrscheinlich einige senkrechte Keile weggebrochen, so daß die Urkunde wohl zwischen dem 30. und 40. Jahr zu datieren ist.

1208 Eigenartigerweise ist hier der Sesamkurswert im Tašrit bereits zur Zeit der Urkundendatierung (der Monatsname ist leider verloren) bekannt; so schon San Nicolò-Ungnad NRV S. 202; ebenso für die Gerstezahlung in NRV 171. Der Preis für den Sesam in NRV 170 ist gegenüber Nbk 362, 3 (5 Seah = 1 Sekel Silber) sehr hoch; vgl. Meißner, Warenpreise 8 f.

1209 *kaspu* ist zerstört, aber wohl mit San Nicolò-Ungnad zu ergänzen.

Verpflichtungsscheine über Silberbeträge NRV 171 und 172 vom 38. Jahr Nbk. Die Lieferung durch die Schuldner (in NRV 171 zwei Brüder, in 172 eine dritte Person) hat in NRV 172 an B, in 171 „im Maße des B in der Ortschaft des Nâdin“, also offensichtlich ebenfalls an B, selbst, nicht an T zu erfolgen; das wird entsprechend auch für NRV 170 zutreffen. Auch in NRV 171 und 172 ist vermerkt, daß das Silber *šá ḫarrâni šá Ṭ* „das der Geschäftseinlage des T“ ist[1210]. Vielleicht betätigt sich B hier als Einkäufer von kleineren Sesam- und Gersteposten mit Mitteln aus Geschäftseinlagen des T, während er in NRV 234 umgekehrt mit gleichen Mitteln kurz vor der Ernte Gerste gegen Rückzahlung in Gerste zur Erntezeit (als Notdarlehen?) ausleiht. Die Forderung in NRV 234 wird als *ḫubuttutu* sog. „zinsloses Darlehen“ bezeichnet[1211]. Vielleicht steht die Urkunde NRV 244 (2. Jahr Ner), worin B sich zur Leistung von in seinem Besitz befindlichen Datteln und Gerste an T verpflichtet, in Zusammenhang mit jener *ḫarrânu*-Geschäftsverbindung; das Wort *ḫarrânu* erscheint allerdings nicht im Kontext. Unklar ist, ob nach NRV 650 derselbe B auch noch etwa zur gleichen Zeit mit anderen Leuten in *ḫarrânu*-Geschäftsverbindung gestanden hatte. In NRV 650 verzichtet ein gewisser M auf Klage gegen B wegen einer Gersteschuld. Diese Gerste ist *šá ḫarrâni šá* B_2 „von der Geschäftseinlage des B_2“. Möglicherweise handelt es sich nicht um eine *ḫarrânu*-Verbindung des B mit B_2, sondern von B's Gläubiger mit B_2.
Am 24. 5. 10 Nbn (546 v. Chr.) wird in der Urkunde NRV 97 aus der „Ortschaft der *šušânê*“, in der ein Rinderkauf beurkundet wird, in der letzten Vertragsklausel angemerkt:

kaspu šá ḫarrâni šá Ṭ
„Das Silber gehört zur Geschäftseinlage des T.“

Der Käufer des Rindes war also Gesellschafter des T und beglich den Kaufpreis aus Mitteln des Gesellschaftsvermögens[1212].

1210 Der Getreidekurs in NRV 171 ist nicht mehr deutlich erkennbar (1 Sekel Silber = 2 Seah Gerste? , was sehr teuer wäre); der Kurs in NRV 172 soll offenbar erst zur Lieferzeit festgestellt werden.

1211 Für die altbabylonische Zeit hat D. O. Edzard, Altbabylonische Rechts- und Wirtschaftsurkunden aus Tell ed-Dēr im Iraq Museum Baghdad, München 1970, S. 42 im Anschluß an Bilgiç ermittelt, daß in altbybalonischen *ḫubuttu(-tu)*-Kapitalbeträgen der effektiv ausgezahlte Kapitalbetrag samt einem Zins von 20 % bei Geld- (33 1/3 % bei Getreide)darlehen enthalten ist. Für die neubabylonische Zeit wäre dies noch zu prüfen.

1212 Anders allerdings San Nicolò-Ungnad, die NRV S. 135 vermuten, daß der Kaufpreis nicht bar, sondern durch Überweisung auf eine Geschäftseinlage beglichen worden sei.

Von einem weiteren *ḫarrânu*-Geschäftsunternehmen mit anderen Partnern berichtet andeutungsweise NRV 413 vom 5. 3. 13 Nbn aus Barsippa. In diesem Verpflichtungsschein sind die Söhne und Erben des T Gläubiger einer Dattel-Restforderung aus einer *imittu*-Pachtauflage. Die Forderung war ursprünglich gegen einen Nabû-gâmil gerichtet, bekommt aber jetzt, wohl infolge Schuldübernahme durch einen Vater mit seinem Sohn, zwei andere Schuldner. In der Urkunde wird jedoch nach den Zeugen und der Datierung noch vermerkt:

e-lat ḫarrâni šá Ṭ šá ina pâni(?) N
„Abgesehen von einer Geschäftseinlage des T, welche zur Verfügung (?) des Nabû-gâmil ist."

Daraus geht hervor, daß T, der Vater der Gläubiger, eine *ḫarrânu*-Einlage bei jenem Altschuldner Nabû-gâmil hatte, die auch jetzt noch – nunmehr zugunsten der Erben des T – fortbesteht. Die Aufnahme jenes Vermerkes erfolgte zur Klarstellung, daß diese *ḫarrânu*-Forderung von der Schuldübernahme unberührt geblieben ist. Möglicherweise ist der Nabû-gâmil aus NRV 413 personengleich mit jenem Nabû-gâmil aus der über 23 Jahre älteren o. S. 180 erwähnten Abrechnungstafel NRV 649, so daß er – wie oben S. 96 f. mit A 626 vermutet – über 24 Jahre, unbekannt ob mit oder ohne Unterbrechungen, mit dem Hause des T in geschäftlichen Beziehungen gestanden hatte. NRV 413 zeigt zugleich – was auch der sonstigen Rechtslage im neubabylonischen Bereich entspricht –, daß die *ḫarrânu*-Einlagen vererblich waren und anscheinend das Geschäftsverhältnis nicht mit dem Tode des Kapitalisten ipso iure beendet wurde[1213].
Gleichzeitig mit seinen *ḫarrânu*-Geschäftsverbindungen zu vorerwähntem Nabû-gâmil und Bultâ (o. S. 180) war T nach NRV 651 vom 42. Jahr Nbk (563 v. Chr.) – wie oben S. 99 f. und A 1000 vermutet – auch noch Kapitalgeber in einem *ḫarrânu*-Geschäft mit einem gewissen Marduk [–x].

1213 Von den von San Nicolò-Ungnad in NRV veröffentlichten Rechnungstafeln weisen mehrere das Stichwort *ḫarrânu* auf. Da die Rechnungstafeln fast immer nur aus einer Aufzählung von verschiedenen Rechnungsposten bestehen, ist es besonders schwierig, die jeweils richtige Bedeutung der angeführten Termini zu erfassen. Man wird auch bezüglich der Rechnungstafeln davon ausgehen dürfen, daß *ḫarrânu* wohl meist als „Geschäftseinlage" oder ähnlich zu verstehen sein wird. Möglich ist freilich auch, daß es sich im Einzelfall um Reisespesen oder dergl. handelt (so San Nicolò-Ungnad NRV S. 697).
Rechnungstafeln mit dem Stichwort *ḫarrânu* sind NRV 753 (42. Jahr Nbk), NRV 795 (27. 10. 9 Nbn?) und NRV 894 (undatiert). Die Datierungen und die anderen in den Urkunden genannten Umstände lassen es nicht ausgeschlossen sein, daß die drei Urkunden oder ein Teil davon mit den *ḫarrânu*-Unternehmungen des T zusammenhängen.

ANHANG

Anhangsweise soll noch auf einige Rechtsverhältnisse hingewiesen werden, die zwar nicht terminologisch als *ḫarrânu*(-Geschäfte) bezeichnet werden, aber doch Gesellschafts- oder gesellschaftsähnlichen Charakter aufweisen.

Gesellschaftspachtverträge[1214]

Eine Sonderart von „Gesellschafts"-Pachtverträgen stellen die neubabylonischen *šutapûtu*-(Gesellschafts-)Pachturkunden aus dem 5. Jahrhundert v. Chr. dar[1215]. Hier sind Pächter und Verpächter in im Einzelfall unterschiedlicher Weise an der Feldbestellung beteiligt, der Ernteertrag wird kopfquotenmäßig gleichmäßig zwischen allen Vertragsparteien geteilt, also z. B. bei 2 Pächtern und einem Grundstückseigner gedrittelt. Zu den Pachtverträgen dieses Typs gehören sachlich auch die Zwiegesprächsurkunden BE 9,60 und 10,44, obgleich in ihnen die Phrase *ana šutapûtu* „zur Gesellschaft(-spacht)" fehlt[1216]. Eine eingehende wirtschaftliche und rechtliche Würdigung dieser Urkunden muß einer Bearbeitung des gesamten neubabylonischen Pachtrechts vorbehalten bleiben[1217].

Viehpacht *ana zitti*[1218]

Begründungsurkunden über Viehpacht *ana zitti* – einer Art von Viehverstellung – liegen uns aus chaldäischer und frühpersischer Zeit in Kr 33 (Eselin); BE 8, 63 (24 Schafe und Ziegen; Z. 14 erwähnt Esel); NRV 98 (Eselin mit Jungem)[1219]; Dar 257 (Kuh) und Dar 348 (Kuh) vor. Im Verpflichtungsschein

---

1214 Vgl. dazu das altbabylonische *eqel tappûtim* „Feld der Gemeinschaft(s-Pacht)", so in der altbabylonischen Serie *ana ittišu* Tf. 4 I 58–II 1 bei Landsberger MSL I 55 f., dazu ebenda 184; Eilers 38 ff., 54.

1215 Kr 146; BE 8, 125; UET IV 45; 59; BE 10,55 (Zwiegesprächsurkunde); vgl. auch San Nicolò Or 19 (1950) 227 f.; Cardascia, Murašû 177 f.; CAD I/J 54 1.

1216 Vgl. dazu Petschow JCS 19 (1965) 116 mit A 106. Die Phrase *ana šutapûtu* fehlt in Verträgen der Chefs des Hauses Muraššû, wohl weil sie sich nicht als „Genossen" der sozial tiefer stehenden Vertragspartner bezeichnen wollten.

1217 Vgl. auch o. A. 1196.

1218 Vgl. v. Bolla 129 ff.; Koschaker, Bürgschaft 151 f.; San Nicolò NRV S. 704 f. und o. 162. Zur Viehpacht *ana ḫarrâni* s. o. 89 f.

1219 Siehe NRV S. 704.

Dar 349[1220] erscheint die „Kaufpreis"-Forderung aus einem solchen uns leider nicht erhaltenen Vertrag.

Hier „gab (*iddin*)" der Vieheigentümer *ana x kaspi* „für x Silber" dem Einsteller ein oder mehrere Stück Vieh auf meist mehrere Jahre „auf/zum Anteil (*ana zitti*)"; der Einsteller „verbürgt" sich für die Versorgung, etwa Fütterung, Pflege, Weide und Bewachung des Viehs. Der Einsteller bezahlt dem Versteller etwa die Hälfte des Wertes des Viehs – meistens in Raten –; der Gewinn wird zwischen beiden Parteien geteilt. Von der einfachen Viehpacht unterscheidet sich diese Art der Viehverstellung also dadurch, daß der Einsteller nicht nur eine Nutzungsentschädigung zahlen muß, sondern der Gewinn „kauf"-weise geteilt wird und der Einsteller einen Anteil am Vieh erwirbt und dadurch Miteigentümer – soweit bekannt regelmäßig hälftig – wird[1221]. Rechtlich gesehen handelt es sich um eine kapitalteilige Viehverstellung[1222]. Dem widerspricht auch nicht, daß das Vieh stets nur von einer Seite eingebracht wird; dies ist auch meist bei der mittelalterlichen kapitalteiligen Viehverstellung der Fall gewesen[1223]. Wirtschaftlich gesehen liegt aber nur in NRV 98 einwandfrei eine kapitalteilige Viehverstellung vor, da dort der Kaufpreis für die Hälfte des Viehs bereits bezahlt ist[1224]. In den anderen Fällen wird der Kapitalanteil erst aus den Erträgnissen bezahlt (Kr 33; BE 8, 63; Dar 257; 348). Möglicherweise gab es auch Fälle, in denen die „Kaufpreis"-Schuld überhaupt nicht bezahlt wurde, so daß die Schuld dann bei Teilung und Schlußabrechnung zu berücksichtigen war[1225]. Diese fiktive Kapitalbeteiligung des Einstellers ist jedoch auch in der

---

1220 Dazu v. Bolla 134. Der Einsteller schuldet 10 Sekel Silber als Preis einer Eselin *ša zitti* „auf Anteil" an den Viehversteller, den auch anderweit als Geschäftsmann bekannten (s. o. A 1085) Egibi-Sklaven Nabû-ajjalu. Die Forderung ist in zwei Monaten fällig. Da nach den übrigen Viehverstellungsverträgen die Viehverstellung sich über mehrere Jahre erstreckt, ist wegen der kurzen Zahlungsfrist zu vermuten, daß der Kaufpreis für den Anteil der Eselin wohl kurz nach dem Beginn des Vertragsverhältnisses zu bezahlen war.
Dar 413, 7 f. erwähnt die Verstellung von Rindern in einer *elat*-Klausel.

1221 Wackernagel 16 geht für die mittelalterliche Viehverstellung davon aus, daß bei kapitalteiliger Verstellung gemeinschaftliches Eigentum vorliegt. Ungeklärt muß aber vorerst für die babylonische Viehverstellung bleiben, wie die Eigentumsverhältnisse lagen, solange der Einsteller noch nicht seinen Kapitalanteil an den Versteller bezahlt hatte. Ebenso v. Bolla 135.

1222 So auch v. Bolla 129; 132; Koschaker, Bürgschaft 152.

1223 Wackernagel 43: „Auch die (mittelalterliche) kapitalteilige Verstellung wurde vielfach in der Weise vollzogen, daß der Versteller allein den Viehbestand lieferte. Der Einsteller kaufte sich dann mit einer Geldsumme ein, die in der Regel der Hälfte des Viehwertes entsprach."

1224 NRV 98 = VS V 34,6: *šîmî-šú e-ṭir* „Seinen Kaufpreis hat er beglichen bekommen."

1225 Diese wirtschaftliche Betrachtungsweise stand wohl bei der Klassifizierung von Dar 257 und 348 als einfache Viehverstellungsverträge durch Kohler-Peiser BR III 45 im Vordergrund.

mittelalterlichen Viehverstellung häufig[1226]. Inwieweit die Babylonier die Viehverstellung als eine Art der Gesellschaft aufgefaßt haben, ist unklar[1227]. Immerhin deutet doch wohl die Terminologie der den *ḫarrânu*-Verträgen analogen Klausel über die Gleichberechtigung der Parteien (am Gewinn oder – wie in Kr 33 – auch am verstellten Tier) und das „Geben *ana zitti*" auf gesellschaftsrechtliche Elemente auch bei diesem Vertragstyp.
Eine Gesellschaft, die sich mit Vieh befaßte, wird auch in der Prozeßurkunde YBT VII 159[1228] aus Uruk vom 24.4.3 Camb erwähnt. In dem protokollierten Prozeß wurde von Zeugen über einen früheren Rechtsstreit zweier Gesellschafter berichtet. Einer der Gesellschafter hatte offenbar eine ausgewachsene Kuh gestohlen, gab sie aber seinem Mitgesellschafter als für die Gesellschaft gekauft aus und verlangte von ihm deshalb die Zahlung des auf ihn fallenden Teiles des Kaufpreises, nämlich 3 Sekel Silber[1229]. Die beiden Gesellschafter werden als *L u S šu-ta-pi aḫi(?)-šú* „L und S, (sein) Gesellschafter (und) sein Bruder" bezeichnet. Da aus den Namen der beiden hervorgeht, daß es sich nicht um leibliche Brüder handelt, ist wohl anzunehmen, daß „Bruder" hier ebenfalls in der Bedeutung „Gesellschafter" gebraucht wird[1230].

Gesellschaft von Tempelbarbieren

Von dieser Vertragsart liegen uns nur die beiden Urkunden UET IV 57 und 58 aus Ur vom gleichen Tag, dem 21.4.9 Artaxerxes[1231], vor. In UET IV 57 Z. 1–5 werden 5 Barbiere aufgezählt, die zusammen mit anderen, namentlich nicht

---

1226 Vgl. Wackernagel 45 f.

1227 Nach Oppenheim, Mietrecht 118 handelt es sich um eine Mischform zwischen locatio conductio rei und Gesellschaft. Koschaker, Bürgschaft 152 stellt fest, daß sich diese Viehverstellung „einem Gesellschaftsverhältnisse nähert." Vgl. dazu v. Bolla 136.

1228 Vgl. dazu v. Bolla ArOr XII (1941) 117 ff.

1229 Unklar ist, ob es sich um die Hälfte des Kaufpreises handelt. Nach Meißner, Warenpreise 16 war in neubabylonischer Zeit eine ausgewachsene Kuh 13–20 Sekel Silber wert, also etwa das fünffache des vom Dieb von seinem Mitgesellschafter geforderten Betrages; ein zweijähriges Rind dagegen hatte einen Wert von etwa 6–8 Sekel.

1230 Vgl. dazu auch den Brief CT XXII 188,6 ff.:
ḫarrâna a-ga-a šá aḫ-ḫu-ú-tu šá abu-ú-a it-ti-iá ṣa-ab-tu mi-nu-ú ki-i ip-pu-šu-ma
Ebeling 102 übersetzt: „Diese Unternehmung der Brüderlichkeit (Gemeinschaftlichkeit), die mein Vater mit mir unternommen hat, was macht man denn (damit)?" CAD A I 187 l m: „these brotherly proceedings in which (you) my father have been engaged with me"; Ebeling, Glossar 18: „ein Unternehmen der Bruderschaft (d. i. gemeinschaftliches U.)"; S. 100: „ein gemeinschaftliches (brüderliches) Unternehmen, das mein Vater mit mir unternommen hat"; Petschow BiOr 11 (1954) 203: „(Geschäfts?-)Unternehmen der Bruderschaft."

1231 Es handelt sich um Artaxerxes II; vgl. UET IV S. 5. Die Urkunden stammen also aus spätachämenidischer Zeit vom 30. 7. 396 v. Chr.

genannten Barbieren die Tempelpfründe der Barbiere für die Aussätzigen[1232] innehaben. So heißt es Z. 7–11:

A B C D u aḫḫê^{meš}*-šú-nu u E aplu šá V* ^{h}*isiq* ^{h}*gallâbu-ú-tu šu'âti* [*šá l*]*a a-ḫa-meš ul ip-pu-uš-ú*

„A, B, C, D und ihre Brüder (= Genossen) und E, der Sohn des V(aters), werden die genannte Barbiertempelpfründe [ohn]e einander nicht ausführen[1233]."

Von den Barbieren haben einige eine Sonderstellung inne. Z. 12 ff. setzen unmittelbar anschließend fort:

[*ù?*] *ina mim-ma* <*šá*> ^{h}*isiq* ^{h}*gallâbu-ú-tu* [*šá* ^{h}*gar-*] *ba-nu-ú-tu šu'âti šá ip-pu-uš-u' A u* [*aḫḫê*^{meš}*-š*]*ú* [*u E*] *aplu* [*šá*] *V* [*2-ta qât*]*ê!* [*ik-kal-u'*] *ù B* [*u aḫḫê*^{meš}*-šú šal-šu ik-ka*] *l-ú*

„[Und(?)] von dem was sie durch die genannte [Aussä]tzigenbarbiertempelpfründe erarbeiten, werden A und [sei]ne [Brüder und E,] der Sohn [des] V(aters), [zwei Drit]tel [genießen] und B [und seine Brüder ein Drittel genie]ßen[1234]."

UET IV 58 hängt unmittelbar mit UET IV 57 zusammen und hat teilweise den gleichen Wortlaut. Es handelt sich aber nicht um eine bloße Abschrift, sondern wohl um eine weitere Begründungsurkunde derselben Gesellschaft in etwas veränderter Form. Da die Gesellschafter, wie UET IV 57 ergibt, in der Gesellschaft verschiedenartige Stellungen einnehmen, ist es durchaus möglich, daß zwischen den verschiedenen Parteien jeweils leicht veränderte Begründungsverträge geschlossen wurden.

Sonstiges:

Oppenheim bemerkt in JNES 6 (1947) 117 A 4, daß die neubabylonischen Goldschmiede ihre Werkstätten nach einem noch unbekannten Gesellschaftssystem betrieben. Sie traten in Verträgen nur mit dem Namen eines ihrer Mitglieder und der Hinzufügung *u* ^{h}*kù-dîm*^{meš} „und (seine) Goldschmiede" auf[1235]." Auch hier handelte es sich ähnlich wie bei den Barbieren um Werkstätten, die mit den Tempeln zusammenhingen[1236].

1232 Zu ^{h}*isiq* ^{h}*gallabûtu ša* ^{h}*garbanûtu* vgl. AHw 282 1 m; CAD G 50 1 m.

1233 Vgl. hierzu CAD A I 166 1 2: *ša la aḫa-meš ul ippušu* „they do nothing if not together".

1234 Die Urkunde wurde nach den parallelen Klauseln in UET IV 58 Z. 8 ff. ergänzt.

1235 Vgl. dazu Nbn 758,4; s. auch Nbn 96. Weitere Belege CAD K 609 r.

1236 Vgl. Oppenheim a. a. O. 116 f. Vgl. zu Goldschmieden und anderen Handwerkervereinigungen Weisberg, Guild Structure 60 ff. und 86 ff.

Eine Gesellschaft unter Brauern liegt in BRM I 82 vom 3. 8. 27 Dar I. (22. 10. 495 v. Chr.) aus Barsippa vor. Die Terminologie dieser Urkunde ähnelt teilweise den Formulierungen in den *ḫarrânu*-Urkunden, so etwa die Gewinnklausel Z. 6 f.:

mim-ma ma-la i-na dul-lu ᴴsirâšû-ú-tu šá i-na kalakki(?) ù bît šu-tu-um ip-pu-uš a-ḫa-ṭa šu-nu
„An allem, was sie(!) durch das Brauen, was im Speicher(?) und im Lagerhaus ist, erarbeiten, sind sie gleichberechtigt[1237]."

Wegen ihrer lapidaren Fassung unklar ist Nbk 125 vom 15. 2. 21 Nbk (584 v. Chr.); vielleicht bezieht sie sich – worauf die erste der beiden einzigen Vertragsklauseln schließen ließe – ebenfalls auf ein Gesellschafts- oder gesellschaftsähnliches Rechtsverhältnis. Die Urkunde stellt Z. 1–3 nur fest, daß B und S gleiche Anteile am gemeinsamen Erwerb haben:

mim-mu ma-la il-ta ṣa-ḫi-ir a-di ši-bu-tu[1238] *B u S i-pu-šu* (Kopie: *tu*) *a-ḫa-a-ta šu-nu*
„An allem, was ‚von klein an bis zum Alter' B und S erarbeiten(!), haben sie gleichen Anteil."

Danach üben B und S anscheinend auf Lebenszeit irgendeine gemeinsame Tätigkeit aus, an deren Ertrag sie gleichmäßig beteiligt sein sollen. In der anschließenden zweiten, sachlich mir unklaren Vertragsklausel werden zwei weitere Personen genannt, deren Beziehung zu B und S nicht erkennbar ist[1239]. Zweifelhaft ist, ob – wie Kohler-Peiser BR IV 45 annehmen – die beiden Gesellschafter Sklaven sind, Nabû-nâdin-aḫi aber, der von ihnen *e-la-a-ta*[1240] erhalten soll, ihr Eigentümer. Auffallend ist die nach Zeugen und Datierung angefügte Verfluchungsklausel: „Wer diese Abmachungen ändert, dessen Untergang mögen Nabû und Marduk befehlen."

1237 CAD D 176 r u: „whatever they produce through brewing belongs to them in equal shares, (each will do as much work as the other)."
CAD A I 171 l o: „they share and share alike whatever they earn, (one will do as much work as the other)."

1238 S. dazu CAD Ṣ 184 r m.

1239 Zur Klausel vgl. AHw 203 l Z. 9; CAD E 78 b).

1240 CAD E 78 r: „additional expense"; AHw 203 l o: „Zusatzleistungen".

ZEITANGABEN[1241]

Die Monatsangaben erfolgen in arabischen Zahlen:

1. = Nisan
2. = Ajar
3. = Siman
4. = Dûzu
5. = Ab
6. = Ulul
7. = Tašrit
8. = Araḫsamnu
9. = Kislim
10. = Ṭebet
11. = Šabaṭ
12. = Addar

Das neubabylonische Jahr beginnt nach julianischem Kalender stets im März oder April. Ist in einem Jahr ein Schaltmonat eingefügt, d. h. gibt es anstelle von 12 Monaten 13, von denen 2 den gleichen Namen tragen, so werden sie mit a und b bezeichnet, also z. B. 6a = früherer Ulul
6b = späterer Ulul („Schalt-Ulul").

Die Jahresangaben erfolgen nach neubabylonischer Datierung. In Klammern ist in vielen Fällen das Datum nach Julianischem Kalender angegeben. Bei der neubabylonischen Datierung wurden die von Strassmaier geprägten Abkürzungen der Königsnamen verwendet. Soweit derartige Abkürzungen fehlen, wurde der volle Königsname angegeben. 21.3. 4 Nbn bedeutet also 21. Siman des 4. Jahres des Königs Nabonid. Die Schaltmonate werden eingefügt nach dem 6. als „Schalt-Ulul" oder – häufiger – nach dem 12. Monat als „Schalt-Addar". Zur neubabylonischen Schaltungspraxis s. Parker-Dubberstein 1 ff. Die Jahreszählung beginnt mit dem ersten vollen Regierungsjahr jedes Königs. Der Regierungsantritt fällt regelmäßig in das gleiche Jahr wie das letzte Regierungsjahr des Vorgängers und wird als *šanat rêš šarrûti ša KN* „Jahr des Anfangs des Königtums des K(önigs-) N(ame)", modern als „Akzessionsjahr" (Abk.: acc) bezeichnet. Dem Antritts-/Akzessionsjahr folgt dann das Jahr 1 des neuen Königs.

Beginn des 1. (vollen[1242]) Regierungsjahres der babylonischen Könige:

1241 Vgl. dazu Parker-Dubberstein.

1242 Zu den Daten des effektiven Regierungsbeginns und -endes der einzelnen Könige vgl. Parker-Dubberstein 11 ff.

Nbp (= Nabû-apla-uṣur; Nabopolassar)	24. 3. 625	v. Chr.
Nbk (II) (= Nabû-kudurri-uṣur; Nebukadnezar)	2. 4. 604	v. Chr.
Ev-M (Amêl-Marduk; Evil-Merodach)	6. 4. 561	v. Chr.
Ner (= Nergal-šar-uṣur; Neriglissar)	14. 4. 559	v. Chr.
Nbn (= Nabû-na'id; Nabonid)	31. 3. 555	v. Chr.
Cyr (= Cyrus; Kyros)	24. 3. 538	v. Chr.
Camb (= Kambyses)	12. 4. 529	v. Chr.
Dar (I) (= Darius)	14. 4. 521	v. Chr.
Xerxes	6. 4. 485	v. Chr.
Artaxerxes I	13. 4. 464	v. Chr.
Darius II	11. 4. 423	v. Chr.
Artaxerxes II	10. 4. 404	v. Chr.
Artaxerxes III	12. 4. 358	v. Chr.
Arses	19. 4. 337	v. Chr.
Darius III	29. 3. 335	v. Chr.

Die Urkunden des Königs Lâbâši-Marduk stammen vom 4. Jahr Ner, die des Königs Bardija vom 8. Jahr Camb, ebenso die des Königs Nebukadnezar III, die des Königs Nebukdanezar IV aus dem 1. Jahr Dar. Die in Strassmaier Nbk aufgenommenen Urkunden von Nebukadnezar III und IV werden durch Nbk (III) bzw. Nbk (IV) bezeichnet. Zu Bardija, Nbk III und IV s. Parker-Dubberstein 14–16 mit Lit.; Brinkman JNES 25 (1966) 202; derselbe bei Oppenheim, Ancient Mesopotamia (1965) 341; v. Soden, Propyläen WG II 129 f.
Zu Hohlmaßen und Gewichten vgl. A 936 und 938.

AUSGEWÄHLTE URKUNDEN

I. *ḫarrânu*-Begründungsurkunde mit einseitiger Kapitalbeteiligung und zwei Kommendataren.

Nbk 64 Babylon 597 v. Chr.

3 mana kaspu qaqqadu
šá ^{Id}*nabû-mu-še-ti-iq-urri*
ápli-šú šá ^{I}*re-mut ápil* ^{h}*paḫâri*
ina muḫḫi ^{Id}*nabû-šum-êreš ápli-šú šá* ^{Id}*márduk-zêr-ibni*
ápil ^{I}*e-gi-bi u* ^{I}*kudurri ápli-šú šá* ^{I}*iqîša*^{šá}*-a ápil* ^{I}*e-gí-bi*
a-na ḫarrâni mim-ma ma-la ina âli u ṣêri
ip-pu-uš-šu 2-ta qâtê$^{II meš}$ *kaspi*
AN UD KÚR A$^{I)}$ *it-ti* . . .II)
^{Id}*nabû-mu-še-tíq-urri ik-kal-lu-u'*
ištên^{en} *pu-ut 2-i na-šu-ú*
^{h}*mu-kin-nu* ^{I}*na-din ápil-šú šá*
^{Id}*bêl-aḫḫê*^{meš}*-erîba ápil* ^{Id}*sîn-mudammiq*^{iq}
^{I}*bêl-šú-nu ápil-šú šá* ^{I}*aḫ-ḫi-e-a*
ápil ^{I}*arad-x*$^{III)}$
^{Id}*nabû-šum-lîšir ápil-šú šá* ^{I}*zêri-iá*
ápil ^{Id}*sîn-imitti u* ^{h}*ṭúpšarru*
^{Id}*nabû-mu-še-tíq-urri ápil-šú šá* ^{I}*zêri-iá*
ápil ^{I}*ba-bu-tu bâbili*^{ki} *araḫ*^{ajjaru}
ûmu 27^{kám} *šattu 8*^{kám}
^{Id}*nabû-kudurri-úṣur šár bâbili*^{ki}
kaspu ina ṣêri
ul im-mar-rek-ki

I) *ina utur* (?)
II) Wohl Rasur.
III) Lesung unklar.

(1) 3 Minen Silber, Kapital, des Nabû-mušêtiq-urri, des Sohnes des Rêmût, des Nachkommen des ^{h}*paḫâru* („Töpfers"), zu Lasten des Nabû-šum-êreš, des Sohnes des Marduk-zêr-ibni, (5) des Nachkommen des Egibi, und des Kudurru, des Sohnes des Iqîšâ, des Nachkommen des Egibi, zu einem Geschäftsunternehmen.

(An) allem, was sie in Stadt und Land erarbeiten, werden sie 2/3 des Silbers vom Gewinn(?) mit Nabû-mušêtiq-urri genießen (wörtlich: essen).
(10) Sie sind einer für den anderen Bürgen. Zeugen: (es folgen die Namen von 3 Zeugen und des Schreibers).
(18) Babylon, 27. Ajar des 8. Jahres des Nabû-kudurri-uṣur, des Königs von Babylon.
(21) Silber darf auf dem Lande nicht zurückbleiben.

Ia. *ḫarrânu*-Begründungsurkunde mit einseitiger Kapitalbeteiligung und zwei Kommendataren.

Amherst 225 Babylon 611 v. Chr.

5 mana 16 šiqil kaspu ul-tu
araḫtašrîti šá šatti 13^{kám} *šá* ^{I}*šul-lu-mu*
ápil ^{Id}*nusku* (^{d}ŠEŠ.KAK) *-ma-an-sum*
ina muḫḫi ^{Id}*nabû-ṇa-din-aḫi ù*
^{Id}*nabû-aḫḫê*^{meš}*-šul-lim*
áplê^{meš} *šá* ^{Id}*nabû-ú-še-zib*
áplê^{meš} ^{I}*banâ*^{a}*-šá-ili-ia*
a-na ḫarrâni a-ḫi ina ú-tur
^{Id}*nabû-na-din-aḫi*
u ^{Id}*nabû-aḫḫê*^{meš}*-šul-lim*
it-ti ^{I}*šul-lu-mu ik-kal-lu*

---

^{h}*mu-kin-nu*
^{I}*zêri-ia ápil-šú šá* ^{Id}*adad-íddina ápil* ^{Id}*sîn-nâṣír*
^{Id}*marduk-šum-ibni ápil-šú šá* ^{I}*šu-la-a ápil* ^{h}*paḫâri*
u ^{h}*ṭúpšarru* ^{Id}*nergal-úballiṭ*^{it} *ápil* ^{h}*ṭâbiḫi*
bâbili^{ki} *araḫdu'zu ûmu 11*^{kám}
šattu 15^{kám} ^{d}*nábû-ápla-úṣur šàr bâbíli ḫe-pí*

Erstpublikation aufgrund einer Kopie von Pinches; die Kopie liegt derzeit im Leopold-Wenger-Institut der Universität München.

(1) 5 Minen 16 Sekel Silber, vom (2) Tašrit des 13. Jahres, des Šullumu (3) des Nachkommen des Nusku-mansum, (4) zu Lasten des Nabû-nâdin-aḫi und (5) des Nabû-aḫḫê-šullim, (6) der Söhne des Nabû-ušêzib, (7) der Nachkommen des Banâ-ša-ilija, (8) zu einem Geschäftsunternehmen.

Einen gleichen Teil vom Gewinn werden (9) Nabû-nâdin-aḫi (10) und Nabû-aḫḫê-šullim (11) mit Šullumu essen (= genießen).
(12) Zeugen: (es folgen die Namen von 2 Zeugen und vom Schreiber.)
(16) Babylon, 11. Dûzu (17) des 15. Jahres des Nabû-apla-uṣur, des Königs von Babylon. Zerbrochen[I)].

I) Bezieht sich auf das fehlende ^{ki} von *bâbili^{ki}*. Die Tafel ist also nicht das Original, sondern eine jüngere Abschrift.

II. *ḫarrânu*-Begründungsurkunde mit zweiseitiger Kapitalbeteiligung.

Nbk 88 = Liv 145 Babylon 595 v. Chr.

2 mana kaspa šá ^{Id}nabû-aḫḫê^{meš}-šúllim
ápil-šú šá ^{I}re-ḫe-e-tú ápil ^{Id}sîn-nâṣir
2 mana kaspa šá ^{I}kudurru ápil-šú šá
^{I}iqîša^{šá}-a ápil ^{I}e-gi-bi it-ti
a-ḫa-meš a-na ḫarrâni iš-ku-nu
mim-ma ma-la ina âli u ṣêri
ip-pu-šu a-ḫa-ta šú-nu
i-di bîti ina ḫarrâni-šú-nu i-nam-di-in
^{h}mu-kin-nu ^{I}re-ḫe-e-tú ápil-šú
šá ^{I}e-ri-ši ápil ^{Id}sîn-nâṣir
^{I}mu-še-zib-^{d}bêl ápil ^{Id}sîn-nâṣir
u ^{h}ṭúpšarru ^{Id}šamaš-êṭir^{ir}
ápil-šú šá ^{I}šu-la-a ápil ^{h}abi bîti
bâbili^{ki} araḫtašrîtu
ûmu 16^{kám} šattu 10^{kám} ^{Id}nabû-kudurri-uṣur
šàr bâbili^{ki}

(1) 2 Minen Silber, das Nabû-aḫḫê-šullim, Sohn des Rêḫêtu, Nachkomme des Sîn-nâṣir, 2 Minen Silber, das Kudurru, Sohn des Iqîšâ, Nachkomme des Egibi, mit- (5) einander zu einem Geschäftsunternehmen eingesetzt haben.
(An) allem, was er/sie (vgl. o. S. 86 f.) in Stadt und Land erarbeitet/erarbeiten, haben sie gleichen Anteil.
Den Mietzins des Hauses wird er aus ihrem Geschäftsvermögen geben.
Zeugen: (es folgen die Namen von zwei Zeugen und des Schreibers)
(14) Babylon, 16. Tašrit des 10. Jahres des Nabû-kudurri-uṣur, des Königs von Babylon.

Der erste Zeuge ist der Vater des erstgenannten Gesellschafters, der zweite ein weiterer Verwandter; vgl. dazu o. S. 163 f.

III. Gründung einer *ḫarrânu*-Tochtergesellschaft

Nbk 261 Babylon 571 v. Chr.

10 šiqil kaspu šá ^{I}*íddin-*^{d}*marduk ápli-šú šá*
^{I}*iqîša*^{šá}*-a ápil* ^{I}*nûr-*^{d}*sîn ina muḫḫi*
^{I}*šá-*^{d}*nabû-gam-mil* ^{h}*qal-la šá* ^{I}*îni*^{ni}*-ia*
^{h}*rêš šarri a-na ḫarrâni id-din*
mim-ma ma-la âli u ṣêri(!) ip-pu-uš-šú
a-ḫ[a] zit[t]i ^{I}*šá-*^{d}*nabû-gam-mil ina ú-tir*
it-ti ^{I}*íddin-*^{d}*marduk ik-kal*
^{Id}*nabû-zu-qu-pu*[I]*-kin(?)-na(?) ina na-áš-par-ti*
šá ^{I}*šá-*^{d}*nabû-gam-mil il(!)-la-ku*
e(!)-lat 3 šiqil kaspi ra-šu-tu$_{4}$ *šá ina muḫḫi*
^{I}*šá-*^{d}*nabû-gam-mil kaspu šá ḫarrân* ^{I}*ši-rik-tu*$_{4}$
ápli-šú šá ^{I}*nur-e-a ápil* ^{I}*dan-ni-e-a*
kaspu šá i-na a-ma-ti šá ^{f}*qí-šá-a*
aššat DUB L[U][II] ^{I}*îni*^{ni}*-ia šá a-na* ^{I}*šá-*^{d}*nabû-gam-mil na-din*
^{h}*mu-kin-nu* ^{Id}*šamaš-apla-ú-ṣur*
ápil-šú šá ^{I}*tab-ni-e-a ápil* ^{I}*ra-áš-bi-*^{d}*nínurta*
^{I}*re-mut-*^{d}*gu-la ápil-šú šá* ^{I}*šu-la-a*
ápil ^{I}*ir-a-ni u* ^{h}*ṭúpšarru* ^{Id}*marduk-šâkin-šumi*
ápil-šú šá ^{Id}*bêl-šú-nu ápil* ^{I}*mi-ṣir-a-a*
bâbili^{ki} *araḫadaru*
ûmu 24^{kám} *šattu 33*^{kám}
^{Id}*nabû-kudurri-uṣur šàr bâbili*^{ki}

I) *-qu-pu* vielleicht von Strassmeier verlesen für *-qu-up!* –; vgl. den Namen in Kr 57, 2.

II) Im Original: DAM DUB L[U](?); die Bedeutung und Lesung ist mir unbekannt.

(1) 10 Sekel Silber des Iddin-Marduk, des Sohnes des Iqîšâ, des Nachkommen des Nûr-Sîn, zu Lasten des Ša-Nabû-gâmil, des Sklaven des Înija, des königlichen Beamten; zu einem Geschäftsunternehmen hat er (es) gegeben. (5) (An) allem, was er (in) Stadt und Land erarbeitet, wird einen gleich[en] Te[i]l Ša-Nabû-gâmil vom Gewinn mit Iddin-Marduk essen (= genießen).
Nabû-zuqup-kêna(?)[I] wird im Dienst des Ša-Nabû-gâmil gehen[II] (d. h. wird dem Š Dienst leisten).

(10) Abgesehen von 3 Sekel Silber, Guthaben, welches zu Lasten des Ša-Nabû-gâmil (ist).
Das Silber (gehört) zur Geschäftseinlage des Šeriktu, des Sohnes des Nurêa, des Nachkommen des Dannêa.
Das Silber ist auf Geheiß der Qîšâ, der Ehefrau(!) ... des Înija, an Ša-Nabû-gâmil gegeben.
Zeugen: (es folgen die Namen von 2 Zeugen und des Schreibers).
(20) Babylon, 24. Adar des 33. Jahres des Nabû-kudurri-uṣur, Königs von Babylon.

I) Vgl. Stamm 45 A 4; anders Tallqvist 156.
II) Vgl. CAD A I 314 l.

IV. Verpflichtungsschein zugunsten einer *ḫarrânu*-Gesellschaft.

Ner 26 Babylon 559 v. Chr.

15 šiqil 4-tú pit[I)] *-qa kaspu*
šá ^{Id}*bêl-êpuš*^{uš}*-šú ápli-šú šá*
^{I}*ra-šil ápil* ^{h}*nappâḫi* ... [II)]
ina muḫḫi ^{Id}*bêl-íddin ápli-šú šá*
^{Id}*nabû-aḫḫê*^{meš}*-bul-liṭ*
ûmu 1^{kám} *araḫkisilîmi kaspa*
i-nam-din kaspu
šá ḫarrâni šá ^{I}*íddin-*^{d}*márduk*
^{h}*mu-kin-nu* ^{I}*si-lim-*^{d}*bêl*
ápil-šú šá ^{I}*šum-ukîn ápil* ^{h}*bâ'iri*
^{Id}*bêl-šu-zib-an-ni ápil-šú šá*
^{I}*šum-ukîn u* ^{h}*ṭúpšarru*
^{Id}*dajjânu-šum-íddin ápil-šú šá*
^{I}*zêri-i̯a ápil* ^{I}*na-ba-a-a*
bâbíli^{ki} *araḫaraḫsamnu ûmu 14*^{kám}
šattu 1^{kám} ^{d}*nergal-šár-uṣur*
šàr bâbíli^{ki}

I) So zu lesen nach den Errata.
II) Wohl Rasur.

(1) 15 3/8 Sekel Silber des Bêl-êpuššu, des Sohnes des Rašil, des Nachkommen des ḫnappâḫu (Schmiedes) . . .[1], zu Lasten des Bêl-iddin, des Sohnes des (5) Nabû-aḫḫê-bulliṭ.
Am 1. Kislim (= 9.) wird er das Silber geben.
Das Silber ist das der Geschäftseinlage des Iddin-Marduk (= gehört zur Geschäftseinlage).
Zeugen: (es folgen die Namen von 2 Zeugen und des Schreibers).
(15) Babylon, 14. Araḫsamnu des 1. Jahres des Nergal-šar-uṣur, Königs von Babylon.

SACHREGISTER

Die Zahlen bezeichnen die Seitenzahlen, die Zahlen hinter „A" die Nummern der Anmerkungen.

URKUNDENREGISTER